OS ÍNDIOS DAS ÁGUAS PRETAS

CB124537

Reitor Flávio Fava de Moraes
Vice-reitora Myriam Krasilchik

EDITORA DA UNIVERSIDADE DE SÃO PAULO

Presidente Sérgio Miceli Pessôa de Barros
Diretor Editorial Plinio Martins Filho
Editor-assistente Rodrigo Lacerda

Comissão Editorial Sérgio Miceli Pessôa de Barros (Presidente)
Davi Arrigucci Jr.
José Augusto Penteado Aranha
Oswaldo Paulo Forattini
Tupã Gomes Corrêa

BERTA G. RIBEIRO

OS ÍNDIOS DAS ÁGUAS PRETAS

Modo de produção e equipamento produtivo

edusp

COMPANHIA DAS LETRAS

Copyright © 1995 by Berta G. Ribeiro

Capa:
Ettore Bottini

Preparação:
Márcia Copola

Revisão:
Touché! Editorial
Carmen S. da Costa

Índice remissivo:
Maria Elizabeth Brêa
Caren Inoue

Dados Internacionais de Catalogação na Publicação (CIP)
(Câmara Brasileira do Livro, SP, Brasil)

Ribeiro, Berta G.
Os índios das águas pretas : modo de produção e equipamento produtivo / Berta G. Ribeiro. — São Paulo : Companhia das Letras : Editora da Universidade de São Paulo, 1995.

ISBN 85-7164-494-2 (Companhia das Letras)
ISBN 85-314-0322-7 (Edusp)

1. Índios da América do Sul — Brasil — Amazônia — Rio Negro — Civilização I. Título.

95-4241 CDD-980.411

Índices para catálogo sistemático:
1. Índios : Rio Negro : Amazônia : Civilização 980.411
2. Rio Negro : Amazônia Índios : Civilização 980.411

1995

Todos os direitos desta edição reservados à
EDITORA SCHWARCZ LTDA.
Rua Tupi, 522
01233-000 — São Paulo — SP
Telefone: (011) 826-1822
Fax: (011) 826-5523

Para minha irmã e sobrinha,
Jenny e Renée,
com saudades.

SUMÁRIO

Segunda parte
A VIDA ECONÔMICA

SÍMBOLOS FONÉTICOS UTILIZADOS NA GRAFIA DOS NOMES EM LÍNGUA INDÍGENA

ë: vogal central não arredondada média
h: consoante fricativa surda
ng: consoante nasal velar
ñ: consoante nasal palatal
oo: vogal longa
y: semivogal
w: semivogal
ãn, ẽn, õn, in, un: vogais nasais; o til sobre *a*, *e*, *o* indica que o timbre nasal nessas vogais é mais acentuado
k: consoante oclusiva
kh: consoante oclusiva aspirada
gu: dígrafo com valor de *g*, como em português
r, l: variação livre
ɨ: no alfabeto internacional
x: no alfabeto internacional
ŋ: no alfabeto internacional
ñ: no alfabeto internacional

Acento: Todas as sílabas tônicas são indicadas com acento. As palavras oxítonas terminadas em *i* e *u* não recebem acento, como em português, exceto quando nessas vogais não formam ditongo com a vogal anterior. Na grafia dos nomes tribais é seguida a convenção da 1ª Reunião Brasileira de Antropologia (*Revista de Antropologia* 2(2), 1954, *3*(2), 1955, São Paulo).

PREFÁCIO

Em anos recentes, antropólogos e biólogos vêm sendo estimulados a pesquisar e a relatar o saber indígena do seu meio ambiente e a forma como o manejam e dominam. Esse intento levou-os a desenvolver ramos associados entre a etnologia e a biologia, aos quais se deu o nome de etnobotânica, etnozoologia e suas divisões. A conjunção entre a vida vegetal, animal e a rio-negrina é o tema deste trabalho. Ao empregar o conceito de modos de produção, leva-se em conta a articulação entre os meios — recursos e técnicas — e as relações de produção. E a circunstância de que a modificação no modo de produção acarreta a mudança das relações sociais e da ideologia.

Sob o título *Trabalho índio em terras de Vera ou Santa Cruz e do Brasil*, o professor Catharino (1995) esmigalha este assunto, num admirável livro de 626 páginas, abordando as observações dos primeiros cronistas e estendendo-se até hoje.

O nosso segundo subtítulo — equipamento produtivo — relaciona-se à cultura material com que os índios das águas pretas dominam seu ambiente. Essa temática tem a ver com a estudada por etnólogos do começo do século. Levei os dois livros, *Zwei Jahre*, de Koch-Grünberg (1909-10) que percorreram todas as casas da aldeia São João, do rio Tiquié, para que os índios constatassem quais objetos, utilitários e cerimoniais, seus ancestrais utilizavam. Pelas fotos, Umúsin Panlõn Kumu (ou Firmiano Arantes Lana) e seu filho, Tolamãn Kenhíri (ou Luiz Gomes Lana) davam os nomes em sua língua, o desâna, à matéria-prima utilizada e à serventia. Isso demonstra o mérito que cada artefato tem na cultura tribal.

Valor igual foi dado às plantas que os índios rio-negrinos selecionaram, aproveitaram e cultivaram. A especialização em artefatos e o monopólio de alguns deles, de que também tratamos, mostra, em primeiro lugar, a localização ou escassez da matéria-prima de que são feitos; as técnicas desenvolvidas prioritariamente pelo grupo monopolizador; e, finalmente, as relações sociais, ou seja, de parentesco, de afinidade lingüística e/ou clânica, proximidade geográfica que determinam a permuta intertribal, a exogamia dos grupos lingüísticos e o estabelecimento de parceiros no sistema de trocas.

A mitologia é vista apenas em relação à vida social e à vida econômica. A dos Desâna foi explicitada em *Antes o mundo não existia*, já esgotado, coordenado por mim e de autoria de Kumu e Kenhíri (1980). O livro foi considerado "obra literária do gênero mítico" por Angel Rama. Segundo esse eminente crítico literário uruguaio, o livro "ingressa na literatura brasileira, dentro de um estrato limite, no esplendor da produção literária de qualquer época" (Rama, 1982:90).

A arte aparece pictoricamente: nos desenhos cesteiros, em algumas das cinqüenta ilustrações que explicam a criação do mundo, vistas por Tolamãn Kenhíri, nos pictogramas do rio Aiari da aldeia Hohódene, Baníwa. De Feliciano Pimentel Lana, primo de Tolamãn, foi montado um filme de animação: *Mito e morte no Amazonas*. Cuida da origem da pupunheira, que é a parte mítica, à base de 48 desenhos, e das brigas com os garimpeiros, parte atual, quarenta desenhos.

O livro não trata do impacto dos grandes projetos sobre as populações indígenas do rio Negro. Alguns desses projetos não chegaram a concretizar-se. Tais seriam: os de mineração, como os da serra de Traíra, rio Tiquié, o da Mineradora Paranapanema e o dos garimpeiros avulsos; o projeto do alto rio Içana (Mineradora Taboca e Gold Amazon). E principalmente o Projeto Calha Norte.

O objetivo especial da obra é mostrar que o indígena alto rionegrino, além de identificar e classificar os recursos florísticos e faunísticos de seu ambiente, desenvolveu estratégias e técnicas adequadas a seu manejo, visando sua preservação. As mais importantes são:

• manutenção de pequenas aldeias e roças que minimizam o impacto da exploração humana sobre peixes, mamíferos aquáticos, quelônios, caça terrestre e arborícola;

• dispersão das comunidades ao invés do seu amontoamento;

• manutenção de uma "terra de ninguém" entre as áreas ocupadas para a formação de reservas faunísticas;

• mobilidade freqüente das roças e aldeias para evitar a superexploração do ambiente;

• pequena taxa de incremento populacional mediante a contenção da natalidade;

• tabus alimentares destinados a salvaguardar espécies ameaçadas;

• plantio de espécies vegetais nas margens dos rios, nas capoeiras, ao longo das trilhas, em clareiras naturais da floresta, destinadas a atrair caça e a aumentar a população faunística.

Nestas condições, *Os índios das águas pretas* se propõe a induzir o leitor à reflexão sobre:

• a criatividade das culturas indígenas desenvolvidas nos trópicos que, não obstante sua singeleza, engendraram soluções próprias à satisfação de necessidades humanas comuns;

• o saber ecológico do índio que, dominando os mecanismos de reprodução das plantas e dos animais, soube desenvolver uma estratégia adequada à sua preservação;

• o legado indígena à cultura brasileira, vivo até hoje para milhões de interioranos e urbanos que não saberiam sobreviver não fosse esse saber.

A pesquisa de campo em que se baseia este livro foi feita em três etapas. Primeira, de julho a novembro de 1978. Viagem aos altos afluentes do rio Negro (Uaupés e Tiquié) e do Içana (Aiari) para o estudo do trançado indígena na economia da mandioca e da pesca, como artigo de comércio, o simbolismo dos padrões decorativos do trançado, as matérias-primas empregadas e outros aspectos pertinentes. A expedição foi financiada pela Fundação Ford com a ajuda complementar da Smithsonian Institution, Washington. Durante minha estada de setenta dias na aldeia São João, dos índios Desâna, rio Tiquié, ajudei dois índios a darem redação definitiva a uma coletânea de mitos de sua tribo. Do estudo sobre trançados, que incluiu também os do Parque Indígena do Xingu, elaborei minha tese de doutorado. Chama-se "A civilização da palha, a arte do trançado dos índios do Brasil", Universidade de São Paulo, 1980.

A segunda parte, financiada pelo CNPq (Conselho Nacional de Desenvolvimento Científico e Tecnológico), concentrou-se na aldeia São João. Passei três meses (dezembro de 1985 a fevereiro de 1986) na comunidade de Tolamãn Kenhíri. Nesse período redigi, juntamente com meu colaborador desâna, o artigo intitulado "Chuvas e constelações: calendário econômico desâna" (1987). As constelações, segundo acreditam os Desâna, determinam a precipitação das chuvas às quais associam ciclos econômicos naturais — formigas, larvas de borboletas e gafanhotos — de grande importância alimentar. As referidas mudanças climáticas se vinculam também ao ciclo agrícola, uma vez que, nos curtos verões — os mais longos não excedem quinze dias e coincidem com o término da safra de certos frutos —, se efetua a queima das roças.

A última visita, com os mesmos recursos, a São João, ocorreu entre dezembro de 1990 e janeiro de 1991. Desta vez, a viagem foi em barco — ida e volta — de São Gabriel da Cachoeira até a aldeia, e não em aviões da FAB até a Missão Salesiana Pari-Cachoeira. Confiro então os dados coletados e elaborados nas pesquisas anteriores e completo as informações faltantes sobre a tecnologia da pesca e a biologia dos peixes. Recolho e identifico no INPA (Instituto Nacional de Pesquisas Amazônicas) quase uma centena de espécies botânicas utilizadas na cultura material.

Aprendi antropologia — além da formação universitária — com Darcy Ribeiro na viagem de oito meses, feita em 1948, aos índios Kadiwéu e por ter datilografado os seus manuscritos de 1948 a 1974. Contudo, este livro deve mais a Tolamãn Kenhíri. Talvez devesse ser assinado também por ele. Na verdade, todas as informações de campo — ou quase todas — são de sua autoria. Desde 1978, quando o encontrei na Missão Salesiana Pari-Cachoeira e lhe falei do meu projeto, nada mais fiz do que escrever, em forma passível de leitura, os dados que me ia passando.

Luiz Lana e seu pai, Firmiano Lana, são também autores. Os adultos e crianças Desâna exigiram que seu livro de mitos fosse reeditado — e o foi — para, por meio dele, aprender sua história e ideologia. O presente livro destina-se, basicamente, ao mesmo fim: dar aos 14 mil alfabetizados de fala desâna, tukâno, baníwa, makú e nheengatu uma das "histórias" do rio Negro.

Além dos citados, este livro agradece ao mateiro amazonense Luiz Fernandes Coelho. Ele trabalhou 38 anos no meio da floresta, subiu árvores, coletou espécies para os botânicos e é chamado o "guardião da biodiversidade". A Luiz Fernandes Coelho devo a identificação científica das plantas trazidas, em 1991, das quais é feita a cultura material.

Termino agradecendo a Maria Elizabeth Brêa, que releu e digitou o texto, fez o glossário e o índice. À lingüista Miriam Lemle, pela convenção gráfica em tukâno e desâna. E, ainda, às instituições que me acomodaram: o Museu do Índio, da Fundação Nacional do Índio, e o Museu Nacional, da Universidade Federal do Rio de Janeiro.

Território reclamado pelos índios do alto rio Negro. Não obtido.
Desenho de Hamilton Botelho Malhano, Museu Nacional.

Introdução
A ÁREA CULTURAL DO ALTO RIO NEGRO

A chamada área cultural do alto rio Negro compreende, hoje em dia, um cadinho de tribos que participam de uma tradição comum. Transcrevo uma caracterização sumária dessa província cultural, observada por Goldman (1948:763-4), no começo da década de 40:

> Ênfase no cultivo de mandioca amarga e na pesca, atribuindo importância secundária à caça. Uso de casas multifamiliais, cada qual abrigando um grupo local de pessoas aparentadas e não aldeias. Um complexo de ritos masculinos associado com o culto aos ancestrais, referido de forma inadequada na literatura como culto do jurupari. Existência de *sibs** patrilineares. Máscaras pintadas de líber, distribuídas na área de forma desigual. Consumo de coca pulverizada misturada com cinza de uma folha e uso de bebidas feitas de cipó que induzem a visões. A organização tribal é débil ou ausente. A autoridade mais alta é representada pelo chefe do *sib* ou de um grupo aparentado local.

Para Curt Nimuendaju (1950), podiam-se distinguir no alto rio Negro três estratos culturais que foram ocupando sucessivamente a área e se miscigenando biológica e culturalmente. O primeiro estrato seria formado por uma cultura rudimentar que desconhecia a lavoura, a cerâmica, a arte têxtil e a navegação, representada hoje pelos Makú, e os Waiká e Xirianá (grupos Yanomâmi). O segundo estrato era representado por uma das culturas mais desenvolvidas da floresta tropical, que tinha vida seden-

(*) Emprego as palavras *sib* e *clã* como sinônimos.

tária, usava a sarabatana e vivia à margem dos grandes rios e igarapés navegáveis. Teriam vindo do Norte em sucessivas ondas migratórias: a primeira, Aruák, proveniente do seu centro de dispersão do alto Orinoco e rio Guainia, representada pelos Baré, Manáo, Warekêna e os Baníwa, entre outros. Segundo esse autor, os Hohódene (grupo que visitei em Uapuí, rio Aiari, em setembro de 1978) seriam antigos Makú aruacanizados.

A esse estrato incorporou-se uma segunda onda migratória vinda do Oeste, pertencente à família lingüística tukâno, que ocupou o Uaupés, desalojando os Aruák. Segundo Nimuendaju, "[...] a julgar pelos seus parentes no Içá e Napo (Tukâno ocidentais), estas tribos possuíam uma cultura inferior à dos Aruák, aculturando-se, porém, tipos mais grosseiros" (1950:164). Não obstante, "[...] até a presente data continua a expansão das tribos dessa família", conclui o mesmo autor. Para Nimuendaju, o terceiro estrato é constituído pela amalgamação do segundo com a sociedade nacional que deu origem à cultura cabocla do rio Negro, com centro em São Gabriel da Cachoeira e irradiação para o baixo Içana e o Uaupés até as primeiras cachoeiras. Suas características mais marcantes eram então — e ainda hoje, em parte — o uso de língua geral, um sincretismo religioso católico-indígena em que se destaca "o culto kóai-jurupari, as festas de dádivas (dabucuri) e numerosas pequenas indústrias caseiras, entre as quais a fabricação de redes de tucum" (op. cit.:166).

A migração aruák vinda do Norte se comprova pelo fato de persistirem grupos dessa família lingüística no Orinoco e seus afluentes, aonde os Baníwa da aldeia de Uapuí (onde estive) vão constantemente visitar parentes. Evidencia-a também o fato de os topônimos mais importantes serem palavras dessa língua. Por exemplo, Cassiquiare, Orinoco, Caiari (antiga designação do Uaupés), Aiari, Papuri, Querari, Inírida, Cuduiari, Tiquié, entre outros.

A origem ocidental dos Tukâno se evidencia pela existência de grupos da mesma família lingüística, chamados Tukâno ocidentais, nos rios Napo e Putumayo. Compartilham com os Tukâno orientais de alguns traços característicos das culturas da floresta tropical. Os Witôto, que separaram os Tukâno nas duas citadas divisões, estabelecendo-se no Pirá-paraná e no alto Caquetá, assemelham-se mais aos Tukâno orientais do que o grupo homônimo localizado a oeste (cf. Steward, 1948:737-62).

Goldman (1963:4-5) acredita que alguns elementos culturais tukâno do Noroeste do Amazonas aproximam-nos das culturas andinas. Entre outros, a divisão em clãs hierarquizados, o culto dos ancestrais, o culto do jaguar, o uso da coca, de trançados elaborados etc. Expressa ainda a opinião de que existe forte influência tupi na área proveniente de "[...] traços como a grande casa comunal, um sistema de fortificações, escravização, famílias extensas patrilineares e o costume de dar a uma criança o nome de um ancestral" (1963:14).

A expansão tukâno incorporou, lingüisticamente, na área do Uaupés, antigos habitantes de língua desconhecida, como os Miriti-tapuia e grupos Aruák, ali representados pelos Tariâna. O centro de difusão dos Tariâna é a cachoeira de Iauareté, sede desde 1928 da Missão Salesiana de mesmo nome. Mas seu local de origem, segundo a tradição mítica aruák-baníwa, é a cachoeira do Uapuí, no rio Aiari, afluente do Içana. Este sempre foi e continua sendo o "rio dos Baníwa". Os Warekêna, que vivem no rio Xié, afluente do rio Negro, também aruák, foram aculturados lingüisticamente ao nheengatu ou língua geral,[1] introduzida no baixo rio Negro pelos missionários carmelitas no século XVIII, que julgavam ser essa a língua indígena do Noroeste do Amazonas, quando na verdade não havia nenhum grupo tupi na área.

O baixo rio Negro até sua desembocadura no Amazonas era habitado, entre outros, pelos Baré, Pasé, Manáo, grupos Aruák, que também foram "tupinizados" lingüisticamente e engajados compulsoriamente nos trabalhos da indústria extrativa, extinguindo-se como grupos autônomos. Deixaram, contudo, marcas indeléveis na população local, que se formou de seu sangue e de sua cultura (Galvão, 1959:8). Ainda hoje, em São Gabriel da Cachoeira e Tapuruquara, sedes da Missão Salesiana, persistem "colônias" de índios Tukâno: vivem segregados do resto da população, falam a língua paterna e mantêm, no nível da técnica da subsistência e da ideologia, muito de suas antigas tradições (comunicação pessoal de Renato Athias).

Com a penetração das frentes pioneiras, as populações indígenas dos baixos rios foram sendo destribalizadas e extintas. Basta comparar as listas de tribos compiladas por autores dos séculos XVII, XVIII e XIX com as atuais (cf. Bruzzi, 1962:224-64)[2] para aquilatar o seu vulto. O maior esmagamento físico e cultural atingiu, entre os Tukâno e os Aruák-Baníwa, os *sibs* de mais alta hierarquia, que, tendo o privilégio de habitar os grandes rios, ficaram mais expostos à exploração dos colonizadores e à evangelização missionária. Os de mais baixa hierarquia, ocupando as nascentes, os igarapés ou, no caso dos Makú, a plena mata, puderam manter maior autonomia cultural e preservar-se.

Na região do alto e baixo Uaupés vivem atualmente as seguintes tribos:[3] Tukâno, Desâna, Pirá-tapuia, Wanâno, Arapaso, Kubéwa,Tuyúka (todos de língua tukâno-betoya); Tariâna (antigos Aruák tucanizados), além de quatro grupos Makú que vivem no interior da floresta, longe dos rios. A população uaupesina era, em 1977-8, estimada em 2633 índios e estava distribuída em 56 povoados. No rio Papuri viviam grupos Tukâno, Desâna, Pirá-tapuia, Tuyúka e Makú em 28 povoados, perfazendo 1359 indivíduos. No rio Tiquié encontram-se Tukâno, Desâna, Pirá-tapuia, Tuyúka, Karapanã, Miriti-tapuia (que perderam o idioma original, falando apenas o tukâno como língua indígena), e uns poucos Barasâna e Yepá-mahsá (terra, gente) já na foz desse rio, na fronteira com a Colômbia, e com contingentes maiores nesse país. Esses índios se distribuíam por 44 povoados, totalizando 2106 habitantes, o que perfazia 6098 índios, para o Uaupés, o Papuri e o Tiquié, pertencentes a treze tribos, em 1977-8.

No rio Içana prevalecem grupos de língua baníwa (Aruák) divididos nos seguintes grupos ou clãs: Hohódene, Siusi-tapuia, Koripako, Coati-tapuia, Ipeca ou Pato-tapuia, Awadzi-runain, Iauareté-tapuia, Sapo-tapuia, Kadaupuritana, Tatu-tapuia e Kubéwa (grupo Tukâno), Mapati-dakéne (grupo Baníwa que agora fala a língua geral) e os Warekêna, antigos Aruák falantes e que atualmente também falam o geral. Não tendo estado na sede da Missão Salesiana do rio Içana, em Carara-Poço, não me foi possível obter o cômputo da população indígena desse rio, que se distribui por 61 povoados, dezenove dos quais no rio Aiari, afluente do Içana. Nesse rio visitei, em Uapuí, os Hohodene, que em 1978 eram 106 habitantes. Calculando-se uma média de seis pessoas por residência para as demais aldeias, pode-se estimar a população do rio em um máximo de 2 mil índios, o que, somado aos cerca de mil índios da Missão de Taracuá, perfaz cerca de 10 mil índios "aldeados", em contato intermitente com brasileiros e colombianos, para toda a área, em fins da década de 70, segundo o cômputo dos missionários. Dados da Funai de 1987, divulgados por CEDI/ Museu Nacional (1987), indicam uma população total de 12 664 índios passados cerca de dez anos.

Assim como no tempo dos levantamentos de Bruzzi, *sibs* ou clãs de uma mesma tribo concentram-se em povoados próximos, alternando com clãs de outras tribos, constituindo fratrias exogâmicas (Goldman, 1963:136).

Nos níveis adaptativo, associativo e ideológico, a aculturação intertribal se processou mediante o mecanismo da especialização e troca de manufaturas e, principalmente, com a prática da exogamia tribal e/ou clânica.[4] Cada maloca — hoje povoação — abriga pessoas aparentadas pela linha paterna e corresponde a um clã que busca seus parceiros conjugais em clãs filiados a outra fratria, segundo Goldman (1963) no caso dos Kubéwa, ou tribos que a tradição considera "cunhados", geralmente de hierarquia equivalente.

Na Missão Salesiana de Pari-Cachoeira existem registros de batismos que retroagem a 1934 nos quais se menciona a tribo dos progenitores. Num levantamento feito nesses arquivos, pude verificar que, no caso do rio Tiquié, os casamentos se davam de preferência nesta ordem de prioridade: Tukâno e Desâna, Tukâno e Tuyúka, Desâna e Tuyúka, Desâna e Barasâna (atualmente na Colômbia), Desâna e Pirá-tapuia, Tukâno e Pirá-tapuia, e, em nenhum caso, entre Makú e algumas dessas tribos da família lingüística tukâno.

No Uaupés, pelo que pude observar, são mais freqüentes os casamentos entre Tukâno e Tariâna, Kubéwa e Wanâno, Tukâno e Pirá-tapuia. No rio Aiari, prevalece também o casamento exogâmico entre os diversos grupos Baníwa (Siusi-tapuia, Hohódene, Ipeca-tapuia, Coati-tapuia etc.), e entre estes e os Wanâno e

Kubéwa, que habitam o alto Uaupés, abaixo da cachoeira de Caruru, porque há um caminho pela mata (varadouro) que liga as aldeias dessas tribos às do rio Aiari, facilitando o contato. Como a mãe e a esposa de um indivíduo são sempre de outra tribo e a residência patrilocal, este fala geralmente as línguas materna e paterna, além do português e do espanhol, e ainda, não raro, uma terceira língua indígena (cf. Sorensen, 1974). O casamento preferencial é com a filha da irmã do pai, ou a filha do irmão da mãe, que necessariamente são de outra tribo ou *sib*, porque a descendência se conta pela linha paterna. "A preferência aponta a ênfase na reciprocidade entre grupos exogâmicos, porque se não houver troca de mulheres em uma geração, o equilíbrio é restabelecido na geração seguinte" (Christine Hugh-Jones, 1977:186).

A hierarquização começa dentro do grupo doméstico, em que se distingue sempre o irmão mais velho do mais novo, cabendo àquele a sucessão na chefia do grupo local, estendendo-se até a localização espacial no território da tribo. Cada *sib* ocupa um local hierarquicamente determinado ao longo do rio. Os de mais alta hierarquia vivem nos baixos cursos, mais ricos em peixe e de solo mais fértil; os de hierarquia mais baixa localizam-se próximo às nascentes. Os Tukâno, hierarquicamente superiores aos Desâna, tinham o privilégio de pescar na época da piracema, isto é, quando os peixes sobem os rios para desovar, enquanto estes últimos iam apanhar maniuara: espécie de saúva, comida crua ou moqueada com pimenta, prato muito apreciado por todos os índios da região.

Na estratificação interna, o clã Tolamãn Kenhíri, dos Desâna que estudamos, tinha seus acendedores de cigarros, preparadores de ipadu e servos. Essa hierarquização corresponde, provavelmente, no caso da aldeia de São João, à dos "chefes, cantores-dançarinos, guerreiros, xamãs e servidores" dos Barasâna, em cuja estrutura ocupacional não aparece a figura do *kumu*, já que xamã é chamado *kumu* em sua língua (cf. Stephen Hugh-Jones, 1977: 207). Essa hierarquização, baseada em relatos míticos, está perdendo vigor e, praticamente, já não implica um comportamento diferenciado ou a manutenção de privilégios.

No plano da organização sócio-política, destacam-se, no caso dos Desâna, a figura do pajé, que exerce principalmente funções de cura; do *kumu*, que domina ritos propiciatórios das crianças, de defesa dos iniciados, de previsão e prevenção de malefícios; do *baiá*, definido como mestre do canto e cerimonial, acumulando as funções do tuxaua ou capitão, antigo dono de maloca, atual chefe de um povoado, cuja investidura é hereditária. Freqüentemente, essas funções são exercidas por uma só pessoa, como no caso de Umúsin Panlõn Kumu ou Firmiano Lana, que foi *kumu* e tuxaua, esta última função exercida, após sua morte, por seu primogênito, Luiz Gomes Lana. O pajé, o *kumu* e o *baiá* têm conhecimento profundo do ritual, da mitologia e geralmente são excelentes artesãos, completando, assim, o circuito de domínio da cultura tribal.[5]

No nível ideológico, as culturas do Noroeste amazônico e, mais particularmente, da área cultural do rio Negro, de que vimos tratando, comungam de uma mesma visão cosmogônica, de um conjunto de crenças, ritos e práticas comuns a todas, que explicam sua origem e seu modo de ser. Nesse terreno, contudo, é que a ação missionária foi mais deletéria, deixando poucos vestígios e pouco espaço, ao menos entre as tribos que vivem em território brasileiro, para a manutenção dessas tradições. A própria destruição da maloca, centro cerimonial de um clã, contribuiu não só para afrouxar os laços de convívio entre clãs e tribos, como também para impossibilitar a realização dos ritos.

O mais importante desses ritos é ligado à iniciação masculina, entre os grupos da família lingüística Tukâno, ao herói cultural Kowai, entre os grupos Aruák, à maturação de frutas e cocos, entre os índios do Orinoco (cf. Goldman, 1963:192). Este rito foi objeto de estudo entre os Hohodene, grupo Baníwa do rio Aiari, afluente do Içana, por Robin Wright (1981) e também por Stephen Hugh-Jones (1979) entre os Barasâna. Trata-se do que se convencionou chamar "o culto do jurupari", nome em língua geral atribuído ao detentor das flautas sagradas dos índios do Uaupés e do Içana,[6] o qual não podia ser visto pelas mulheres.

No livro de mitos de Firmiano e Luiz Lana — *Antes o mundo não existia* (1980) — esse personagem é chamado Guelamun yé (nome próprio, pajé) e o mito correspondente é pouco elaborado, tendo algo em comum com o colhido por Stradelli, no século XIX, entre os Tariâna, por Ettore Bioca entre os Tukâno do rio Tiquié, divulgado por Schaden (1959:153), por Goldman entre os Kubéwa (1963), por Reichel-Dolmatoff (1968) junto a seu informante desâna, Antonio Guzmán, por Stephen Hugh-Jones (1979) entre os Barasâna. Schaden o considera um mito da "revolução social", destinado a aterrorizar as mulheres e explicar o domínio político dos homens, o qual se exerce, em outras partes do continente, pela instituição da "casa dos homens" (1959:159).

Por insistência minha, Luiz Lana, sem consultar o pai, me ditou o episódio do roubo das flautas sagradas pelas mulheres. Por outro lado, eliminou um trecho do livro, que tomo a liberdade de inserir aqui, como depoimento de grande importância, partindo de quem parte:

> Nessa casa[7] apareceu Guelamun yé. Propriamente não se sabe em que casa foi. Tem a 16ª, 27ª, 33ª, 47ª, 48ª e 51ª com o mesmo nome. Talvez tenha sido na casa número 16 porque esta é a primeira. O velho [Firmiano, pai de Luiz] está contando a história, está dizendo que o pai dele, meu avô, não disse qual casa foi. O pai dele estava dizendo que os padres missionários, quando chegaram, já destruíram isto. Já destruíram as malocas, estas coisas eram no tempo das malocas. Os padres diziam que isso era do diabo, do Satanás. Por isso ele não contou direito a meu pai essa história. O velho está dizendo que se os padres não chegassem com essa empurração de abandonar as coisas dos antigos, ele seria como o finado pai dele. O pai dele era um grande sábio, era um cantor, era um chefe de maloca, que sabia tudo dos antigos. Com esta obrigação dos missionários, o velho não quis mais contar nada a ninguém. Por isso muita coisa desapareceu. Mesmo assim, ele contou as histórias, as cerimônias dos assuntos é que desapareceram. E as funções. Tudo isso desapareceu.

Comum a toda a área, mas apresentando grandes variações de uma a outra tribo, é o mito da criação da humanidade no bojo de uma imensa cobra-canoa. Os autores que estudaram grupos Tukâno da Colômbia referem-se à cobra *anaconda*, em espanhol (*Eunectes murinus gigas*), que, segundo Goldman, é o ancestral em forma animal que deu origem aos primeiros *sibs* Kubéwa (1963:92).

A *anaconda* ocupa às vezes toda a extensão de um rio, com a cabeça em suas cabeceiras e a cauda na desembocadura. Seu corpo é segmentado para formar os *sibs*. Os de mais alta hierarquia provêm da cabeça da cobra, os de mais baixa, da cauda (Goldman, 1977:176).

No corpo de uma *anaconda* vieram os Barasâna. Partindo do mítico "rio do leite", ela subiu o Apaporis até o Pirá-paraná e vomitou em terra os diferentes clãs barasâna (S. Hugh-Jones, 1979:152). Esta versão aproxima-se da divulgada por Umúsin Panlõn Kumu e Tolamãn Kenhíri (ou Firmiano e Luiz Lana) em *Antes o mundo não existia*, com grande precisão de detalhes, como as denominações de todas as casas transformadoras que foram sendo implantadas no curso da longa viagem, diferindo ambas as versões da colhida por Reichel-Dolmatoff (1968:21-2).

A identificação da onça com o pajé e o temor que inspira aos índios por seus poderes sobrenaturais, como a faculdade de lançar raios, provocar ventos e tempestades, é outro traço de caráter ideológico expandido por toda a área (Goldman, 1963:262, S. Hugh-Jones, 1979:124). Em toda a região se realizam cerimoniais de nominação, iniciação masculina e feminina, ritos fúnebres e festas de oferendas.

Além dos fatores citados, o sistema de especialização artesanal e de trocas intertribais funciona como mecanismo de homogeneização cultural e de dependência recíproca. Periodicamente, as tribos uaupesinas e içaneiras realizam a festa conhecida como dabucuri, em língua geral, em que os clãs e/ou tribos convidados trazem frutas da estação, peixes ou outros bens oferecidos aos hospedeiros. Nessas ocasiões são ingeridas bebidas alucinógenas que produzem visões (caapi, em língua geral), fermentadas (caxiri, idem), coca (ipadu, em língua geral) e tabaco, preparados e consumidos segundo procedimentos e etiqueta semelhantes.

O dabucuri não tem o caráter de troca institucionalizada de bens como o *moitará* dos alto-xinguanos. Mas participa de sua natureza de festa profana com etiqueta e cerimonial prescritos, cuja função é aproximar grupos diversos que partilham padrões culturais comuns. Hoje em dia se fazem dabucuris ou simplesmente caxiris (o caapi e o ipadu são raramente consumidos) quando se realizam trabalhos coletivos (roças comunitárias, construção de capelas) ou como aquele a que assistimos no povoado de São João, no Dia dos Pais.

A especialização artesanal ainda vigora em relação a diversos objetos, alguns dos quais, como o ralador de mandioca (ou ralo, simplesmente, como costuma ser chamado na região), são cruciais na técnica de preparo desse tubérculo, base da alimentação da população indígena e cabocla da região do alto rio Negro. O ralo é monopólio absoluto dos Baníwa, sendo comercializado nos outros três rios (Uaupés, Papuri e Tiquié) e em São Gabriel para o processamento da mandioca, e mandado a Manaus, Belém e até aos Estados Unidos para a venda em lojas de artesanato. É feito de uma tábua côncava de madeira e incrustado com pedrinhas de quartzo que só existem nas pedreiras da cachoeira de Tunuí, no médio Içana.

O banco, monóxilo, cuja forma e desenhos pintados têm uma simbologia muito bem definida, é esculpido unicamente pelos grupos Tukâno e também difundido por toda a área. As máscaras de líber, confeccionadas hoje para venda, mais que para uso nas cerimônias fúnebres, são feitas apenas pelos Kubéwa. Estes e os Wanâno são os que produzem a tinta vermelha (carajuru, em língua geral), usada antigamente na pintura do corpo e ainda hoje na pintura do rosto, em certas ocasiões (nascimento, luto), bem como para tingir as talas de arumã com que são feitos os trançados. A confecção do trocano, grande tambor de madeira usado para enviar mensagens a longas distâncias, é privativa das tribos de mais alta hierarquia: os Tukâno, Desâna, Pirá-tapuia e Barasâna.

Os Baníwa, exímios ceramistas, recebiam cuias e cabaças de seus vizinhos do alto Uaupés, os Wanâno, que, como os demais grupos da família lingüística tukâno, também fazem cerâmica, menos esmerada que a baníwa. Os Tuyúka especializaram-se na fabricação de canoas, que davam em troca de outros artefatos, altamente valorizados, como os bancos tukâno. Os Makú, por outro lado, têm o domínio completo de um elemento importantíssimo na economia tribal: o cesto-cargueiro (aturá em nheengatu) feito de cipó-imbé que pode levar carga de até sessenta quilos sem se romper e é muito durável. Esses cestos estão espalhados desde o rio

Içana ao rio Tiquié. Aos índios do Uaupés e seus dois afluentes, os Makú fornecem ainda sarabatanas e curare, que os Baníwa produzem independentemente e de melhor qualidade.

Na categoria dos trançados ainda persiste alguma especialização por tribo no que se refere a certos cestos e peneiras de uso doméstico, como as cumatás e urupemas (em língua geral). Mas ela tende a desaparecer por se tratar de uma técnica não muito sofisticada e porque a matéria-prima, o arumã, existe por toda a parte, ao contrário do que ocorre com as plantas de que se faz curare, sarabatana, tinta carajuru ou com as pedrinhas de quartzo para os ralos.

Como artigo de comércio, a cestaria assumiu, entre 1978 e 1985, antes da descoberta do ouro, importância crescente. Sendo uma arte masculina — exceto entre os Makú, onde mulheres fazem cestos —, dela se ocupavam jovens, homens maduros e velhos. Sua distribuição era feita pela Missão Salesiana, com o apoio da FAB e com subsídios governamentais. Em troca do seu artesanato, da farinha de mandioca, da sorva e do cipó-titica a Missão pôde oferecer assistência médica, sanitária, educacional e produtos industriais a preços razoáveis aos índios do Içana e do Uaupés. A partir de 1985, o ouro ingressou no circuito comercial dos índios, sendo transacionado individualmente.

Na esfera familiar, persiste a tradicional divisão de trabalho por sexo. As mulheres têm a seu cargo as atividades mais rotineiras de provimento da subsistência: plantio, colheita, transporte e a produção de excedentes de farinha para a venda, base da alimentação de todos os grupos uaupesinos e içaneiros. Cabe-lhes, ainda, o provimento de água, lenha, o cuidado com os filhos e outras tarefas domésticas, o que deixa pouco tempo para se dedicarem a atividades artesanais. Sua ocupação tradicional nesse campo é a modelagem da cerâmica, a fiação de linha de tucum (a de miriti para as redes chamadas de trinta fios era feita pelos homens) e, mais recentemente, a tecelagem de redes, bolsas, tapetes de tucum para o comércio. O homem contribui para a economia doméstica com a derrubada e queima da roça, a pesca e, subsidiariamente, a caça e a coleta de insetos e larvas. Por isso, sua participação nas atividades artesanais é muito mais destacada.

As relações hoje comparativamente igualitárias dos grupos Tukâno com os Makú, que substituíram as antigas relações de vassalagem — as quais aliviavam os grupos Tukâno dos aspectos mais exaustivos das suas tarefas de subsistência —, contribuíram para o arrefecimento das práticas cerimoniais, outrora muito mais freqüentes e elaboradas, e para nivelar a antiga hierarquização clânica e tribal. Em todos os casos, porém, o fator determinante de mudança cultural é o processo de aculturação interétnica, vigente na área do rio Negro desde o século XVIII. Ele foi mais intenso, como vimos, para as tribos que viviam no baixo rio Negro, as quais receberam maior impacto da expansão das ondas civilizadoras.

Com referência aos habitantes dos altos afluentes desse rio concordamos com Goldman quando diz: "A resistência dos Kubéwa do rio Cuduiari (Colômbia) à perda de sua cultura deve ser atribuída principalmente ao seu relativo isolamento. Mas em parte, acredito, ao cosmopolitismo, à sua capacidade de adotar objetos e costumes forâneos sem perder a consciência de sua identidade como índios" (1963:16-7).

Com efeito, a fusão de tradições várias, tanto indígenas como civilizadas (do Brasil e dos países limítrofes), "cosmopolitizou" os índios do Noroeste amazônico. No esforço por preservarem as características diagnósticas de sua identidade étnica é que eles eludem sua fragmentação em entidades múltiplas — o clã, a fratria, a tribo — para sobrepor a esse divisionismo sua condição de índios.

Atualmente, em vista dos controvertidos projetos de "aproveitamento racional da floresta amazônica" e a descoberta de jazidas minerais, os índios do Uaupés e do Içana têm de redobrar sua vigilância para não serem engolfados numa nova onda expansiva tão ou mais daninha que a do surto da borracha. As sedes das missões salesianas de Iauareté (rio Uaupés), Pari-Cachoeira (rio Tiquié), Carara-Poço (rio Içana), Taracuá (baixo rio Uaupés), já transformadas em distritos do município de São Gabriel da Cachoeira, com estações meteorológicas, correio, usinas termoelétricas, hospitais, hospedarias, podem evoluir para se constituírem em centros administrativos desse município, carreando uma população cabocla e forânea que rapidamente irá assenhorear-se das terras indígenas onde se situam essas missões.

Outro risco é representado pela abertura da rodovia Perimetral Norte,[8] que também cortará a reserva ainda não demarcada dos índios uaupesinos e içaneiros, trazendo uma avalanche de trabalhadores sedentos de terras. Até agora, o acesso à área se faz principalmente por aviões da FAB, que está abrindo inúmeros campos de pouso nessa região de fronteira, já que o transporte fluvial é quase impraticável por causa das grandes e perigosas cachoeiras.

Um terceiro perigo é a abertura da área — não obstante ser reserva florística e terra indígena — à exploração madeireira por grandes companhias nacionais e estrangeiras. Além de um desastre ecológico — o solo amazônico, com exclusão da várzea, tem apenas dez centímetros de terra vegetal. Derrubada a floresta fica meio centímetro de húmus que, em dois anos, é levado pela erosão. Isso constituiria uma ameaça terrível ao que resta de autonomia tribal aos índios dos altos afluentes do rio Negro, que iniciam o longo caminho tendente ao autocomando do seu destino.

Primeira parte

A VIDA SOCIAL

1
A ESTRUTURA SOCIAL

A LINHAGEM DESÂNA DO RIO TIQUIÉ

Os Desâna do rio Tiquié se consideram descendentes de dois antepassados míticos: um deles, Tolamãn Kenhíri, o quarto grupo na divisão procedida pelo herói cultural Boléka, ancestral maior, fundador dessa tribo; e o outro, pelos descendentes de Owali Dihpútiro, chefe do grupo dos "avós". Essas patrilinhagens estão divididas em doze *sibs*, cada qual com designacão própria, habitando ao longo do Tiquié ou de alguns de seus afluentes e, ainda, três *sibs*, de que os Desâna do Tiquié têm conhecimento, dois deles vivendo nos igarapés Urucu e Cuiucuiu, afluentes do Papuri, e o terceiro em local ignorado.

Toda a linha de descendência de Ëmëkho mahsãn Boléka (universo, pessoa, peixe aracu) está contida no capítulo intitulado "A dispersão dos *ëmëkho mahsá* e a localização dos Tolamãn Kenhíri ponlãn" de *Antes o mundo não existia* (Kumu & Kenhíri, 1980:99-105). Presume-se que vários deles ainda persistiam no rio Papuri e os que desapareceram, por falta de descendência, ou por miscigenação com a população regional, possam vir a ser novamente instituídos por ancestrais fundadores recentes. É o caso de um *sib* desâna que se encontra em formação no povoado de São José, margem esquerda do rio Tiquié, representado por uma família extensa, a de José Marinho dos Santos. Descende do grupo de Boléka, na qualidade de seu irmão menor, denomina-se Bëgë ieri ponlãn (velho, baixinho, descendente), e é citado em Kumu & Kenhíri (1980:92).

Os *sibs* contemporâneos da linhagem do ancestral mítico Tolamãn Kenhíri são: 1) Tolamãn Kenhíri ponlãn (nome, desenhos que aparecem no sonho, descendente), divididos em duas aldeias, Santo Antônio e São João; 2) Boioliru ponlãn (estrela da manhã, descendente), representado por uma única família, que reside na aldeia de Iraiti, junto com os Miriti-tapuia; 3) Angá ñengani ponlãn (inhambu, pernas, descendente), representado por uma unidade familiar, a de Leopoldino, que vive junto aos Tolamãn Kenhíri de São João, onde realizei o trabalho de campo, e três outras junto ao mesmo *sib* de Santo Antônio;[1] 4) Paiatenaãn (intraduzível), descendentes de Owáli paiá; 5) Owali diapoanií (nome, rosto, preto), cujos descendentes chamam-se Iedirilãn (ou Iediligui, no singular). Este último clã habita hoje uma aldeia no rio Cuiucuiu, afluente do Papuri. O anteriormente citado não se sabe onde vive.

Hierarquicamente ordenados, os *sibs* da linhagem do Dihpútiro são: 1) Dihpútiro ponlãn (cabeça chata, descendente); 2) Bihtiri niangãn (bem-te-vi que atrapalha a vista); 3) Owali ngoamãn ponlãn (nome, criador, descendente), mais conhecido pelo apelido de Sibiá (passarinho muito alegre, descendente); 4) Yogë ponlãn (soluço, descendente); 5) Wahsun pë ponlãn (cunuri, pé, descendente); 6) Toá pianá ponlãn (fruta azeda toá, descendente); 7) Ponbolá ponlãn (esteio para atar rede, descendente). Este último posiciona-se como o grupo dos "avós" em relação aos Sibiá.

Esses *sibs* são classificados em três grupos: o dos "avós" (*ñehkë sëmá*: avós, grupo), o dos irmãos maiores (*mahsá tirá*: gente, nasceu antes), e o dos irmãos menores (*paë ponlãn*: irmãos menores, descendente).

Os *sibs* derivados do ancestral fundador mítico Dihpútiro, considerado "chefe" do grupo dos "avós", vivem ao longo do Tiquié. O que conserva esse nome situa-se no baixo Tiquié, na povoação Serrinha (Poari ná: cabelo, serra), e é tido como "chefe" dos clãs Sibiá, divididos em seis aldeias, cinco das quais localizadas no igarapé Umari, afluente da margem direita do rio Tiquié e o sexto em outra povoação, a de Cunuri (Wahpë nëhkë: cunuri, mata), de índios Tukâno, à beira desse rio. Reciprocamente, os

Sibiá são tidos como "irmãos menores" do referido *sib* Dihpútiro. Dentro da hierarquia desse ancestral, os Sibiá são, por sua vez, "irmãos maiores" dos Yogë ponlãn, enquanto os membros do *sib* Wahsun pë ponlãn são classificados como "irmãos menores" em relação aos Yogë ponlãn. O *sib* Bahtiri niangãn é considerado "irmão maior" em relação aos quatro restantes dessa geração. Habita no igarapé Urucu, afluente do rio Papuri, numa aldeia chamada Santa Marta. Esse *sib* ficou no Papuri, embora os demais da geração de Dihpútiro fossem para o Tiquié. Outro *sib* sobrevivente da geração de Dihpútiro, os Toá pianá, que habita em duas aldeias no igarapé Castanha, afluente da margem esquerda do rio Tiquié, é tido como "avós" de toda a linhagem anteriormente citada. Nestas condições, ele comparece no degrau mais baixo da ordenação hierárquica da geração do ancestral Dihpútiro.

À beira do Tiquié vivem dois *sibs* que descendem do ancestral mítico Tolamãn Kenhíri. Estes ocupam território contíguo, as aldeias de Santo Antônio e São João. Os Tolamãn Kenhíri de Santo Antônio são "irmãos maiores" em relação aos de São João, em função da primogenitura de um ancestral fundador recente.

Com efeito, os Tolamãn Kenhíri de Santo Antônio descendem do filho primogênito do primeiro casamento de um desâna do rio Cuiucuiu, afluente do Papuri, com uma mulher karapanã. Esse antepassado chamava-se Tolamãn e o filho, chamado Milupu, é o avô dos Desâna de Santo Antônio. Tolamãn abandonou essa mulher karapanã e casou-se com uma tukâno que teve um filho chamado Owali, antepassado dos Desâna de São João. Tolamãn enviuvou desse casamento e do terceiro. Da quarta união com uma mulher tukâno, nasceram dois filhos homens. O primogênito, também chamado Tolamãn, é o pai de Umúsin, que é o pai de Luiz Lana, meu insigne colaborador. O pai de Umúsin construiu uma maloca onde se situa atualmente a aldeia de São João (cf. Kumu & Kenhíri, 1980:104-5).

A genealogia, neste exemplo, retroage até a quarta geração ascendente. O nome dos dois *sibs*, o de Santo Antônio e o de São João, ambos Tolamãn Kenhíri, remete ao nome do antepassado fundador de cada um deles, que, por sua vez, se vincula ao grupo homônimo do irmão ancestral de Boléka (cf. Kumu & Kenhíri,

1980:91). Descendentes de um mesmo homem, com diferentes mulheres, prevalece, na escala hierárquica, a condição de "irmãos maiores" atribuída aos Tolamãn Kenhíri de Santo Antônio, por pertencerem à linhagem do avô que nasceu primeiro.

O *sib* Angá ñengani ponlãn, representado, como vimos, por quatro famílias localizadas em São João e Santo Antônio, é tido como "irmãos menores" dos Tolamãn Kenhíri dessas localidades. O *sib* Boioliru ponlãn, igualmente da geração do ancestral Tolamãn Kenhíri, representado por uma única família que vive junto aos Miriti-tapuia (Makú tucanizados) no povoado Iraiti, é classificado como "irmãos menores" dos Tolamãn Kenhíri de Santo Antônio e de São João. Finalmente, o grupo dos "avós" de todos eles são os Paiatenaãn e os Iedirilãn anteriormente referidos.

OS SIBS: SUBUNIDADES DE UM ANCESTRAL FUNDADOR

Como se vê, cada geração de descendentes de um ancestral fundador divide-se em subunidades — os *sibs* — que recebem nomes próprios, formando linhagens de descendência patrilinear inconfundíveis. Podem ocupar tanto um território contíguo como descontínuo. Mudam de aldeia por fissão ou aumento de população, havendo casos em que uma única família representa um clã ancestral.

A perpetuação do *sib* opera pela atribuição de nomes que remetem a um antepassado. A ordenação hierárquica deste, nos relatos míticos, é transmitida ao *sib* nomeado. Quando se deseja saber a posição relativa — "irmão maior" ou "irmão menor" — a que um desâna pertence, indaga-se o nome da geração. É o que explicita a seguinte passagem do texto mitológico desâna referente aos grupos de descendência patrilinear do seu ancestral maior, Boléka: "Cada um desses homens teve suas gerações. Perguntando-se o nome fica-se sabendo a que geração cada qual pertence" (Kumu & Kenhíri, 1980:94).

Assim sendo, do ponto de vista de cada *sib*, os demais são tanto seus "irmãos maiores", "irmãos menores" como seus "avós". O grupo dos "avós" é sempre saudado com o vocativo *a'ë*.

o dos "irmãos maiores" com o vocativo *ngamu*, e o dos "irmãos menores" com o de *kami*, termos provindos da nomenclatura do parentesco. Reciprocamente, o grupo dos Dihpútiro ("avós") saúda os Tolamãn Kenhíri, seja os "irmãos maiores" seja os "irmãos menores", usando o termo *panlãmin* ("neto"), tidos como superiores em relação aos "avós" na escala hierárquica.

Tal como ocorre no caso dos Barasâna (Christine Hugh-Jones, 1979:25), bem como no de outros grupos da família lingüística tukâno, a localização ao longo do rio e no baixo rio é tida como mais prestigiosa do que à beira dos igarapés ou nas cabeceiras. Entretanto, não há uma correlação exata entre localização do território e posição hierárquica da tribo ou do *sib*, como veremos adiante. A localização atual dos grupos do rio Tiquié se explica por circunstâncias históricas, em função de uma intensa migração vinda do alto Uaupés, Papuri e Pirá-paraná. Inclusive algumas das cachoeiras existentes ao longo do rio ou estão desocupadas ou possuídas por grupos de mais baixa hierarquia.

A posição de "irmãos maiores", "irmãos menores" e "avós" deriva da ordenação hierárquica, prevista na mitologia desâna, dos heróis culturais que deram origem ao respectivo *sib*. Trata-se, portanto, de uma ascendência herdada de um ancestral homônimo. Cada um deles teve suas gerações que se repetem por meio do elenco de nomes, propriedade de cada tribo. Os descendentes dos ancestrais primogênitos têm primazia sobre os que foram criados depois, não entrando em jogo, nesse caso, a idade relativa do antepassado fundador recente, como ocorre no exemplo dos dois *sibs* homônimos Tolamãn Kenhíri.

Esse sistema de classificação não é comparável ao que vigorava no rio Papuri. Os Desâna do Papuri, cujos *sibs* viviam cada um numa maloca, classificavam seus membros segundo papéis especializados, os quais determinavam uma graduação hierárquica no nível econômico e social. Assim, havia subunidades de "avós" chamados *wiri ñehkë sëmá* [d.], *wiseri ñehkë semá* [t.],* que significam: maloca, avós. Eles é que preparavam o cigarro e o ipadu para os chefes designados *wiri mahaná* [d.], *wiseri kahaná* [t.],

(*) Abreviações, respectivamente, de *desâna* e *tukâno*.

"maloca, donos". Os criados, indivíduos em posição subalterna, forneciam peixe, lenha, água e prestavam outros serviços aos *wiri mahaná,* numa relação próxima à que se estabeleceu entre os Makú e os índios do rio. As linhagens de criados eram chamadas *wiri nihikiná* [d.], *wiseri peoná* [t.]. Os *sibs*-chefes desâna, cada qual com seus respectivos "avós" e criados, todos eles devidamente nomeados, estão relacionados no capítulo "Como viviam os *pahmelin mahsá* em suas terras" (Kumu & Kenhíri, 1980:91-7).

Cabem aqui duas observações: os indivíduos classificados segundo os papéis acima citados viviam numa mesma maloca, sendo que os "avós" — preparadores do caapi, do breu, do ipadu e do cigarro — ficavam mais próximos dos chefes porque desempenhavam funções ligadas às rezas e ao cerimonial. Não se trata, portanto, de *sibs* especializados segundo papéis hierárquicos, e sim de ancestrais que transmitiam essa condição a seus descendentes. O termo *peoná*, designativo para criados em tukâno, é o vocativo "familiar" para os Makú, tido como menos pejorativo do que este último.

Esse sistema de nomenclatura apresenta certa similaridade com o que Janet Chernela denomina "classe de geração". É exemplificado no caso wanâno por *sibs* designados coletivamente *Wamisima,* qualificados como "irmãos mais velhos", *Tibahana*, tidos como "irmãos mais novos", e *Wiroa*, considerados "criados", estes últimos chamados por um termo vocativo equivalente a "vovô". Os *sibs* de chefes, irmãos mais novos e criados, residem em território contíguo, no caso wanâno, e os últimos prestam serviços aos primeiros em troca de "[...] trabalho agrícola e construção de casas para os *sibs*-chefes" (Chernela, 1993:53).

DO PAPURI AO TIQUIÉ

Uma intensa migração envolveu os Tukâno e Desâna que vieram do Papuri, os Tuyúka do alto Uaupés, e os Bará do Pirá-paraná, estabelecendo-se no Tiquié. Esse rio era habitado, antes dessa onda migratória, por duas tribos escravizadas e exterminadas pelos portugueses: os Waíera, que falavam um idioma com algumas palavras parecidas ao tukâno, e os Koa'moána, cuja língua se assemelhava, por alguns vocábulos, ao desâna.[2] Casavam-se entre si, como hoje os Tukâno e Desâna, efetuando trocas com essas tribos quando viviam no Papuri. Migraram ao Tiquié os *sibs* de hierarquia mais baixa dentre os Desâna. O grupo dos chefes continuou no Papuri. Por isso aqui não se estabeleceram as relações de dependência e simbiose que vigoravam naquele rio entre chefes, "avós" e "criados". Isto é, "avós" e "criados", ao deixarem a maloca, unidade residencial dos "chefes", romperam a estrutura senhorial antes prevalecente.

No Tiquié, as terras foram distribuídas levando em conta, primordialmente, a qualidade do solo para o cultivo da mandioca e, secundariamente, a fartura de peixes. Cada clã tem um território definido, dividido em "sítios" familiares, segundo a nomenclatura atual. O dos Desâna de São João estende-se, rio acima, até oito voltas em direção de Pari-Cachoeira, e, rio abaixo, três voltas em direção ao povoado de Santo Antônio.

A terra para cultivo é medida por igarapés: cabe aos Tolamãn Kenhíri de São João a área compreendida entre a margem esquerda do igarapé Pombo e a direita do igarapé Cabari. As terras melhores, chamadas *omá diá diebá* (ver Segunda parte) couberam aos que chegaram primeiro: o *sib* tukâno, Tula ponlãn [d. e t.], que se estabeleceu no local denominado povoação São José. Quase ao mesmo tempo chegaram os Tukâno do *sib* Yebá soná panisin, que vivem hoje em Pari-Cachoeira e cujo território se estende até a desembocadura do igarapé Cabari.

Terras de melhor qualidade couberam também aos Tukâno de Maracajá: *sib* Matagobé ponlá [d.], Di'ipe ponã [t.]. Os Miriti-tapuia (Makú tukanizados) também ocupam terras consideradas de primeira qualidade, onde se situa o povoado de Iraiti, porque já viviam no rio Tiquié antes da migração dos Tukâno, Desâna, Tuyúka e Bará. Aos membros do clã é permitido explorar os recursos dos rios e igarapés bem como abrir roça em mata virgem. Aos forasteiros só é permitido utilizar capoeiras velhas, que produzem pouca mandioca.

Embora utilizando termos de parentesco, a classificação de "irmãos maiores", "irmãos menores" e "avós" não denomina relações reais consangüíneas ou afins. Não se produzem, tampouco, relações assimétricas ou de interdependência entre as três categorias ou o emparelhamento horizontal entre *sibs* de tribos de grupos lingüísticos diferentes que trocam mulheres entre si. Essa seleção ocorria apenas com relação aos chefes de maloca.

Apesar de elementos em comum, esse sistema de nominação não coincide integralmente com o que Janet Chernela chama "classes de geração". Uma das diferenças é que as denominações desses segmentos diferem. No caso wanâno, distinguem-se grupos de "netos", "tios" e "avós". Tal *continuum* hierárquico prevalece no caso desâna, porém sem implicações de subordinação. Tampouco ocorre uma hierarquização no nível econômico como a descrita pela mesma autora entre os *sibs* de "netos", "tios" e "avós" em que estes últimos pertenceriam à categoria de "criados" (Chernela, 1993:53).

A classificação dos *sibs* desâna do rio Tiquié em "avós", "irmãos maiores" ou "irmãos menores" obedece, como vimos, à ordem hierárquica de irmãos fundadores ancestrais. Outra classificação em que entra a categoria de "irmão maior" e "irmão menor", de um e outro sexo, provém da regra de primogenitura e idade relativa. Esta vigora no interior do *sib*, em que o filho primogênito recebe o primeiro nome que encabeça o elenco — bastante reduzido, aliás — de nomes privativos a cada tribo. Segundo a ordem em que esse nome próprio está situado no elenco, sabe-se que se trata de primogênito (homem ou mulher), do filho seguinte e assim por diante. Ou, respectivamente: *mahsá tirầ* [d.], *mahsá mami semá* [t.] (gente mais velha ou primogênitos), e *paë poná* [d.], *pahkë kabiná* [t.] (irmãos de menor idade). Crianças de sexos diferentes são nomeadas em ordem descendente da hierarquia do elenco de nomes, formando pares, masculino-feminino, tal como os casais das diversas tribos que saíram da cobra-canoa (*pahmelin gahsilu* [d.]) mítica.

O elenco de nomes próprios dos Desâna da aldeia de São João reduz-se a sete designações masculinas e femininas. Os masculinos são: Owali, Tolamãn Kenhíri, Kisibi, Mirupu, Diákala, Umúsin, G'ui. Os femininos são: Iënselu, Iusió, Minió, Diakalapó, Umúsinpó, Uakó e Puiró. A escassez explica a rápida adoção de nomes das línguas nacionais usadas na região. O princípio da idade real parece vigorar entre outras tribos da região. Entre os Barasâna da Colômbia, segundo C. Hugh-Jones: "A idade só é relevante num verdadeiro grupo agnático de irmãos; a senhorialidade relativa de irmãos classificatórios depende da ordem de nascimento dentro de grupos de irmãos pertencentes a gerações passadas" (1979:80).

No caso desâna, ao contrário do que ocorre entre os Wanâno (Chernela, 1993:50), os elencos de nomes não são propriedade dos *sibs* e sim de toda a tribo. Devido à exigüidade de nomes próprios tribais, as pessoas são identificadas, individualmente, pelos seus nomes cristãos de batismo e, socialmente, em termos de membros de um determinado *sib*, este sim, nomeado.

Como o elenco de nomes próprios de cada tribo é bastante limitado, pode ocorrer a repetição dos mesmos nomes em subunidades, ou seja, nas diversas famílias que compõem o *sib*. As mulheres casadas, teoricamente, não pertencem a esse grupo de descendência. A pertinência ao grupo não se desfaz com a mudança de residência, embora a regra seja a residência patrilocal.

O *sib* é constituído, como se vê, pela prole de casais em que a esposa é sempre de outra tribo. Ela contribui para criar uma nova geração do grupo do marido, permitindo aumentar a patrilinhagem e lhe dar prosseguimento. O homem acumula. A mulher vai e volta. O *sib* perde irmãs e ganha esposas quando as filhas dessas retornam ao clã paterno, consolidando a aliança entre tribos, no caso desâna e tukâno, principalmente na segunda geração. A herança de nomes patrilineares, tanto os clânicos quanto os pessoais, dá a marca da descendência, não havendo necessidade de memorizar extensas genealogias. A depopulação e a deculturação afrouxaram e erradicaram algumas dessas instituições no rio Tiquié e toda a vida ritual pregressa. Vigoram, no entanto, com bastante rigor, as leis da exogamia.

Embora dependendo dos Tukâno — e vice-versa — para o provimento de esposas, os Desâna, bem como outras tribos — Tuyúka, Bará, Yepá-mahsá, Miriti-tapuia e Makú —, representam minorias étnicas em relação àquele grupo, mais numeroso e hierarquicamente dominante. Os *sibs* tukâno, que vivem junto à

Missão Salesiana Pari-Cachoeira do rio Tiquié, detêm, além disso, o poder político e econômico sobre todo o rio. Talvez em função disso, pelo que pude observar, persiste, no caso desâna, uma identificação étnica e um sentimento de pertinência em nível de tribo e de *sib*.

A VISÃO HISTÓRICO-COSMOGÔNICA

O modelo acima exposto — e do qual voltarei a tratar no capítulo referente ao sistema de trocas — combina, como se viu, uma visão cosmogônica, que liga o passado ao presente, com o que poderíamos chamar de visão histórica. Esta última também inserta na mitologia desâna, de autoria de dois índios do clã Tolamãn Kenhíri, de São João, explica as origens e migrações dos diversos grupos do alto rio Negro, a do referido clã e suas relações mútuas (cf. Kumu & Kenhíri, 1980). O presente estudo baseia-se principalmente nesse texto e em revisões feitas com um de seus autores, Luiz Lana, no segundo e terceiro período de trabalho de campo, em 1985-6 e 1990-1.

Por informação deste infere-se que os Desâna pertencem a uma estrutura muito mais abrangente, uma irmandade de tribos designada *kusiná* [d.], *ahka seoná* [t.], que pode ser traduzido por "irmão". No interior desse conglomerado, que seria a fratria, regem as leis da exogamia. Assim, os Desâna, Tariâna, Baníwa, Arapaso, Baré, Kubéwa, Oá (Micura), Unlá-mahsá, em desâna, ou Ëmëa-mahsá (guariba-gente), em tukâno — cujas línguas, as das duas últimas tribos citadas, assemelham-se ao kubéwa —, os Yahuana, Iebahana e Makiritare, bem como um grupo de língua makú, os Nimã diána, são todos *ëmëkho mahsá* (universo — ou dia —, gente), descendentes em linha direta de Ëmëkho mahsãn Boléka, o ancestral mítico, porque "assim saíram da canoa transformadora". A uma outra fratria pertenceriam os Siriâna, Tukâno, Bará, bem como outras tribos cujos nomes Luiz Lana desconhece, as quais constituiriam os *Ñami mahsá* (noite, gente). A uma terceira fratria pertenceriam os Tuyúka e outras tribos, entre as quais vigora igualmente um vínculo de irmandade, ou seja, a proibição de intercasamentos.

Essas restrições se expressam, entre outras formas, pelas saudações. Quando os Desâna e Tukâno iam trabalhar nos piaçabais do baixo rio Negro, os Baré, já então lingüisticamente assimilados ao nheengatu, saudavam os Desâna com a expressão *ixé imú* ("meu irmão", em língua geral) e aos Tukâno eles chamavam *kuñao*, corruptela de *cunhado*.

Estes dados indicam que os Desâna podem casar-se prioritariamente com o grupo mais próximo, lingüisticamente, ao seu. Em primeiro lugar, os Siriâna, cujo idioma é quase idêntico ao desâna e a vizinhança era muito próxima, no rio Papuri. A segunda opção é o casamento com Tukâno. E, em terceiro lugar, com os Tuyúka e Bará, cujas línguas se assemelham entre si na mesma proporção do desâna com o tukâno.

Tais prescrições e proibições estão previstas na mitologia desâna, expressas do seguinte modo:

> Quando Ëmëkho mahsãn Boléka vinha subindo na *pahmelin gahsilu* (transformadora, canoa), escolheu os Siriâna para serem seus primos-cunhados. Mas Waúro ou Doé kolé, o chefe dos Tukâno, que tomou o lugar de Ëmëkho sulan Panlãmin, o criador, como seu representante na terra, confundiu as línguas, tornando siriâna parecido com desâna. Chamou os Siriâna de primos-cunhados, para que os Tukâno pudessem casar-se com suas mulheres. Mas a gente de Boléka, os *ëmëkho mahsá* (universo, gente), também puderam casar-se com mulheres siriâna, porque Boléka já os havia chamado de primos-cunhados. [Kumu & Kenhíri, 1980:67]

Na mesma página se lê ainda: "Neste preciso momento, Ëmëkho sulan Panlãmin, que era o representante dos Tukâno, chamou pela primeira vez a Ëmëkho mahsãn Boléka de *meokën*, isto é, primo-cunhado, embora fossem irmãos. E estabeleceu a lei de que desâna podia casar com tukâno e tukâno com desâna" (ibidem).

Embora formando parte da mesma fratria, são ininteligíveis para os Desâna as línguas das tribos pertencentes ao tronco aruák: Tariâna, Baníwa, Arapaso e Baré, estes últimos ulteriormente "tupinizados" pelos missionários. E, ainda, a língua dos Yepá-mahsá, cuja autodesignação é Eruria e que são chamados Buhu-mahsá (palmeira caruatana, gente) pelos Desâna, a qual se aproxima das línguas faladas pelos Kubéwa, Oá, Ëmëa-mahsá, que vivem na Colômbia.

É surpreendente que essa fratria inclua tribos lingüisticamente tão diversas quanto as citadas, e até mesmo um grupo Makú, bem como os Makiritare — grupo karib da Venezuela —, os Iebahana e Yahuana, da Colômbia (rio Apaporis), cuja filiação lingüística Luiz Lana desconhece. E, ainda, que abranja um território tão extenso e descontínuo.

As restrições de casamento, no entanto, não parecem ser tão conseqüentes no que se refere aos Baníwa e Tariâna. Atualmente, na aldeia de São João, existem três casos de casamentos com Tariâna. Na genealogia do antepassado fundador do *sib* Tolamãn Kenhíri dessa mesma povoação e da de Santo Antônio registra-se seu casamento com uma mulher karapanã (grupo Baníwa). O casamento desfez-se porque "suas *bahsulirá nomeá* [primas-cunhadas] reclamaram de ele haver se casado com uma karapanã, ao invés de escolher uma delas. Elas eram tukâno e ele desâna, que é o casamento preferido" (Kumu & Kenhíri, 1980:104). Não obstante, o filho dessa mulher foi o fundador dos Tolamãn Kenhíri de Santo Antônio.

Dados factuais e mitológicos, como os acima expostos, confirmam por um lado e contradizem, pelo outro, registros de pesquisas recentes na área do Uaupés. No caso dos Wanâno, estudados por Chernela, um "agrupamento do tipo fratria" une quatro outros grupos, como "'irmãos' (fratrias) e, portanto, não casadoiros". Tais seriam: "os Pira-tapuia, Arapaso, Siriâna e Tuyúka. Teoricamente, todos os outros grupos seriam casadoiros" (1993:48). No caso dos Desâna, como vimos, são unidos pela "metáfora da irmandade" os grupos referidos por descenderem todos do ancestral mítico Boléka. A categoria "grupo lingüístico" atribuída por vários autores (Chernela, 1993:48; Jackson, 1983; C. Hugh-Jones, 1979) ao que geralmente se conhece como "tribo", cujo traço identificável mais saliente é a língua, também não coincide exatamente com os dados sobre os Desâna do rio Tiquié, uma vez que, como vimos, sua língua e a dos Siriâna são praticamente idênticas. Apesar disso, são grupos preferencialmente afins, ou seja, cujo intercasamento é prescrito como o mais desejável. Os Siriâna, hoje muito distanciados geograficamente, parecem ter constituído o terceiro grupo onde buscavam mulheres os Desâna e Tukâno, embora formando parte da fratria destes últimos.

Minhas informações coincidem, parcialmente, com as de C. Hugh-Jones (1979:21) de que no nível da fratria não há língua e identidade comuns e que as relações entre as tribos podem ser qualificadas como "fortes", nesse caso hierárquicas, como ocorre entre os Desâna e Tukâno, e "fracas", entre grupos geograficamente mais distanciados.

É possível ter existido uma divisão segundo "papéis especializados", no nível da fratria, da maneira como C. Hugh-Jones usa esse conceito (1979:105). Isto porque, segundo meus dados, os Desâna constituiriam um grupo pacífico, desprovido de armas de guerra (e também de caça), ao passo que os Kubéwa e Baníwa, possuidores dessas armas, eram tidos como guerreiros. Isso mostra que a fratria incorpora, numa ampla unidade política, tribos dispersas, formadas por *sibs* virtualmente autônomos, no que se refere à vida econômica e secular mas que dependem de outras para alianças matrimoniais, eventos rituais, bem como artigos especializados, como veremos no capítulo referente ao sistema de trocas.

No rio Tiquié, pelo que fui informada, não se configura a hierarquização horizontal, isto é, o casamento entre indivíduos pertencentes à mesma "classe de geração" de chefes, "avós" ou criados, situação esta encontrada por Chernela entre os Wanâno do Uaupés (1993:57). Essa equivalência hierárquica parece ter sido o ideal no caso dos *baiá*, chefes de maloca, que arvoravam o direito de se casar com mulheres do mesmo status de outras tribos.

Troca e interdependência foram observadas por Christine Hugh-Jones na estrutura social barasâna, grupo de língua tukâno da Colômbia. A autora afirma que os Barasâna estão divididos, internamente, segundo papéis especializados hierárquicos, aos quais são atribuídas funções específicas. Tais são, em ordem descendente: chefe, dançarino-cantor, guerreiro, xamã e criado. Os "grupos exogâmicos compostos" — na nomenclatura de C. Hugh-

Jones — contêm mais de um conjunto desses papéis, ao passo que os "grupos exogâmicos simples" contam com apenas um conjunto (1979:19-20).

Entre os Barasâna, C. Hugh-Jones encontrou apenas especialistas em duas das referidas funções: dançarino-cantor e xamã. Isto se deve, segundo Chernela (1993:97), ao fato de tratar-se de um grupo do alto rio. Os Wanâno, localizados no baixo rio, configuram, por isso, um grupo de alta hierarquia, ou grupo de "chefes" associado a um grupo de "criados" (ibidem).

C. Hugh-Jones constrói um modelo que "representa simultaneamente tanto a organização hierárquica quanto a concêntrica" (1979:57), dividindo os cinco papéis em três domínios. Ao domínio político-econômico pertencem os chefes que, entre outras funções, têm as de instigadores do trabalho (*umaro moari masa*) e os criados (*moari masa*, que significa trabalhadores). Ao domínio metafísico pertencem os dançarinos-cantores (*bayaroa*: cantores, *yoamará*: dançarinos) e os xamãs (*kumuá*). Finalmente, ao domínio das relações intergrupais ou orientadas para o exterior pertencem os guerreiros (*guamarã*: os bravos). Estes ocupam o centro do modelo (1979:20 e 56-7). C. Hugh-Jones enfatiza que se trata de um modelo ideal e não de "funções sociológicas de instituições contemporâneas" (p. 57).

Existem indícios na mitologia desâna que vinculam essa tribo ao domínio metafísico, na especialização de pajés, segundo a classificação de C. Hugh-Jones, uma vez que seu ancestral maior, Emëkho mahsãn Boléka (universo, pessoa, peixe aracu), era um grande pajé. Vejamos o que diz o texto de Kumu & Kenhíri: "Nas cabeceiras desse rio (Macu) e no centro da mata construíram uma grande maloca e não casas invisíveis, cujos nomes citamos antes. Pouco a pouco foram se multiplicando e enchendo a grande maloca. Diante disso, Boléka decidiu dividi-los em grupos menores. Antes, porém, quis ensinar e distribuir seus poderes entre eles. A primeira coisa que repartiu foi o *wihún* (paricá), também chamado *abé ieru* (sol, pênis). O *wihún* mais forte que existe é esse dos *ëmëkho mahsá* (Desâna). Para ser pajé é preciso cheirar o paricá, como fez Boléka, o maior pajé desde o início" (1980:79).

O *abé ieru* [d.], *muhipu muni* [t.], quando aspirado, transformava o homem em onça. Nas línguas tukâno e desâna a mesma palavra — *yé* [d.], *yái* [t.] — designa onça e pajé. O paricá (*wihún*) (*Piptadenia peregrina*) só era aspirado pelos pajés. Quando o passavam a outros xamãs, no ato de aprendizagem, tomavam determinada espécie de caapi (*wái gahpi* [d.], *wái kahpi* [t.]) (peixe, caapi) (*Banisteriopsis caapi*), também privativo dos pajés. Nessas ocasiões deviam estar paramentados com todos os enfeites, exceto o bastão-maracá: *yéi wáingoá* [d.].

No referido texto mítico expressa-se, em seguida, a proibição de cheirar o paricá e as razões que a determinaram: "Nessa mesma casa (*diá ugalu wi*: rio, enfeites de garça da nuca, casa) está a *ëmëkho yé* (universo, onça), a onça invisível do universo. Ela está aí amarrada e só pode soltar-se quando se cheira o *abé ieru* (paricá). Por isso, desde aquele tempo, ninguém mais cheirou o *abé ieru* verdadeiro" (Kumu & Kenhíri, 1980:84).

Não obstante, os Desâna conhecem uma espécie de rapé, tido como inferior, chamado de "segunda classe", uma vez que a origem do paricá mitológico é desconhecida. Esse rapé que, quando cheirado, produz visões, é obtido da casca cozida, pulverizada e seca ao sol de uma árvore do igapó chamada *gahsiri wihún* em sua língua. O pajé de São João cheirou-o uma só vez. Cada *sib* teria seus próprios pajés que preparavam, ao que tudo indica, os implementos xamanísticos.

Em que pesem esses indícios, e devido à migração do Papuri ao Tiquié, anteriormente referida, nesse novo habitat não parece ter vigorado o sistema de *sibs* cujos membros exerciam papéis econômicos ou rituais especializados, como os que C. Hugh-Jones encontrou na estrutura ideal dos Barasâna da Colômbia.

O SISTEMA DE PARENTESCO

Assim como algumas das características da estrutura social, analisadas brevemente no subcapítulo anterior, coincidem com as divulgadas em estudos recentes sobre as tribos uaupesinas, a terminologia de parentesco desâna apresenta elementos comuns com as mesmas. Seguindo o esquema de C. Hugh-Jones (1979:76-106 e apêndice) que utiliza a fórmula do sistema dravidiano de parentesco, dou, a seguir, os termos usados por ego masculino desâna para a sua própria geração e para duas gerações ascendentes e descendentes. Na mesma coluna são explicitados os termos de referência de agnatas e os de afins.

Segunda geração ascendente

FF (pai do pai)	*aënkeló*
MF (pai da mãe)	*aënkeló*
FM (mãe do pai)	*mé' o bëló*
MM (mãe da mãe)	*mé' o bëló*

Primeira geração ascendente

F (o próprio pai)	*a' ë*
M (a própria mãe)	*me' ó*
FB (irmão do pai)	*wa' ën* (tio parente)
FeB (irmão mais velho do pai)	*mahsãn tingë* (pessoa, nasceu antes)
FyB (irmão mais novo do pai)	*paë më* (*paë ponlá* no plural)
MZH (marido da irmã da mãe)	*wa' ën*
FZ (irmã do pai)	*wa' ñó*
FeZ (irmã mais velha do pai)	*paë tingó*
FyZ (irmã mais nova do pai)	*paë mó*
MBW (mulher do irmão da mãe)	*wa'ñó* (se for da mesma tribo de ego)
MBW (mulher do irmão da mãe)	*në'mayó* (se for de outra tribo)
WM (mãe da esposa)	*wa' ñó* (se for da mesma tribo)
WM (mãe da esposa)	*në'mayó* (se for de outra tribo)
MB (irmão da mãe)	*nëmë* (grupo afim)
MB (irmão da mãe)	*hakoarumu* (grupo agnático)
FZH (marido da irmã do pai)	*nëmë*
WF (pai da esposa)	*nëmë* (vocativo)
WF (pai da esposa)	*ma'ñëhkë* (sogro: termo de referência)

WM (mãe da esposa)	*ma' ñehkó* (sogra: termo de referência)
MZ (irmã da mãe)	*bë amó* (grupo afim)
FBW (mulher do irmão do pai)	*bë amó* (grupo afim)

Geração 0 de ego

B (irmão)	*ahkaverí*
Z (irmã)	*ahkaveréu*
eB (irmão mais velho)	*ngamu* (*ngamusá* no plural)
eZ (irmã mais velha)	*dió*
yB (irmão mais novo)	*kami* (*kamiá* no plural)
yZ (irmã mais nova)	*kami* (*kamia'sá* no plural)

FBS (filhos dos irmãos do pai)

FeBS (filho do irmão mais velho do pai)	*ngamu* (referência para ego)
FyBS (filho do irmão mais novo do pai)	*kami* (idem, idem)
FeBD (filha do irmão mais velho do pai)	*dió*
FyBD (filha do irmão mais novo do pai)	*kami*
FZS (filho da irmã do pai)	*meokën*
MBS (filho do irmão da mãe)	*meokën* (termo de referência)
MBS (filho do irmão da mãe)	*bahsulirá* (primo-cunhado)
WB (irmão da esposa)	*meokën*
ZH (marido da irmã)	*meokën*
FDZ (filha da irmã do pai)	*meokõn*
MBD (filha do irmão da mãe)	*meokõn* (vocativo *bahsulirá nomé*: prima-cunhada)
W (esposa)	*maná pó*
H (marido)	*maná pë*
WZ (irmã da esposa)	*buibó*
BW (mulher do irmão)	*nisupó*
WZH (marido da irmã da esposa)	*peiú*
WBW (mulher do irmão da esposa)	*peñamë manapó*

Primeira geração descendente

S (filho)	*ma'ngé*
D (filha)	*ma'ngó*
BeS (filho do irmão mais velho)	*wai'më*
ByS (filho do irmão mais novo)	*ma'ngë*
BeD (filha do irmão mais velho)	*wai'mó*
ByD (filha do irmão mais novo)	*ma'ngó*
ZeS (filho da irmã mais velha)	*dió'më*
ZyS (filho da irmã mais nova)	*yé nomea'më*
ZeD (filha da irmã mais velha)	*dió'mó*
ZyD (filha da irmã mais nova)	*yé nomea'mó*
DH (marido da filha)	*buhi*
ZW (mulher do filho)	*behpó*

Segunda geração descendente

SS (filho do filho)	*panlãmin*
SD (filha do filho)	*panlame'ó*
DS (filho da filha)	*panlãmin*
DD (filha da filha)	*panlame'ó*

A terminologia de parentesco desâna leva em conta, na segunda geração ascendente, o vínculo genealógico de ego, usando termos homônimos para pai do pai ou da mãe (FF, MF), bem como mãe do pai ou da mãe (FM, MM). O vocativo *a'ë* é estendido a qualquer parente masculino do avô dessa geração, seja consangüíneo ou afim, e o vocativo *me'ó* aos parentes da avó, nas mesmas condições, correspondentes às palavras com que se designam o próprio pai e a própria mãe. Na primeira geração ascendente, recebe o mesmo termo *wa'ën* o irmão do pai (FB) e o marido da irmã da mãe (MZH), igualando o parente consangüíneo ao afim. Reciprocamente, a mãe da esposa (WM) e a mulher do irmão da mãe (MBW), se pertencerem à tribo de ego, são tratadas pelo mesmo designativo, *wa'ñó*, termo consangüíneo para a irmã do pai (FZ); se forem de outra tribo — por exemplo, os Tuyúka —, são chamados *në'mayó*. Assim, a nomenclatura leva em conta a posição de agnatas da geração ascendente, em linha paterna, de ego, e o vínculo genealógico mais próximo.

Ngamu (*ngamusá* no plural) é o designativo para um homem da geração de ego, irmão mais velho de um grupo de irmãos uterinos, ou cujo pai esteja na posição de irmão mais velho para o pai de ego. O mesmo diz respeito às irmãs, uterinas ou classificatórias. Terminologicamente, portanto, os irmãos consangüíneos são equiparados aos primos paralelos patrilineares. No âmbito do *sib*, todos os homens de uma mesma geração cronológica chamam *ngamu* ao filho primogênito. Reciprocamente, este designa-os com o termo de referência ou vocativo *kami* (*kamiá* no plural), nomenclatura para irmão ou irmã mais novo, independente de sexo.

CASAMENTOS PREFERENCIAIS

Na geração de ego, a linguagem do parentesco elucida os casamentos preferenciais. A primeira opção é a troca de irmãs. Ocorre freqüentemente o fato de um rapaz prometer a irmã a um dos irmãos da futura esposa quando pede esta em casamento. Essa instituição chama-se *peñalankëli* [d.], *peñasé* [t.], no caso de ego masculino, e *pepëri* [d.], *pueseperi* [t.], em se tratando de ego feminino. Fala-se, inclusive, do direito que uma moça tem de casar com um dos filhos da irmã do pai. A segunda opção é o casamento entre primos cruzados bilaterais, em que o grupo exogâmico da mãe é o mesmo do da futura esposa. Assim sendo, o matrimônio ideal é o da filha de *wa'ñó* com o filho de *nëmë*. Ou seja, da irmã do pai (FZ) (*wa'ñó*) que tenha casado com o irmão da mãe (MB) (*nëmë*). Coerentemente, o vocativo para pai da esposa (sogro: WF) é também *nëmë* e o da mãe da esposa, se for da mesma tribo de ego, é *wa'ñó* (sogra: WM).* Essa parceria conjugal, prima cruzada bilateral de ego, pertencente pelo lado paterno aos parentes do pai

(*) Os respectivos termos de referência são: *ma'ñehkë* (sogro) e *ma'ñehko* (sogra), em desâna.

e pelo lado materno à mesma tribo, é chamada em termos vocativos *bahsulirá nomé* (Kumu & Kenhíri, 1980:104) e na nomenclatura de parentesco *meokõn*. Os designativos para a irmã da mãe (MZ) e a mulher do irmão do pai (FBW) são também idênticos — *bë amó* —, indicando uma troca de irmãs também nessa geração.

A terceira opção preferencial de casamento seria com a prima cruzada patrilinear, filha da irmã do pai (FDZ), ou com a prima cruzada matrilinear, filha do irmão da mãe (MBD), ambas chamadas com o mesmo designativo: *meokõn*. O equivalente masculino *meokën* é aplicado ao irmão da esposa ou ao marido da irmã, sendo traduzido por primo-cunhado (Kumu & Kenhíri, 1980:67). Nesse caso, como no outro, o parceiro conjugal de ego é determinado por um casamento anterior, representando uma retribuição atrasada de irmãs entre dois grupos exogâmicos. O mesmo termo é usado para primo cruzado unilateral e bilateral, *meokõn*, para o sexo feminino, e *meokën*, para o masculino.

No caso da irmã de ego, o casamento preferencial seria com o irmão da esposa (WB) ou com o filho do irmão da mãe (MBS), chamados ambos *meokën*, que, na tradução desâna em termos vocativos, seria o *bahsulirá*: primo-cunhado. Nesse caso, trata-se de primos cruzados unilaterais, pertencentes à mesma geração e ao ramo dos parentes da mãe ou da esposa. Constitui, igualmente, uma troca retardada de mulheres prevista na estrutura social desâna e tukâno e que recebe um nome específico, anteriormente citado.

Muitas vezes três tribos são envolvidas nas alianças de casamento: a de ego, uma segunda tribo de onde provém a mãe ou a esposa de ego e uma terceira, geograficamente mais distante, onde as duas primeiras buscam parceiros conjugais. Essa circunstância é também expressa nos vocativos. Assim, se a mãe do *meokën* masculino ou da *meokõn* feminina for de outra tribo, que não seja Tukâno e Siriâna, serão chamados *iëtin* ou *wa'ñó më*, que poderia ser traduzido por cunhado, mas não primo. Ou seja, filho de uma "tia estranha" que não tem vínculo com a linhagem de ego. Isso ocorre nos casamentos com Tuyúka, Miriti-tapuia ou Pirá-tapuia. O equivalente feminino para *iëtin* é *nëmë'mó* e para *wa'ñó më* é *wañó'mó*.

Um outro vocativo para primos-cunhados originários do *sib* dos "avós" — da descendência de Dihpútiro de que falei anteriormente — é *ñehkon më* (masculino), *ñehkó mó* (feminino). Apesar da raiz *ñehkë* significar avô, esse tratamento pode ser dirigido à pessoa de qualquer idade que tenha para com seu interlocutor a relação de "grupo dos avós" vis-à-vis o de "irmãos maiores" ou "menores".

Na primeira geração descendente existe também uma distinção na nomenclatura de parentesco ligada a casamentos preferenciais. O marido da filha (DH) é chamado, genericamente, *buhi*, que corresponderia a genro. Entretanto, se for filho da irmã mais velha de ego (eZ) é designado *dio'më* e se for filho da irmã mais nova (yZ) é chamado *nomea'më*. Ou seja, neste caso, emprega-se um só termo para designar "sobrinho" e "genro" e, reciprocamente, "sobrinha" e "nora". Nessa mesma geração não se distingue na terminologia o filho e a filha uterinos dos classificatórios, quando se trata dos do irmão mais novo. Ambos recebem a designação de *man'gë* (masculino) e *man'gó* (feminino).

A segunda geração descendente tem uma profundidade nominal bastante grande. Assim o filho do neto é chamado *parim*, que seria o bisneto; e o filho deste, *sulãn panlãmin* (tataraneto). Esse designativo é atribuído ao herói cultural prístino na mitologia desâna: Ëmëkho sulãn Panlãmin, traduzido por: universo, palavra cerimonial, bisneto (Kumug, & Kenhíri, 1980:54-5).

A classificação dos parentes é feita, como se viu, em termos de pertinência à unidade exogâmica de ego, da respectiva geração e da unidade de descendência exogâmica alterna. Assim, terminologicamente falando, as pessoas que pertencem a tribos com quem se pode casar são classificadas como agnatas, tanto na primeira geração ascendente como na primeira geração descendente. Recebem termos homônimos os indivíduos da geração de ego, de um ou outro sexo, pertencentes ao mesmo *sib*, ou cujo pai está em relação de irmão mais velho ou irmão mais novo com o pai de ego. Assim, a nomenclatura leva em conta a posição de agnatas da geração ascendente em linha paterna de ego, isto é, o vínculo genealógico do pai e a ordem de nascimento. Termos de parentesco agnático, isto é, de membros do mesmo grupo, são estendidos aos afins.

As restrições exogâmicas tornam a competição para obter mulheres mais forte. Nesse caso, buscam-se mulheres numa terceira tribo, à parte a da mãe e a da esposa de ego. Considera-se que no rio Tiquié nem todos os grupos são mutuamente casadoiros. Os Tukâno podem casar com mulheres desâna, mas não com mulheres bará e Yepá-mahsá, que, como vimos, formam parte da mesma fratria. Os Desâna têm maior abertura, uma vez que podem casar-se com Tukâno, que é o que ocorre geralmente, e também com Tuyúka, Bará, Miriti-tapuia e Yepá-mahsá. Não obstante a proibição, relatam-se casos, embora raros, de casamentos fora das regras de exogamia. Os Makú não entram no rol de grupos casadoiros. São saudados com um termo que indica subordinação, ou seja, a condição de criados — *peogë* [t.], *nihikin* [d.] —, ausente nos cumprimentos a outras categorias ou pessoas.

2
O SISTEMA DE TROCAS

HIERARQUIA E SIMBIOSE

Em que pese a riqueza de informações sobre vários aspectos da cultura alto-rio-negrina, a bibliografia etnográfica disponível pouco esclarece sobre a função social da especialização artesanal e o sistema de trocas. Os trabalhos mais recentes só incidentalmente tratam desse tema. São estudos monográficos que focalizam a vida ritual, a estrutura social, o sistema de parentesco, a cosmologia e a hierarquização interna, entre *sibs* de uma mesma tribo, e externa, entre tribos, tão característica do Noroeste amazônico. Assim sendo, talvez por sua complexidade e grande abrangência geográfica, não dão conta dessa instituição crucial que, apesar da aculturação das tribos da área, ainda persiste.

A única exceção é o trabalho de Janet Chernela. Ela dedica um capítulo de sua dissertação de doutoramento ao sistema institucionalizado de trocas denominado *po'oa* pelos Wanâno, *po'oli* pelos Desâna, *po'ose* pelos Tukâno e dabucuri em língua geral (1993:110-22). Utilizando dados de campo, analisa as equivalências dos bens em permuta, que incluem artefatos e recursos naturais, principalmente alimentos, entre *sibs* e tribos. Cita os seguintes objetos de troca: a peneira *wahpanio* para o processamento de mandioca produzida apenas pelos Wanâno; o ralo obtido dos Hohódene (grupo Baníwa do rio Aiari); o banco manufaturado pelos Tukâno usado nas curas dos xamãs; o cesto balaio (provavelmente cumatá) produzido pelos Desâna; as canoas feitas pelos Tuyúka e, finalmente, os cestos-cargueiros feitos pelos Makú (1993:111).

Chernela classifica as relações de troca dessas manufaturas e de alimentos, observadas entre os Wanâno do rio Uaupés, em quatro categorias: 1) entre afins: de reciprocidade e equivalência; 2) entre os índios do rio e os da floresta: de reciprocidade não igualitária; 3) entre agnatos: hierárquicas e redistributivas (retribuição parcial de sênior a júnior); 4) relações entre *sibs* de alta hierarquia e criados: troca de trabalho pelo acesso a recursos naturais (op. cit.: 120).

No caso dos Desâna, do rio Tiquié, a situação se apresenta de forma relativamente semelhante com referência a alguns itens da mencionada classificação e discrepante ou ausente no tocante a outros. Vejamos um por um.

No que se refere às relações entre os índios do rio (grupos de língua tukâno) e os da floresta (Makú) não existe unanimidade entre os autores que trataram do assunto. Elas foram classificadas como de "simbiose cultural temporária" (Reichel-Dolmatoff, 1971:18-9; Goldman, 1963:105); de patrono/cliente (Ramos, 1980:170-9); de "senhor e escravo" mas também de troca entre produtos cultivados dos Tukâno por produtos florestais e serviços, por parte dos Makú (C. Hugh-Jones, 1979:59). Goldman enfatiza que os Boroa (designação dada aos Makú pelos Kobéwa) "eram habilidosos cesteiros e sua importância econômica maior residia nesse domínio econômico" (1963:106).

Com efeito, o cesto-cargueiro (aturá em nheengatu), implemento de transporte e armazenagem, é primazia dos Makú, que também fornecem curare e sarabatana aos grupos Tukâno, mas não aos Baníwa, que os confeccionam independentemente, talvez por não terem contato direto com os Makú, a exemplo dos Bará e Tuyúka do Papuri, conforme afirma Jean Jackson (1983:154), e Barasâna do Pirá-paraná (C. Hugh-Jones, 1979:15), grupos da família lingüística tukâno que vivem na Colômbia.

As especialidades dos Makú, no sistema de trocas da área acima referida, parecem incluir um item que só vi mencionado por Jean Jackson: um rapé (*Virola* sp.) mais forte que o caapi (*Banisteriopsis* sp.). Textualmente diz Jackson: "Fui informada que o rapé (*snuff*) consumido pelos xamãs dos vários grupos lingüísticos tukâno provinha unicamente dos Makú, sendo um item de troca" (1983:153). A autora menciona outras especialidades desses índios: curare, cestos trançados de fasquias de cipó, peles (para a venda aos brancos) (op. cit.:154).

Silverwood-Cope (1975:97) também se refere à sarabatana, frutas silvestres, palmas para a cobertura do teto das casas, resinas de árvores e hastes para flautas de Pã (carriço em língua geral), entre os itens de troca Makú/Tukâno. H. Reid, em comunicação pessoal a Jackson, menciona produtos para objetos rituais: penas, sementes de coco, pêlo de macaco e dentes. S. Hugh-Jones informou à mesma pesquisadora que os Barasâna do Pirá-paraná recebem dos Makú dentes de onça, ossos, dentes de porcos-do-mato, todos eles para a indumentária ritual (cf. Jackson, 1983:154).

Segundo C. Hugh-Jones, os Barasâna do Pirá-paraná podem produzir inúmeros produtos e utensílios que intercambiam com membros de outras comunidades (pimenta, tabaco, cerâmica, cestaria, armas, canoas, tinta vermelha etc.). Suas aquisições mais importantes e insubstituíveis são: "curare e matérias-primas para ornamentos rituais dos Makú e raladores de mandioca dos Koripako, aruák-falantes" (1979:169-70). Jean Jackson menciona entre artefatos especializados por determinadas tribos o implemento de osso para aspirar rapé, dos Tatuyo, a canoa, dos Bará, o banco, dos Tukâno. Embora esses artefatos sejam hoje produzidos por grupos além dos mencionados, existe, segundo a autora, "uma clara associação simbólica entre esses itens e grupos lingüísticos" (1983:64).

Os Desâna do Tiquié recebem dos Makú, a par de serviços prestados na derrubada e limpeza da roça, folhas de palmeira para a cobertura das casas, arumã em bruto, breu, carne de caça moqueada, a formiga maniuara, o fruto do miriti, dando em troca ipadu (*Erythroxylum coca*), beiju e farinha, ou seja, produtos da roça ou bens industriais. Antigamente os Makú forneciam-lhes também matéria-prima para adornos rituais, entre outras, a semente *kiki* [d. e t.] usada nos colares com pingente de quartzo, ossos e crânios de veados para flautas, ossos de anta ou de onça para fazer a colher usada para aspirar o ipadu (cf. Koch-Grünberg, 1910, I:267, fig. 146), dentes desse felino, de porcos-do-mato e de macacos. E, ainda, pedras para fazer artefatos que só se encontram em locais afastados, de que falarei adiante.

As relações entre agnatos, isto é, no âmbito de cada *sib*, são, como informa Chernela, "hierárquicas e redistributivas" (1993:151). Distinguem-se, como vimos no capítulo anterior, irmãos maiores e menores. Os irmãos maiores, condição adquirida pela primogenitura expressa no nome próprio, têm certos direitos de natureza econômica, social e ritual. Tais são: a sucessão na chefia da maloca — atualmente, da povoação; a direção das cerimônias em que se consumia caapi (*Banisteriopsis caapi*), ou seja, o direito de iniciar os cantos e danças. E, ainda, a ocupação dos locais mais piscosos, transmitidos de pais a filhos, onde são colocadas as armadilhas de pesca. Dois desses matapis, chamados, respectivamente, *alubo* [d.], *bëhkawë* [t.] e *tëli* [d.], *kasawë* [t.], conferem o radical seguido do sufixo *ká*, no singular, *káli*, no plural, aos citados locais: *alu káli* [d.], *tëli káli* [d.]. Nenhum chefe de família é desprovido de local, ainda que menos piscoso, para colocar o matapi ou de terra para o cultivo dentro do território atribuído a cada *sib*.

Assim sendo, no tocante a outro item da classificação dos termos de troca por Chernela, a retribuição de bens entre agnatos, existe certa similaridade no caso desâna. Ela se expressa mediante obrigações sociais dos chefes de clã para com os demais membros. São eles que oferecem maior número de caxiris e, em função disso, obtêm maior colaboração em trabalhos de interesse privado (derrubada de roças, coivara), ou coletivo (capinação da aldeia, conserto de caminhos, construções de uso comum, como escolas, casas da comunidade). Nessas tarefas nunca falta a colaboração dos irmãos consangüíneos.

Geograficamente, os dois *sibs* homônimos — os Tolamãn Kenhíri — estão localizados num território contíguo. A circunstância de os Kenhíri de Santo Antônio serem "irmãos maiores" em relação aos de São João não implica qualquer tipo de subordinação. O mesmo ocorre no caso dos Tukâno de Pari-Cachoeira, do clã Yebá soná panisín [d.], Yepá soni panisin [t.] (terra, nome, sobrenome), que ocupam um território contíguo com o clã Bu'u ponlãn [d.] e [t.] (tucunaré, descendente) da aldeia de Bela Vista, tidos como "irmãos menores" dos de Pari-Cachoeira.

Pelo que informam meus dados, não se apresenta, no rio Tiquié, a situação descrita por Chernela para os Wanâno do Uaupés. Ou seja, os *sibs* de alta hierarquia detêm a posse dos locais — cachoeiras, igapós — onde há maior abundância de peixe, principal fonte de proteína, e árvores frutíferas, estabelecendo uma relação hierárquica, mas ao mesmo tempo simbiótica, com os *sibs* desprovidos de terras, inclusive de cultivo (Chernela, 1993:93).

Trata-se, no exemplo wanâno, de um sistema que associa hierarquia e absorção de meios de produção, cuja exploração depende da alocação de trabalho de *sibs* com posição subalterna no âmbito de uma mesma tribo. Dessa forma ocorre uma situação de dependência não compulsiva, conforme acentua Chernela (1993:151), e de reciprocidade. Em outras palavras, evidencia-se aqui um modo de produção, no nível econômico, sedimentado numa estrutura social hierarquizada e, por isso, legitimado no nível da ideologia. Chernela (1993:110) enfatiza ainda que "a redistribuição é a característica saliente de sociedades hierarquizadas". Nestas condições, os *sibs* — e também as tribos — de mais alta hierarquia controlam e distribuem os recursos pesqueiros (e frutíferos?) segundo regras prescritas na organização social, obtendo em troca a prestação de serviços por parte dos grupos e *sibs* "desprovidos de terras".

Os Desâna de São João, que vieram a ocupar seu atual território depois da chegada dos Tukâno de Pari-Cachoeira, os Yebá soná panisin, tiveram de pedir-lhes autorização para utilizar essas terras. A permissão foi dada por José Mentre, o *baiá* dos Panisin, mas estes reservaram-se o direito de pescar em dois dos quatro lagos existentes nessa área, justamente os maiores: o Maha'nu (Arara lago) e o Doe'ru (Anacã lago) (designação em desâna). Por isso, até hoje, os Panisin vêm tinguijar em águas pertencentes ao território dos Tolamãn Kenhíri de São João. A mesma permissão foi dada, há quatro gerações, pelo referido *sib* tukâno, aos Desâna do clã Tolamãn Kenhíri de Santo Antônio, isto é, de acesso às terras de cultivo do seu território clânico e exploração das faunas aquáticas do rio Tiquié, onde se situa sua aldeia.

Como se vê, no rio Tiquié, as relações hierárquicas mais nítidas, prevalecentes entre as tribos do rio, isto é, excluindo os índios da floresta, os Makú, foram as que se estabeleceram entre os Tukâno e Desâna. Elas se explicam por prerrogativas previstas nos relatos míticos e por contingências históricas derivadas da referida migração. Evidenciam-se por uma divisão de trabalho que atribui tarefas econômicas específicas a cada uma dessas tribos, determinando um intercâmbio de alimentos e artefatos.[1]

Assim, durante as safras de maniuaras, coincidentes com algumas piracemas, os Desâna coletavam essas térmites e os Tukâno se entregavam à pesca, trocando os respectivos produtos entre si. Aos Desâna cabia, ainda, nesse sistema de trocas econômicas com os Tukâno, a caça de pacas (*semé* [d.] e [t.]) à beira-rio, quando do amadurecimento de certos frutos de que se alimentam, também cambiadas por peixe. Além da paca e da maniuara, os Desâna trocavam muçum (*buibë* [d.], *buekë* [t.]) pego nos manguezais com uma armadilha de um metro de comprimento por 12 cm de diâmetro, própria para esse peixe, chamada, como o matapi de tipo jequi, *alubo* [d.], *bëhkawë* [t.].

Outra função econômica especializada dos Desâna era a caça de aves por meio de armadilhas (*angá weli* [d.], *aha iusé* [t.], ou seja, inhambu, laço). Dessa forma era pego o inhambu, conforme indica o nome da armadilha, mutum, jacu, jacamim, pombos, isto é, aves que buscam alimento no chão. A *angá weli* [d.] era colocada ao cabo de um cercado de folhas estendido ao longo de uma trilha de mais de um quilômetro em linha reta, aberta na mata. A trilha e a cerca (*weriká* [d.], *iuriká* [t.]) impeliam a ave em direção à armadilha que, quando pisada, soltava a mola, agarrando a presa.[2] Embora tenha nome em tukâno, estes não sabiam fazê-la. Outro objeto de troca entre as duas tribos era a coleta do miriti.

Essas transações — sempre em troca de peixe — chamavam-se *ë'sëriri* [d.], *ë'sëasé* [t.]. Eram feitas em termos individuais, entre genro desâna e sogro tukâno, cada qual fazendo a redistribuição do produto no respectivo clã. Ou então, quando a produção era maior, as trocas faziam-se institucionalmente mediante a realização de dabucuris (*po'oli* [d.], *po'ose* [t.]) em que era servido o caxiri acompanhado de danças e cantos.

No rio Tiquié realizavam-se dabucuris de vários tipos: 1) só de frutas (miriti, bacaba e outras frutas silvestres); 2) de inhambus e outras espécies de aves caçadas com armadilha, em que se especializaram os Desâna, acompanhados de artefatos de sua lavra: cumatás, peneiras e apás; 3) de peixinhos de igarapé junto com maniuara. Esses últimos ocorriam geralmente no verão da pupunha, em abril, quando do vôo desses cupins, época igualmente apropriada para tinguijadas em igarapés.

Esses dabucuris eram propostos pelos Tukâno de Pari-Cachoeira aos Desâna de São João e Santo Antônio, incorporados num só grupo. A retribuição se fazia a posteriori. Passado algum tempo, os Desâna convidavam os Tukâno para suas malocas e estes, em vez de frutas, traziam peixe de rio (aracu, surubim, pacu etc.) moqueado. Os artefatos trançados eram trocados por bancos tukâno; um banco por uma apá, cumatá ou peneira.

Os Desâna faziam também dabucuris com os Makú, nas mesmas condições. Os Makú traziam caça moqueada e frutas silvestres trocadas por raízes de mandioca, massa ralada desse tubérculo e tapioca. Os artefatos de especialização Makú — aturás e peneiras (*bahtí* [t.], *o'é* [d.]) — eram trocados por panelas ou trempes de cerâmica, ou então por tipitis, cumatás, peneiras e apás, uma vez que os Makú não dominavam, até recentemente, as técnicas de cerâmica e tecnologia da mandioca. Atualmente, uns poucos aprenderam a fazer o equipamento respectivo.

Os dabucuris de antigamente duravam três dias. O grupo convidado, ao encostar as canoas no porto, era recebido pelo grupo hospedeiro com paneladas de caxiri (*péru* [d.] e [t.]).[3] Só depois de consumirem isto, eram instados a entrar na casa. Enquanto tomavam o caxiri, pintavam-se e adornavam-se. Instalados no setor de hóspedes da maloca, voltavam ao porto para levar as oferendas, que eram depositadas no pátio central interno. O caxiri continuava a ser servido ao longo do dia, à noite e no dia seguinte até o entardecer, quando todos se recolhiam às suas redes. Ao mesmo tempo executavam-se danças de homens e mulheres ao som da flauta japurutu (*buhu dihpalu* [d.], *buhpu pë* [t.]). No terceiro dia, pela manhã, trocavam-se e consumiam as comidas: a caça ou maniuara dos Desâna era entregue aos Tukâno e estes lhes ofereciam peixe. Esse ato era chamado *wanga bali* [d.], *wakan basé* [t.]: acordar, comer. Após essa refeição, o grupo convidado se retirava. Às mulheres, principalmente às mais velhas, e às crianças, era servida uma refeição no primeiro e segundo dia: *moá bahuli*, [d.], *moá peké*, [t.]: sal, mujeca.

Somente durante os dabucuris de oferendas de frutas silvestres ocorria a iniciação dos rapazes, de que tratarei mais adiante. Nessas oportunidades eram tocadas as flautas sagradas, vedadas às mulheres, tomava-se caapi, além do caxiri, dançava-se com o acompanhamento de bastões de ritmo e maracás e tinha lugar a cantoria dos velhos. Esse dabucuri era conhecido como *po'óse miniá mená* [t.], *po'oli miná ponlá merá* [d.], que pode ser traduzido como: dabucuri, flautas sagradas, com.

No mito de origem desâna existe uma referência a um dabucuri organizado pelos cinco trovões, a mando de Yebá bëló (terra, tataravó ou a avó do universo), para criar a humanidade a partir dos frutos do miriti: "Reinava ainda a escuridão. Como os trovões não cumpriram suas ordens, Yebá bëló lhes disse: 'Não fiquem parados. Mandei-os fazer a luz, os rios e a futura humanidade e não fizeram nada' [...] Diante dessa advertência, os trovões realizaram um grande *pooli* de oferta de frutos da palmeira miriti na casa do Leste (*diá gahsiló ehtamun wi*) com a participação de Yebá bëló. A bebida servida foi o *gahpi*, que estava demasiado forte, e mesmo com a orientação de Yebá bëló, os trovões não lograram cumprir sua incumbência" (Kumu & Kenhíri, 1980:54).

Atualmente, quase não se realizam dabucuris fora do âmbito de uma aldeia, isto é, de um *sib*. Cada família traz a comida que tem em casa e prepara o caxiri, que é servido a todos ao longo de um dia. Dança-se ao som do carriço (flauta de Pã). Os homens mais idosos se reúnem para conversar, cantar e tomar ipadu.

No caso em pauta, pelo que indicam meus dados, não se configura a relação de reciprocidade e equivalência entre afins — tribos que trocam irmãs no casamento exogâmico — como no exemplo Wanâno relatado por Chernela (1993:110). Ele encontra paralelo, embora atenuado, nos termos vigentes entre os grupos do rio e os da floresta, os Makú, talvez em função da natureza agrícola, dos produtos oferecidos pelos Desâna e a valorização mais alta, principalmente simbólica, do peixe. No terreno do social, entretanto, existe equivalência, uma vez que os Tukâno dependem dos Desâna e vice-versa, para a obtenção de esposas, segundo as regras de casamento exogâmico.

Vejamos, a seguir, a especialização artesanal e um elenco de objetos que, na qualidade de insígnias, representam metaforicamente o status hierárquico da tribo ou de determinados indivíduos no âmbito do *sib*.

A ESPECIALIZAÇÃO ARTESANAL

A área cultural do alto rio Negro, à semelhança da do alto Xingu e da região das Guianas, entre outras, se caracteriza por uma homogeneização no tocante à cultura material, à estrutura social e à visão do mundo que contrasta com a prevalência de um multilingüismo, principal definidor da identidade étnica de cada grupo que a compõe. Isso se deve à operância de um processo aculturativo que, ao longo do tempo, difundiu entre as várias tribos um *corpus* de saber tornado comum a todas. Para tanto deve ter contribuído o contato intensivo, o casamento exogâmico e a constante permuta de bens, em que determinadas tribos se especializaram.

Verifica-se, com efeito, que além da divisão sexual de trabalho artesanal no interior de cada tribo, ocorre uma divisão do trabalho intertribos em que cada uma delas, embora possa confeccionar os artefatos que as outras produzem, se abstém de fazê-lo, a fim de estreitar a dependência mútua.

Esse comportamento obedece, no caso do alto rio Negro e também no dos grupos alto-xinguanos, a prescrições da própria mitologia. Na versão de Umúsin Panlõn Kumu e Tolamãn Kenhíri (1980), a humanidade, gerada a partir da *pahmelin buiá* (transformação, enfeites), foi amadurecendo no bojo de uma cobra-canoa e, ao sair à superfície através dos buracos das pedras da cachoeira de Ipanoré, no médio Uaupés, foi "dividida" pelo herói cultural

Ëmëkho sulãn Panlãmin (universo, palavra cerimonial, bisneto), o ancestral maior, em várias tribos, cada qual representada por um casal. O primeiro a sair deveria ter sido o makú, porque estava na proa da embarcação. Mas isso lhe daria privilégios em relação aos demais. Nestas circunstâncias, o primeiro a pisar na terra foi um casal de índios Tukâno, devendo-se talvez a isso sua precedência na escala hierárquica dos grupos da área. Esse casal recebeu de seu respectivo ancestral, Doé tiró (traíra, cabeça chata) ou Waúro, como é mais conhecido, "as riquezas que lhe cabiam, mas não as distribuiu a todos os Tukâno, só a alguns", diz a narrativa, como a indicar, também aqui, uma divisão hierárquica entre os vários clãs tukâno.

O mesmo fez o ancestral dos Desâna, Ëmëkho mahsãn Boléka (universo, pessoa, peixe aracu). Este "distribuiu as riquezas que lhe couberam apenas a alguns Desâna. Essas riquezas são eternas" (Kumu & Kenhíri, 1980:73). Com isto, os autores parecem querer dizer que os bens dados a cada grupo — não especificados no mito — lhes cabem privativamente para todo o sempre. O terceiro a sair à superfície foi o pirá-tapuia; o quarto, o siriâna; o quinto, o baníwa, "que retesou o arco trazido na mão e por isso os Baníwa são bravos". O sexto a sair foi o makú. E, por último, saiu o branco com uma espingarda na mão. A este disse Emëkho sulãn Panlãmin: "Você é o último; dei aos primeiros todos os bens que eu tinha. Como é o último, deve ser uma pessoa sem medo. Você deverá fazer a guerra para tirar a riqueza dos outros. Com isso encontrará dinheiro" (Umúsin & Tolamãn, 1980:74 e fig. 21).

Nesta versão não são indicados os artefatos-símbolo de cada tribo. Mas fica bem claro que o criador distribuiu entre todas os bens que possuía, deixando ao branco, que já saíra do fundo do rio armado de espingarda, a faculdade de tomá-los por meio da guerra.

Uma entidade mítica, Deiubari ngoamãn [d.], Desubase oakë [t.], que significa pescaria, criador, teria sido o introdutor das técnicas de pesca entre os índios do rio. A ele se deve, segundo Firmiano Lana, pai de Luiz Lana, o ensinamento da feitura das armadilhas (caiás, cacuris, matapis etc.) e o hábito de comer peixe. Ao contrário de Yebá ngoamãn (terra, criador), que só se alimentava de comidas "da alma" — caapi, ipadu, fumo —, Deiubari ngoamãn era pescador e comia peixe. É o segundo na ordem hierárquica em relação a Yebá ngoamãn.

A terceira entidade mítica, hierarquicamente falando, chama-se Buhtari ngoamãn (preguiça, criador). Nada tem a ver com o animal homônimo (*kerá* [d.], *wënë* [t.]). Não trouxe bens culturais aos grupos do rio. Representa o *trickster*, o astuto, que sempre vencia os seus desafetos. Numa coleção de fábulas tukâno organizada pelo pe. Eduardo Lagório (1983), esse personagem aparece sob o epíteto de "demiurgo". Na versão italiana de *Antes o mundo não existia* (Lana & Lana, 1986), organizada pelo pe. Silvano Sabatini, são transcritos inúmeros contos do "deus da preguiça".

A divisão intertribal de trabalho artesanal no alto rio Negro é expressa num fragmento do mito da criação da humanidade colhido por Reichel-Dolmatoff junto a seu informante desâna, Antonio Guzmán, que transcrevo: "Mas antes deles irem embora, *Pamurí-mahsë* deu a cada um deles os objetos que eles trouxeram de *Ahpikondiá*, os quais, a partir de então, passariam a indicar as futuras atividades de cada tribo. Ele deu um barco e flechas aos Desâna; aos Tukâno, Pirá-tapuia, Wayára e aos Neéroa ele deu um arpão; aos Koripáku ele deu um ralador de mandioca; ele deu uma sarabatana e um cesto aos Makú e uma máscara de líber aos Cubeo" (1968:69).[4]

A especialização artesanal[5] vigora, efetivamente, em relação aos objetos mencionados no trecho do mito acima transcrito. Alguns deles, como o ralador de mandioca (ou ralo, simplesmente, como costuma ser chamado na região), são cruciais na tecnologia desse tubérculo, base da alimentação da população indígena e cabocla da região do alto rio Negro.

O ralo é monopólio absoluto dos Baníwa do rio Içana, sendo comercializado nos outros três rios (Uaupés, Papuri e Tiquié), em São Gabriel da Cachoeira para o processamento da mandioca e mandado a Manaus, Belém e até aos Estados Unidos para a venda em lojas de *souvenirs*. É feito de uma tábua côncava de madeira e incrustado com pedrinhas de quartzo que só existem nas pedreiras da cachoeira de Tunuí, no médio Içana. Antes do contato com os Baníwa, os Desâna e outros grupos usavam a casca espinhenta do uacum (*simió* [d.] e [t.] — *Monopteryx uacu*) para ralar a mandioca.

Os Baníwa, exímios ceramistas, recebiam cuias e cabaças de seus vizinhos do alto Uaupés, os Wanâno, os quais, como os demais grupos da família lingüística tukâno, também fazem cerâmica, porém menos esmerada que a baníwa. Não existe, ao que parece, palavra baníwa para cuia. Chama-se cuia mesmo. Em compensação, os Baníwa fazem a quase-totalidade do seu equipamento doméstico, de trabalho e de guerra, inclusive curare e sarabatana. As únicas exceções eram a citada cuia, o aturá makú, a tinta caraiuru e o banco tukâno. Só os Baníwa faziam bordunas usadas nas lutas contra outras tribos. Chamam-se *kadarúpa* nessa língua. É sintomático não haver obtido o nome dessa arma em tukâno e desâna.

No médio Tiquié, de Pari-Cachoeira para baixo, só existe barro para cerâmica no povoado de Santo Antônio, distante quatro horas em canoa a remo de Pari-Cachoeira. Antes da introdução de panelas de alumínio, os moradores de todas as aldeias dessa área iam buscar argila naquela reserva. Mas é em Santo Antônio que se encontram as melhores ceramistas.

O preparo do caraiuru (*ngunuñá* [d.], *ënoñá* [t.]) é especialidade dos Bará, no rio Tiquié. Antigamente seu uso era muito expandido, uma vez que, além da pintura de artefatos rituais e do banco tukâno, era empregado para a pintura corporal. Esta se fazia cotidianamente, principalmente a de rosto, antes de ir à roça ou à pescaria. Até hoje se conserva esse costume nos trabalhos coletivos. Cada casa tem um ou mais saquinhos de líber contendo pó de caraiuru (*ngunuñá ahúlo* [d.], *ënoñá ahúlo* [t.]) para esse fim ou para finalidades mágico-religiosas.

O caraiuru é cultivado pelos Desâna, sem chegar a ser reduzido a pó, apenas para tingir o fio que prende a mola da armadilha de aves (*angá weli* [d.]), antes referida. Cozinha-se a folha desse arbusto e se imerge o fio no líquido. Uma outra planta tintória *weheri kano ñimu nindá* [d.], *weheri kanó nimiõ ñindá* [t.] (pesca, linha, tingir) é cultivada para colorir o fio de pesca e o puçá. Nesse caso, coleta-se a folha, que é mastigada, e passado o sumo na linha ou no puçá postos ao sol para secar.

A confecção de bancos — artefato que nenhuma outra tribo a não ser a dos Tukâno faz — exige pintura com tinta vermelha de caraiuru. Como os Tukâno fazem os bancos e os Wanâno, Kubéwa e Bará, a tinta, um depende do outro para ter o objeto completo.

Os Tuyúka especializaram-se na fabricação de canoas que dão em troca de outros artefatos, altamente valorizados, como os bancos tukâno. Os Makú, por outro lado, têm o domínio completo de um elemento importantíssimo na economia tribal: o cesto-cargueiro (aturá, em nheengatu), feito pelas mulheres, de uma espécie de cipó (*pui singá* [d.], *pii misin* [t.]) que pode levar uma carga de até sessenta quilos sem romper-se e é muito durável. Esses cestos estão espalhados desde o Içana ao Tiquié. Aos índios do Uaupés e seus dois afluentes, o Papuri e o Tiquié, os Makú forneciam, ainda, sarabatanas e curare, que os Baníwa produzem independentemente e de melhor qualidade.

A pedra de amolar (*muñú ié* [d.], *bë'ë pehé* [t.] — piranha, pedra) era há alguns anos um implemento raro, havendo uma em cada aldeia. Com essa pedra alisa-se a cuia antes de esmaltá-la. Era fornecida pelos Makú que viviam na serra de Traíra, de onde se retiraram quando o exército estabeleceu uma base militar em Vila Bittencourt. Com a descoberta do ouro, em março de 1985, quase todos os homens que foram ao garimpo trouxeram pedras de amolar, encontradas, agora, em todas as casas. Os Makú traziam também seixos rolados (*waeari'ié* [d.], *wateri'pé* [t.]) do rio Apaporis, Colômbia, indispensáveis para alisar e polir as peças de cerâmica.

Os machados de pedra, ilustrados por Koch-Grünberg (1910, I:150), chamados *iëlë komé* em tukâno e desâna, provinham de tribos que não falavam o tukâno, tais como os Yepá-mahsá e Yahuana, que viviam nos afluentes do Apaporis, na Colômbia. Eram trazidos por estes ao Tiquié, ou os habitantes desse rio iam buscá-los nesse local, uma vez que no Tiquié não existe a matéria-prima adequada.

A especialização artesanal por tribo foi assim definida por um índio tukâno do rio Papuri, Graciliano Soares, com quem conversei sobre o assunto: "*Kumonó* é o banco, propriedade dos Tukâno, não deixa ninguém fazer. Assim também o ralo (*sokóno*) é propriedade dos Baníwa. Tukâno é proibido de fazer máscara, que é propriedade dos Kubéwa. Tukâno nem conhece a embira de que fazem o tururi. Propriedade de Makú é sarabatana e aturá. Wanâno é proprietário do caraiuru, só ele que faz".

Outro informante tukâno, do rio Papuri, confirmou que antigamente cada tribo tinha propriedade sobre a produção de certos bens materiais. O banco e a canoa sempre foram exclusividade dos Tukâno. O ralador, a apá, a cumatá, a urupema eram atributos dos Baníwa. Os Wanâno, segundo ele, aprenderam a fazer trançados com os Baníwa. Assim, no começo, cada tribo tinha o "ofício dela", que lhe fora ensinado pelo criador, *Mâkoli mahsá*, que esse informante traduziu por "céu, gente". Tariâna só fazia seus implementos de pesca: as armadilhas caiá, cacuri, matapi e outras. Os Kubéwa eram os donos do ofício de fazer máscaras e diademas de penas (acangataras).

Na categoria dos trançados, ainda persiste uma certa especialização por tribo no que se refere a certos cestos indispensáveis ao transporte e processamento de mandioca, tais como os aturás makú (*pií* [t.], *puíbo* [d.]), as apás grandes (*wënë kulu* [d.], *wëhë bahti* [t.]), as cumatás (*thompa* [t.], *siruli* [d.]). No rio Uaupés, a manufatura dos dois últimos cabe, prioritariamente, aos Wanâno. Existe consenso, igualmente, de que esses cestos eram indústria privativa dos Desâna, no rio Tiquié. Especialidade dos Tuyúka é o cesto *pamu siowa* (tatu, urupema, em tukâno), trançado de finíssimas talas de arumã e usado primordialmente para coar sumo de frutos.

Essa especialização em certos itens da indústria cesteira tende a desaparecer por tratar-se de uma tecnologia não muito sofisticada, à qual não está vinculado um simbolismo hierárquico como o do banco tukâno, e porque a matéria-prima, o arumã, existe em abundância por toda a parte, ao contrário do que ocorre com as plantas de que se faz curare, sarabatana, ou as pedrinhas de quartzo para os raladores.

Outra especialização artesanal assinalável é a manufatura de canoas (*gahsilu* [d.], *iuhkësë* [t.]). Quem fez primeiro canoa, no rio Tiquié, escavada a machado, enxó e a fogo do tronco no louro (*wabé* [d.], *kom pu* [t.]), foram os Tuyúka e Bará, tidos até hoje como especialistas neste ofício e aos quais se deve a maioria das que navegam nesse rio. Remos — *wehá bu* [d.], *waha pi* [t.] — todos fazem, talhados de um pau chamado pau-amarelo, árvore de terra firme, nativa: *saviri* [d.], *savikë* [t.]. São guardados em casa, ao passo que as canoas ficam ancoradas no porto.

Artefatos de madeira de uso doméstico, tais como os bancos comuns (cf. Koch-Grünberg, 1910, I:139), esculpidos em madeira da imbaúba (*ahpin moá* [d.], *patu moá* [t.]), cujas folhas calcinadas são empregadas para tempero do ipadu, são feitos por todas as tribos. O pilão comum (*pamono* [d.], *pomoá* [t.]) utilizado para moer pimenta, maniuara, pupunha é confeccionado, geralmente, de madeira louro ou pau-amarelo, isto é, lenhos utilizados, respectivamente, para talhar canoas e remos. O pilão mais alto, usado para socar o ipadu, chamado *ahpin dealiru* [d.], *patu dohkeká* [t.], é feito dessas mesmas matérias-primas e, às vezes, de uma espécie de pau-brasil (*dohtu* [d.], *ohton* [t.]), utilizada para esculpir a mão do pilão.

Outro importante artefato de madeira, o arco, hoje praticamente em desuso, chamado *buiri beró* [d.], *bueté* [t.], era manufaturado de pau-d'arco (*buhpu goli* [d.], *bëhpó oli* [t.]). Media cerca de 1m 60 de altura por 2 cm de largura maior, com secção transversal plano-côncava. A corda era feita da entrecasca de uma árvore que cresce no igapó (*tolobië* [d.], *tohtó biaë* [t.]).

Os Desâna tinham um único tipo de flecha: a ponta era feita da madeira de uma árvore chamada *iabu tëli* [d.], *komé iahpuri* [t.] (machado, cabo) que, segundo o nome, devia ser empregada também para fazer o cabo do machado de pedra. Essa ponta era serrilhada culminando com um gancho de ferro. A haste das flechas, não emplumadas, era feita de uma gramínea plantada na roça: *buiri ngarë, buiri ganã* [d.], *buesé anë, buesé anã* [t.]. O arco e flechas eram empregados na pesca e na caça à paca. Acuada pelo cachorro, a paca entrava n'água e, quando vinha à tona para respirar, era atingida pela flecha. As aves, como vimos, eram caçadas por meio de armadilhas. Dos grupos do rio, apenas os Baníwa, Kubéwa e Yepá-mahsá tinham maior variedade de flechas com pontas de osso e outras.

Como se vê, ao contrário do que afirma Reichel-Dolmatoff referindo-se aos Desâna da Colômbia, de que são caçadores (1971:11), a cultura material dos Desâna do rio Tiquié aponta o contrário. Caçadores, em sentido lato, seriam os Makú e os Baníwa, ambos os quais possuem curare, sarabatanas, bem como arcos e flechas, ou seja, os instrumentos necessários a essa atividade; e em sentido mais restrito, os Kubéwa e Yepá-mahsá, cujas línguas, como vimos no capítulo anterior, se assemelham.

A conclusão a tirar da especialização artesanal que acabo de explicitar é a de que ela entranha um significado simbólico e hierárquico em relação a alguns produtos, tais como o banco tukâno, a máscara kubéwa, o caraiuru kubéwa, wanâno e bará, que, de certa forma, se tornam artefatos simbólicos dessas tribos, funcionando como emblemas de identidade étnica. O mesmo pode ser dito em relação a artefatos utilitários que, na qualidade de especializações tribais indispensáveis ao provimento da subsistência, criam uma rede de dependência e reciprocidade, contribuindo, dessa forma, para a integração tribal. Esta última característica diz respeito ao ralo baníwa, aturá makú, à indústria cesteira dos Desâna e Wanâno e à canoa feita principalmente pelos Tuyúka e Bará.

A permanência dessa especialização indica a importância da troca de bens entre tribos numa área cultural como a do alto rio Negro. Ela pode ter representado um imperativo econômico, em determinada fase de sua história, mas com a aculturação interétnica vai perdendo esse caráter. Isto porque, não só a tecnologia básica subjacente ao artefato e a respectiva matéria-prima passam a ser disponíveis, como também porque esses produtos — sobretudo os utilitários — podem ser substituídos por bens industriais. É o caso do ralador baníwa, hoje superado pelo caititu movido a gasolina, que, em dez minutos, faz a ralagem da mandioca, que ocupava uma mulher quatro horas.

Um problema que não pôde ser investigado é o modo como era vencida a longa trajetória dos bens especializados no processo da troca. Entre outros, o ralador baníwa, cujo percurso do rio Içana ao Tiquié, por exemplo, se estende por centenas de quilômetros. Ou seja, os agentes, pessoas ou tribos que se engajavam nessa transferência e o modo como ela era processada.

Um indício de que os índios, individualmente ou em grupo, percorriam grandes distâncias, é o relato mítico de visitas de um índio Tariâna ao Tiquié, após a extinção dos Waíera e Koamoana, tribos que habitavam esse rio (Kumu & Kenhíri, 1980:101-2); o fato de os Makú percorrerem, constantemente, a mata que separa o Tiquié do Uaupés. Outro indício das tradições viajeiras dos índios do alto rio Negro é uma informação que obtive, casualmente, de um Desâna: a de que as tribos do rio Catrimani, afluente do rio Negro, costumavam incinerar seus mortos e das cinzas dos ossos faziam uma pintura. Essas cinzas eram também misturadas a um mingau de bananas e comidas. Mas só eram submetidos a esse tratamento os cadáveres dos chefes. Trata-se, sem dúvida, de um costume yanomâmi, relatado por Napoleon Chagnon (1968).

Outra evidência de relações com grupos distantes é a proibição de casamento entre Desâna e Baré, estes últimos habitando, como se sabe, o baixo rio Negro. Isso indica que as duas tribos, bem como as outras citadas, formavam parte de uma fratria. Dos Baré, os Desâna receberam, entre outras coisas, o motivo pirarucu (*nëhtëni* [d.]) do trançado do tipiti, em que se usam três talas de arumã de cada vez, em lugar de duas. Foram eles que ensinaram essa técnica e o desenho aos Desâna. Isto ocorreu quando os índios do alto rio Negro iam trabalhar em Barcelos na coleta de piaçaba e de castanhas. Portanto, os contatos eram tanto com grupos dos altos afluentes do rio Negro quanto com os do baixo rio.

OS OBJETOS-INSÍGNIA

Uma simbologia de natureza hierárquica, isto é, semelhante à que foi examinada com referência à especialização artesanal por tribo, opera em relação a certos objetos rituais. Embora comuns, com exceção do banco tukâno e da máscara kubéwa, a todas as tribos, alguns deles podem ser tidos como insígnias de status mais elevado de determinados *sibs* ou de indivíduos em posição hierárquica mais alta dentro do *sib*.

Somente os *sibs*-chefes, ou seja, irmãos maiores de cada tribo, tinham direito ao trocano (*toatolé* [d.], *toatë* [t.]), sinalizador que emite mensagens a longas distâncias, feito de louro, a mesma madeira empregada para construir canoas, escavado a fogo, com percussores revestidos de látex de sorva. O primeiro a receber essa regalia, entre os Tukâno, foi Waúro ou Doé tiró, ancestral maior dessa tribo, que a transmitiu aos de sua geração, entre outros, o *sib* Yebá solá panisin [d.], Yepá sonlin panisin [t.], cujos descendentes são os Tukâno que vivem atualmente em Pari-Cachoeira.

Boléka, o ancestral dos Desâna, foi o segundo a receber o *toatolé,* transferindo esse privilégio ao clã Tolamãn Kenhíri do rio Papuri, irmãos maiores dos que vivem em Santo Antônio e em São João, no rio Tiquié. Na coletânea de mitos de Kumu & Kenhíri existe uma referência expressa a essa doação: "O quarto grupo é o de Emëkho mahsãn Tolamãn Kenhíri. Este foi muito grande e Boléka também mandou-o viver em outra maloca. Concedeu-lhe, no entanto, um poder quase tão grande quanto o seu. Deu-lhe um par de enfeites chamado *koá yeá güikali* (cuias, onças, dentes), o trocano — ensinando os ritos que dão força ao trocano — e muitos outros bens" (1980:92-3).

Também tiveram o direito de possuir o trocano os descendentes do clã Wali dihpútiro, que vivem atualmente em Cucura igarapé, porque ao seu antepassado direto Boléka "conferiu o poder de chefe do grupo dos ancestrais" (op. cit.:95). Nestas condições, "conferiu-lhe o poder de usar o trocano. Aqueles a quem Emëkho mahsãn Boléka não dera o trocano, não podiam possuí-lo" (ibidem).

Os *sibs* de mais alta hierarquia, aos quais as entidades míticas transmitiram o privilégio de possuir o trocano, também detinham a máscara de Guelamun yé [d.], Bisiu [t.] (nome, pajé), o detentor das flautas sagradas, que estabeleceu as regras de iniciação masculina, também chamado Milãn ponlãn yé [d.], Miniá ponlãn yaí [t.] (flautas sagradas, descendente, pajé). A parte que cobria a cabeça até a cintura era tecida de pêlo de macaco — prego ou barrigudo ou outro que tem o pêlo listrado. As orelhas eram da cauda do quatipuru e a máscara possuía orifícios para as narinas, os olhos e a boca. Na cintura trazia um aro de cipó (*mahá pingoni dá* [d.], *mahá pihkoni dá* [t.]) que segurava a saia de franjas de uma espécie de tauari com a mesma designação em desâna e tukâno, ou de outra espécie chamada *péu* em ambas as línguas que cobria o mascarado até os pés.[6]

Essa indumentária cerimonial era envergada por um especialista, cuja identidade se ignorava, representando Guelamum yé. A iniciação dos rapazes (*ngamá* [d.], *amoá* [t.]) prolongava-se por dois meses, período em que não podiam ser vistos pelas mães, tal como a mãe de Guelamun yé não pôde ver o próprio filho. Todo o grupo tinha de fazer abstinência de certos alimentos. Só lhes era permitido comer maniuara, beiju, farinhas de tapioca, espuma de manicuera e cheirar pimenta, preparados pelas mães. Ou ainda, larvas, ovos de caba (*uhti* [d.], *uhtiá* [t.]), que eles próprios iam buscar no mato. Tanto o mascarado como os iniciandos entravam na maloca à noite, sem serem vistos, e saíam de madrugada para o banho no rio e os treinamentos no mato, que culminavam com o rito do açoite (*wahsulin paliné* [d.], *washonli palinëmë* [t.]: açoite, dia).

As flautas sagradas — que nem as mulheres nem os pré-iniciados podiam ver — eram de duas categorias: as que podiam ser usadas pelos *sibs* de alta hierarquia, como a que Bruzzi (1962) denomina surubim ou Kuri-rina (surubim nas línguas aruák) e que estampou na contracapa do livro que acompanha a discoteca lingüístico-musical das tribos alto-rio-negrinas. Chamam-se *miniá ponlá talosu wái ngoá* [d.], *miniá ponlá wái ngoá* [t.], ou seja, flautas sagradas, caniço, peixe, osso. O capítulo IX de *Antes o mundo não existia* relata o episódio do roubo dessas flautas pelas mulheres e os castigos que sofreram devido a essa usurpação (cf. Kumu & Kenhíri, 1980:123-5).

Mais importantes que estes instrumentos — igualmente vedados às mulheres e aos jovens antes da iniciação — são as flautas feitas do oco da palmeira caruatana (*buhu* [d.], *buhpu* [t.]) chamadas *wái ngoani* em desâna. Koch-Grünberg (1910, I:89, fig. 45*a*) reproduz um par delas provenientes de duas tribos baníwa do rio Aiari, informando na legenda tratar-se de flautas "yapurutu", com o que não concordam os Desâna.

Os instrumentos que Koch-Grünberg (1910, I:314-5) chama jurupari foram interpretados por Luiz Lana como instrumentos sagrados mas de irmãos menores. A da figura 196 tem o bocal e a terça parte superior de paxiúba (*ñumunguñu* [d.], *wahtángo* [t.]) e o restante do tubo enrolado com casca de diversas árvores, as mesmas que serviram para atear fogo em Guelamun yé, o detentor das flautas sagradas, segundo o texto mítico desâna: "Se vocês querem me matar por causa de seus filhos, podem fazê-lo. Antes, porém, carreguem quatro tipos de lenha: *kin gahsiri peá* (mandioca, casca, lenha), *iabu boleru peá* (própria para caibro de casa), *güisi galu peá* (espinho, cipó, lenha) e *polá singalun peá...*" (Kumu & Kenhíri, 1980:118).

O mito informa que só os enfeites de Guelamun yé queimaram, ele subiu à *ëmëkho wi* (universo, casa) e no local da fogueira brotou um pé de paxiúba, o "osso de Guelamun yé". Dessa forma ele permaneceu "dentro das flautas sagradas, que são feitas de paxiúba" (idem, p. 119). A que leva o revestimento de cascas de árvore é a flauta macho; a flauta fêmea, escavada do cerne da referida palmeira, é ilustrada por Koch-Grünberg na figura 195. Ambas eram enfeitadas com fieiras de penas de arara, japu e tucano como as reproduzidas pelo mesmo autor na figura 224 da página 349 do primeiro volume. As flautas macho e fêmea eram tocadas aos pares. A música e o próprio som diferiam de tribo a tribo, da mesma forma como a nomenclatura e certamente o significado e o contexto simbólico do instrumento.

As flautas de Pã, conhecidas como carriço em língua geral — *talusu bali* [d.], *we'o pali* [t.] —, sendo *talusu* o nome da matéria-prima, um bambu muito fino, e *bali*, pares, foram introduzidas no rio Tiquié e no Uaupés pelos Yepá-mahsá, chamados Buhu mahsá (sarabatana, gente) pelos Desâna e cuja autodesignação é Eruria. Eles é que possuem a taquara mais adequada, a que produz melhor som.[7] Atualmente essas flautas são tocadas em todas as festas profanas do rio Tiquié. Os homens tocam a flauta e se posicionam, em passos de dança, no meio da sala. Iniciada esta, as mulheres elegem, cada qual, seu par, dançando juntos (cf. Koch-Grünberg, 1910, I:fig. 46).

O japurutu (em língua geral, *buhu dihpálo* [d.], *buhtu pë* [t.]: caruatana), palmeira que se assemelha pela forma e matéria-prima empregada ao instrumento sagrado acima mencionado, não tinha desenhos e podia ser visto pelas mulheres (cf. Koch-Grünberg, 1910, I: fig. 113). Era tocado pelo grupo convidado ao dabucuri, e somente nessa ocasião. Ao som do japurutu dançavam homens e mulheres. Para se anunciarem ao grupo hospedeiro tocavam uma buzina ou ocarina de cerâmica: *pumperu* [d.], *uhpi të* [t.], também reproduzida por Koch-Grünberg no mesmo volume (ver fig. 140). Do cerne mais fino da caruatana era feita uma outra flauta chamada *buiá*, em desâna, *buá*, em tukâno, que não foi ilustrada por Koch-Grünberg.

Alguns instrumentos musicais, feitos por todas as tribos, não tinham qualquer conotação religiosa ou hierárquica. Flautas de osso de veado (*ñamá ngoá* [d.], *ñamá oá* [t.] — veado, osso), as de taquara (*teneriru* [d.], *tenepë* [t.]), como a tocada por Nungu yé (gavião, pajé), do mito do mesmo nome (cf. Kumu & Kenhíri, 1980:127-32); as do fruto de ucuqui (*poé* [d.], *puhpiá* [t.]) eram tocadas como divertimento de rapazes e crianças. O instrumento feito de casco de jabuti (*uhuri* [t.], *peiu* [d.]), no qual se aderia breu para esfregá-lo com a palma da mão, também era comum a todas as tribos e tocado em festas profanas. Todos possuíam flautas cuja caixa de ressonância era a cabeça do veado (*ñamá dipuro* [d.], *ñamá dihpoá* [t.]). O maracá (*ñahsãn* [d.] e [t.]) com desenhos gravados à faca e avivados com tabatinga branca acompanhava as danças para marcar o ritmo. O motivo ornamental era sempre o *wahsun dëhpëli* [d.], [t.], isto é, o galho da seringueira *wahsun*, desenho este também presente no trançado. Tanto a semente da cabaça de que era feito o maracá quanto as sementes que produziam o som (*ñahsãn peri* [d.] e [t.]), ambas cultivadas, se perderam. O maracá do pajé, usado nas curas, era de menor tamanho, não tinha desenhos e recebia um "banho" de paricá para ter eficácia xamânica (cf. Koch-Grünberg, 1910, I:91, fig. 47).

O bastão do ritmo era feito do cerne da árvore de madeira leve, *aúnu* [d.], *ahun pë* [t.], ou também da árvore cujas folhas servem de tempero ao ipadu (*ahpin moá* [d.], *patu moá* [t.]). É chamado *baiá mohó* [d.], *ahom pë* [t.], no plural, que significa canto, material. Era usado nas danças em que se tomava caapi. Os bastões de ritmo eram adornados com desenhos específicos: patas de gafanhoto (*poleró kéri* [d.] e [t.]), fragmento de morcego (*oyó tëleára* [d.], *ohsó tëriake* [t.]), ambos presentes na pintura facial, o último também no trançado, na buzina de cerâmica e no avental de líber usado nas danças. E, ainda, de um desenho chamado andorinha (*minoá* [d.], *siripiá* [t.]) no plural, o do peixe *wahpá* [d.] e [t.] e o de uma erva chamada *iavi*, cuja haste é representada no motivo (*iawi kéri* [d.] e [t.]) (cf. Koch-Grünberg, 1910, I:81, fig. 39).

Cabe registrar que o morcego a que alude o desenho *oyó tëleára* [d.] não é o que seria de supor — a ave-mamífero — senão o grande morcego mítico, cuja torre, *ëmësin doló*, universo, torre, encima o cosmos, segundo a mitologia desâna (cf. Kumu & Kenhíri, 1980:55 e fig. 5). O desenho reproduz a forma triangular como é concebida a referida torre.

A associação dos bastões de ritmo e demais objetos cerimoniais acima citados (avental, ocarina) aos rituais em que se tomava a bebida alucinógena, o caapi, é evidenciada pelo fato de a panela em que ela era servida (*gahpi soló* [d.], *kahpi të* [t.]) ser igualmente ornamentada com os referidos motivos, bem como a figura de uma borboleta chamada *watapolo* [d.] e [t.] (cf. Koch-Grünberg, 1910, I:298, fig. 177).

A parafernália ritual dos índios do alto rio Negro, apanágio masculino, é bastante elaborada e comum a todas as tribos e *sibs*, independentemente do seu status hierárquico. As únicas exceções são o bastão-maracá, também conhecido como murucu-maracá, designação em língua geral, e a forquilha porta-cigarro.

Segundo a mitologia desâna, a humanidade originou-se desses enfeites. Seu guardião era o terceiro trovão que, ao vomitá-los — o "parto" masculino é simbolizado pelo vômito —, os transmuda em seres humanos. Não maduros, todavia, uma vez que isto se deu no trajeto de uma longa viagem subfluvial no bojo de uma cobra-canoa — ou canoa transformadora — em que o próprio terceiro trovão se transformara. Textualmente, informa o mito: "Como foi dito, no começo, a humanidade estava incubada dentro das riquezas, que Emëkho ñehké, o terceiro trovão, detinha. Já vimos como a humanidade foi se transformando, casa por casa.

Sabemos que, ao crescer, saía das riquezas, como o pintinho do ovo. Por isso Waúro e Boléka tomaram a si essas riquezas, chamadas *pahmëlin buiá* (transformação, enfeites), e depois as distribuíram" (Kumu & Kenhíri, 1980:73).

Conseqüentemente, esses ornatos são prístinos, na ideologia dos índios do rio. Criada a humanidade, eles foram distribuídos pelos heróis culturais a todas as tribos.

Mahá poáli [d.] e [t.] (araras, penas) é o nome coletivo atribuído ao conjunto dos enfeites de penas. Na mitologia desâna explicita-se a origem das aves de plumagem mais bonita utilizada na confecção dos adornos. Uma das duas mulheres prístinas, criadas pelo vômito do terceiro trovão, Ëmëkho ñehké (universo, avó), o guardião dos enfeites de penas, "a que mascou o ipadu, deu à luz as araras (*mahá* [d.] e [t.]), japus (*umuá* [d.] e [t.]) e a outras aves que têm penas coloridas. Assim todos poderiam ter bonitos enfeites de penas" (Kumu & Kenhíri, 1980:65).

O conjunto de adornos plumários pertencente aos membros de um *sib* ficava guardado num grande estojo retangular, feito de talas do pecíolo do broto do miriti costuradas com linha de carauá, chamado *mahá poali komonó* [d.], *mahá poálo ahkalo* [t.] (arara, penas, estojo). Cada maloca tinha um estojo desses colocado num jirau na parte da grande habitação onde eram realizadas as danças. Atualmente, na casa da comunidade de Pari-Cachoeira, existe um estojo semelhante entregue à guarda do capitão da aldeia. Esses adornos eram usados nas festas de dabucuri, nas de iniciação masculina e feminina, nas de nominação realizadas uma semana após o banho dado no recém-nascido, e nos dias em que os *kumuá* [d.] e [t.] (sábios, videntes) faziam os ritos do breu e do cigarro, que acompanham as constelações. Todos os membros do *sib*, independente de sua condição de irmãos maiores ou menores, ou da de chefes, "avós" ou criados, podiam envergar esses adornos.

Os ornatos plumários de cabeça eram de três tipos: a coroa emplumada, composta de um trançado duplo de folha de miriti onde se inseria uma fieira de penas de arara e de japu, chamada *pu'un weheni ñe* [d.], *puehsaló* [t.]. Era acompanhada, ou não, de um pingente dorsal mais longo de egretes de garça (*wihtun dá* [d.], *omani dá* [t.]) ou mais curto (*ugabu* [d.], *ukálo* [t.]). O segundo tipo era uma faixa tecida de fio de tucum emplumada na face externa com uma carreira de penugem de mutum, seguida de recamos de penas de arara vermelha. Chama-se *mahá poañe* [d.], *mahá poaló* [t.]. Essa faixa frontal era combinada com uma placa (*ugabu* [d.], *ukálo* [t.]) presa pela faixa atrás da cabeça. Compõe-se de varinhas de arumã entretecidas com pêlo de macaco e cabelo de moça púbere, cortado por ocasião da iniciação, e é encimada por egretes de garça. Às vezes acrescia-se uma pena caudal de arara disposta em posição horizontal enfiada na placa (cf. Koch-Grünberg, 1910, I:280, pr. IX, e p. 310, pr. X). O terceiro ornato de cabeça, também usado alternativamente como os demais, é o pente (*wëaló* [d.], *iró* [t.]). É construído com dentes de espinhos da palmeira patauá incrustados no colmo poroso de uma erva chamada *poing'anã* [d.], *ioanã* [t.], partida ao meio. Introduzidos os dentes, procede-se a uma delicada tessitura feita com lâminas de casca dessa erva presas com fio de carauá. Na parte central do pente esboçam-se desenhos de trançado, citados mais adiante, alguns dos quais, segundo os Desâna, aparecem nas visões do caapi (cf. Koch Grünberg, 1910, I:294). Ao pente eram agregados geralmente pingentes de plumas do papo do tucano (cf. ibidem:293).

Os adornos plumários eram feitos por todas as tribos. Entretanto, havia as mais aptas, que faziam ornatos mais bem-feitos e de cores mais vivas. No rio Tiquié, esta era a especialidade dos Bará. Quando se necessitava de maior número desses enfeites, organizava-se o dia da entrega, que era chamado *mahá poáli doalinë* [d.], *mahá poáli doarinëmë* [t.]: arara, penas, entrega. Nessas oportunidades era servido o caapi e o caxiri. Às referidas funções seguia-se a entrega.

Elemento de destaque na indumentária masculina era o pingente cilíndrico com um orifício de quartzo branco: *ehtamburu* [d.], *ehtambohá* [t.]. Mesmo antigamente era um objeto raro, poucos o possuíam. O quartzo provinha, provavelmente, da jazida da serra de Tunuí, no rio Içana, ao passo que as contas de sementes negras (*kiki* [d.] e [t.]) enfiadas em fio de tucum eram trazidas pelos Makú, da serra da Traíra, próximo à fronteira com a Colômbia.

A paramentália ritual masculina incluía, ainda, um par de brincos recortados em prata martelada de moedas, chamados *seáli mihini* [d.], *iohsáse pini* [t.], ilustrados por Koch-Grünberg na foto de um Tuyúka com traje de dança quase completo (cf. op. cit.:310, pr. X). E, também, dois tipos de colares: o de pingente de quartzo já mencionado (cf. Koch-Grünberg, 1910, I:327, fig. 206) e o colar de triângulos de prata, feito de moedas marteladas (*pugulu* [d.], *momonó* [t.], que significam borboleta), usado eventualmente também pelas mulheres. Embora raros, tampouco eram privativos de chefes de maloca. Junto com esses paramentos usava-se, ainda: cintos de dente de onça, de caititu ou de macaco, chamados *sintuli* [d.], *heri tusé* [t.]; jarreteiras (*iolaserá* [d.], *iuhtaseró* [t.]) tecidas de tucum pelas mulheres e tornozeleiras-chocalho (*waitu* [d.], *kihtió* [t.]) da cápsula de um fruto não comestível, cultivado especialmente para esse fim, cuja designação foi transferida a esse adorno e cuja semente *ñahsan ieri* [d.], *ñahsan peri* [t.], provavelmente Thevetia, se perdeu (cf. Koch-Grünberg, op. cit.:pr. IX). Essa cápsula oca produzia um som ritmado de acordo com o compasso da dança.

Da mesma matéria-prima era feito um chocalho usado na mão para acompanhar o ritmo da música e da dança. Outro adorno e instrumento manual do mesmo tipo, a enfiada de bicos e asas de besouro, era chamada *peá pinganá iehsëli* [d.], *penka pihkaná sitiri* [t.] (cf. Koch-Grünberg, 1910, I:295, fig. 173 e pr. IX; p. 306, fig. 189).

Elemento de destaque da indumentária ritual masculina era a braçadeira (*dëhká poá sioló*, em desâna) feita de cordões de pêlo de macaco, isto é, a matéria-prima empregada para a máscara da iniciação masculina, a que já me referi. Era usada na altura do antebraço ou do cotovelo, pendendo franjas dos mesmos cordões com arremate de penas. Com exceção da jarreteira tecida, todos os demais paramentos referidos eram confeccionados pelos homens.

De lavra masculina e de seu uso exclusivo era o avental feito da entrecasca de um arbusto de 10 cm de diâmetro chamado *wahsu mé* [d.], *wahsó wé* [t.]. A peça como um todo é designada *wahsulu* [d.] e *wahsoró* [t.]. O preparo da matéria-prima é bem complexo: primeiro tira-se a casca do arbusto, depois corta-se a entrecasca, do tamanho de um braço. Essa embira é cozida em panela de barro durante toda a noite. Em seguida é mastigada para aumentar o tamanho, geralmente ao dobro. Bate-se depois com um pau roliço *tanari dëhka* [d.] e [t.], cuja extremidade é enrolada com fio de tucum grosso para alisá-la e atingir o tamanho desejado. Então é colocada numa bananeira, à qual adere para secar. Quando seca, cai por si mesma. Para enrugar os *wahsu mé* usam-se varinhas de pecíolo de patauá, apertando a embira com os dentes ou com a unha. Depois dessa operação é pintada com *ënoñá* (caraiuru em tukâno) misturado com verniz de folha de pinó-pinó (*ñapumi* [t.] e [d.]), que é seu solvente. Os desenhos são próprios do avental, chamados *wasulu gohori* [d.], *wasóro holi* [t.] (avental, desenho) e aparecem nas visões do caapi. Os Desâna não souberam identificar os que Koch-Grünberg estampou na figura 168 (op. cit., 1910, I:289), exceto o desenho do banco, num dos aventais, e o motivo "fragmento de morcego" em outros dois. Eram também usados pelo *baiá* e seu grupo de dançarinos-cantores.

A vestimenta ritual feminina consistia, antes da introdução das miçangas, em uma espécie de tanga (*oetu* [d.] e [t.]) trançada de fasquias de um cipó chamado *waberó singá* [d.], *pohá dáli* [t.], que significa escudo, cipó, em desâna. Conforme indica o nome, essa é a matéria-prima para a feitura do escudo, de que tratarei adiante. A tanga de miçangas, que substituiu a *oetu*, era designada *ñagui wahsulu* [d.], *iahké wahsoló* [t.], que significa miçanga, avental, como o de líber. Era usada apenas nos dias de festa, obrigatoriamente, pelas mulheres que acompanhavam os quatro cantores-dançarinos que se posicionavam junto ao *baiá*, mestre do canto e do cerimonial.

O único objeto ritual, insígnia de *baiá*, chefe de maloca e, portanto, detentor do poder político dentro do *sib*, era o bastão-maracá (murucu-maracá em língua geral), *yéi wai ngoá* [d.], *yai wai wá* [t.], que significa onça ou pajé, peixe, osso. Ele comparece em todas as ilustrações de Luiz Lana para representar as entidades míticas fundadoras das tribos Desâna e Tukâno, respectivamente, Boléka e Doé tiró ou Waúro (cf. Kumu & Kenhíri, 1980, figs. 4, 6, 7, 8, 9, 28, 33, 49).

É também a insígnia do ancestral maior, Yebá ngoamãn (terra, criador), que ascendeu nele para dividir a terra e o espaço extraterreno em camadas sucessivas (op. cit.:56). Mais ainda, esse bastão mágico, enfeitado de adornos de penas coloridas e de brincos especiais existentes na natureza, masculinos e femininos, impulsado pela força de Yebá ngoamãn e de Yebá bëló (universo, tataravó) criou o Sol. É o que diz o texto mítico: "Com esses enfeites, colocados no bastão por Yebá bëló na torre do grande morcego, a ponta do bastão assumiu um rosto humano, dando luz onde havia escuridão até confins do mundo. Era o Sol que acabava de ser criado" (Kumu & Kenhíri, 1980:55).

O bastão-maracá era feito por todas as tribos e, segundo W. M. Vincent, tem uma simbologia muito bem definida que não pude confirmar com meus informantes desâna. Vincent afirma que "sua utilização cerimonial é prerrogativa de uma categoria de especialistas rituais conhecidos como *baiá* (dançarinos) [...] que costumavam desempenhar o papel de guerreiros entre os Tukâno" (1986:161). Reichel-Dolmatoff (1975:81) acrescenta que o murucu-maracá funciona como "bastão de comando" do xamã e como "falo simbólico".

O escudo trançado (*wabélo* [d.], *bahtí pahkéró* [t.]) não é como se supunha uma antiga arma de defesa, exceto em sentido figurado, na medida em que protege o seu portador contra forças sobrenaturais. O escudo o "esconde" desses males, tal como os adornos plumários ou a fumaça do cigarro. Era feito por todos os grupos de um cipó que leva seu nome: *wabeló singá* [d.], *pohá dali* [t.]. A forma do escudo se associa à forma como é concebida a terra e ao mamilo da avó do universo, segundo W. M. Vincent (1986:164). Não pude confirmar essa interpretação entre os Desâna de São João.

O *wabélo* era usado como enfeite de dança, não necessariamente acompanhado pelo bastão-maracá, cujo nome profano é *yé gë* [d.], *yai gü* [t.], privativo do *baiá* como insígnia de comando. Ele comparece num dos mitos narrados por Firmiano Lana a seu filho Luiz e por este desenhado para ilustrá-lo. É a história da morte do Micura (*Oá* em desâna) pelos acólitos de *Angá mahsãn pë* (inhambu, pessoa, pai, na mesma língua), os quais colocam o escudo sobre uma pedra no porto junto à maloca de *Angá* e sobre ele o corpo de *Oá*. Segundo me informaram, ambos estão impressos num penhasco localizado em algum ponto do rio Uaupés. Atualmente esse objeto está em desuso (cf. Kumu & Kenhíri, 1980:169 e fig. 46).

Outro enfeite de dança, usado quase à maneira do escudo — neste caso pendurado no ombro —, é o que Koch-Grünberg ilustra na figura 225 (1910, I:350). É uma espécie de forquilha feita de pau-amarelo ou pau-brasil, recamada de plumas de mutum, arara e tucano, cujas extremidades são unidas por um cordel, permitindo que seja usado da forma descrita. Chama-se *yohóka dëhpë* [d.], *si'õn iahpu* [t.], que pode ser traduzido por enxó, cabo, talvez em alusão à forma. A mesma designação é atribuída a uma constelação que surge no mês de junho (ver "Queimadas e constelações"), a qual, no entender dos Desâna, tem a mesma conformação. Mas neste caso foi traduzida por "enfeite de penas". Esse adorno era também comum a todas as tribos e parece tratar-se de um antigo instrumento usado para escavar madeira.

O banco, *kum'onó* [t.], *seró* [d.], monopólio dos Tukâno, comporta várias associações: é, ao mesmo tempo, uma especialização artesanal de uma tribo de alta hierarquia, no conjunto dos grupos uaupesinos, por sua precedência na saída da humanidade da canoa transformadora; é um utensílio usado cotidianamente em todas as aldeias e também ritualmente pelos *kumu* e os pajés, simbolizando, nesse caso, proteção, segurança, estabilidade e introspecção.

Na mitologia desâna, esse banco comparece como um dos "ingredientes" invisíveis, isto é, incorpóreos, de que Yebá bëló, a avó do universo, constrói-se a si mesma. Diz o texto: "Aconteceram coisas misteriosas para que ela pudesse criar-se a si própria. Existiam seis coisas invisíveis: *sékali* (bancos), *salipu* (suportes de panela), *kuásulu pu* (cuias), *kuásulu verá* (cuias, ipadu), *dëhkë iukhu verá pogá kuá* (pés de maniva, ipadu, tapioca, cuia), *muhlun iuhku* (cigarros)" (Kumu & Kenhíri, 1980:51 e fig. 1).

O plural para bancos refere-se, nesse contexto, aos quatro tipos que os Desâna distinguem, a saber: os de duas pernas inteiriças que sustentam o assento, chamadas em sua língua *pingunsé seró*, que significa gavião de tesoura, banco; os de quatro pernas, que são os mais comuns, ou os de seis, mais longos, chamados *ñamá seró* (veado, banco). Esses três tipos estão ilustrados nas figuras 192 e 193 do livro de Koch-Grünberg (1910, I:308). Outros dois: um deles de assento mais arredondado é chamado *güi seró* (jabuti, banco) e o quarto tipo *wahasero kiri seró* (gancho, banco).

Além dos bancos tukâno, o trecho referido do mito cita alimentos rituais, ipadu e cigarro, e alimentos de consumo, e ainda plantas e objetos femininos: pés de maniva, tapioca, cuias e o suporte respectivo, este último, o único de lavra masculina. Note-se que a avó criadora não ingere caapi, bebida alucinógena de uso exclusivo dos homens. A presença do banco no mito de origem dos Desâna simboliza a importância da associação Tukâno-Desâna.

O banco tukâno é talhado num só bloco de madeira sorva (*ëtañimi* [t.]) e lixado com uma folha (*wihsom puni*, lixeira, folha, na mesma língua). Em seguida recebe uma demão de pigmento vermelho em pó, caraiuru (*ënoñá* [t.]), sendo laqueado com o verniz de uma árvore (*muhi pununi* [t.]) na parte do assento. O mesmo verniz é misturado com barro (tuiuca em língua geral, *má'ata* [d.], *di'i* [t.]) usado para a manufatura de cerâmica, adquirindo um colorido negro-azulado com que se pincelam os desenhos característicos do banco. Desse modo, o assento, anteriormente tingido de vermelho, enegrece.

De forma semelhante era feita antigamente a pintura do corpo: executada com tinta preta (*konlan* [d.], *we'e* [t.]), provavelmente *Rubiacea* sp., que a maioria dos autores confunde com jenipapo. Nesse pigmento era embebido um carimbo cilíndrico chamado *konlãn tunluãni dehká* [d.], *we'é tunlãni dehká* [t.], que significa nome de tinta, rolo, pedaço. Era feito de uma madeira leve, *oyó buli* [d.], *poogë* [t.], provavelmente molongó (*Ambelania grandiflora*), e entalhado com desenhos. O carimbo era imerso nessa tinta e passado na pele previamente tingida de vermelho de caraiuru. A pintura de corpo era executada também à mão livre com pincel de arumã (cf. Baldus, 1961-2). Alguns dos desenhos de trançado estavam gravados nesse carimbo. Koch-Grünberg

(1910, I:343) reproduz na figura 217 um índio tukâno com o padrão do desenho do banco no peito, ombros e mãos até acima do pulso.

Graciliano Soares, tukâno de Santa Luzia, rio Papuri, fez um discurso muito eloqüente sobre o banco (*kumonó*), propriedade dos Tukâno, que ninguém mais faz, nem mesmo "de imitação". Eis o que disse, conforme está registrado no meu diário de campo, de 1978:

> *Kumu* é o sacerdote. *Yái* é o pajé. *Siori'ningë* (ou *wiogë*) é o tuxaua. O banco de mulher era rezado pelo sacerdote como propriedade dela. O desenho do *kumonó* é igual para todos: *yái*, *kumu*, mulher. Mas *kumu* tinha um banco especial para ele, bem mais grande, mais do dobro do tamanho do *kumonó* comum.[8] *Bayá* é o outro importante: é o cantor e tocador das flautas *japurutu* (feita de paxiúba), *buá* (de paxiubinha), *miniá* (jurupari), feitas de paxiúba e casca de pau; dez a doze canos fazem um conjunto.
>
> *Bayá* é importante, mas *kumu* é superior, por isso o banco do *bayá* era menor. A forma do banco significa "alma durável dos Tukâno". As pernas representam a sua saída de Ipanoré, saiu com essas pernas do banco. A curvatura representa o orgulho do tukâno de ser tukâno. As pinturas representam o acangatar (diadema de penas em língua geral) que ele possuía. A parte externa da pintura representa o limite que separa o tukâno dos outros, ninguém pode ter igual: três riscos que limitam o banco. Os traços (retângulos com linhas paralelas dentro) representam nossa origem, que é usada na pintura de corpo. O risco central (duas linhas paralelas) representa o orgulho do tukâno que saiu com aquela valentia. Por isso esses dois traços são importantes.[9]

O depoimento de Graciliano não só enfatiza o simbolismo do banco tukâno como dos desenhos de que é adornado. Estes, segundo Luiz Lana, chamam-se em desâna *pahmelin gohori* (transformação, desenho). Existiam na casa de Yebá bëló (terra, tataravó), a ancestral dos Desâna que, como vimos, se constitui a si mesma de seis coisas "invisíveis", dentre as quais, o banco tukâno. *Pahmelin* (ou *pamãlin*, numa variante de pronúncia) é uma alegoria à metamorfose de objetos em seres humanos. Quanto aos desenhos do banco, aparecem nas visões dos homens quando tomam o alucinógeno caapi. A iconografia da monumental obra de Koch-Grünberg registra esse padrão, como vimos, na ornamentação dos aventais masculinos e na pintura corporal (cf. respectivamente op. cit., I:289, fig. 168, e p. 343, fig. 217). Reichel-Dolmatoff (1978, 1982) examina os desenhos em seu conteúdo.

Do simbolismo do banco tukâno também participa a forquilha de cigarro.[10] Trata-se de uma insígnia hierárquica, não tribal ou clânica, mas de outra natureza: só fumavam o cigarro os dirigentes de funções rituais. Era confeccionado, no entanto, por todas as tribos. Nos dois exemplares que obtive no rio Aiari estão esculpidos, lateralmente, réplicas do banco tukâno chamadas, a de um lado, *dzemapu iederena* (forquilha, banco) em baníwa, e *hemali iederena* a do lado oposto. O charuto era fumado nessa forquilha pelo *bayá* (*madzaru*), o *kumu* (*iñapakaitá*) e o pajé (*mariri* ou *imatxata káita*) (na mesma língua), todos eles sentados em bancos tukâno. Os dois últimos "sopravam e sentavam a criança nesse banco", quando da cerimônia da nominação (*karida main* em baníwa; *cariamã* em língua geral).[11]

Na mitologia desâna, divulgada por Firmiano e Luiz Lana, a forquilha porta-cigarro é o instrumento usado pelos homens para abrir a *mahsá polé nihi dihsi* (gente, fertilidade, parto, porta), ou seja, a vagina (Kumu & Kenhíri, 1980:116, fig. 31).

Os desenhos gravados nos porta-charutos referidos chamam-se em baníwa: *umaitieda* (peixe, piranha), em forma de losangos separados por *chevron*, e *txiipa* (peixe pacu), rombos encarreirados, cortados ao meio por um risco. O triângulo inferior é o que o caracteriza, representando o rabo desse peixe. Ambos comparecem nos trançados. A presença do motivo peixe nesse objeto cerimonial — também gravado nas pedras da cachoeira de Uapuí, rio Aiari — poderia simbolizar o caráter dos índios do rio que se autodefinem como *waí mahsá* (peixe, gente) em desâna, como repetidamente são mencionados na coletânea de mitos de Kumu & Kenhíri (1980).

O rito do fumo, *were këri* [d.], *weti tisé* [t.] (defender-se) — realizado sempre pelo *kumu* —, se fazia antigamente com o porta-cigarro. Preparado o charuto, era tragado pelo *kumu* com acompanhamento de rezas. Era imitado por cada circunstante, que soprava a fumaça sobre o próprio corpo. Dessa forma se defendiam de malefícios, tais como: cobras venenosas, acidentes durante as derrubadas de roças e investidas dos pajés invisíveis que deixavam a casa do paricá (*wihun wi* [d.]) em certa época do ano. O rito os exorcizava, induzindo-os a retornar à sua morada pelo mesmo caminho (cf. Kumu & Kenhíri, 1980:81-3).

Junto com o rito do fumo, o *kumu* realizava o rito do breu (*komépi* [d.], *ohpé* [t.]). Cortado em pedacinhos era colocado numa cuia e coberto com brasa. Por cima, espalhava-se uma erva chamada *mongá* [d.], *wamân tá* [t.]. Ao derreter, o breu exalava uma fumaça com cheiro forte. Tanto o *kumu* quanto as pessoas que participavam desses ritos eram obrigadas a jejuar, alimentando-se apenas de caxiri. Esses ritos aconteciam — somente para os moradores da maloca — por ocasião da nominação, sete dias após o primeiro banho dado no recém-nascido. Nessa oportunidade, o *kumu* recitava a narrativa da trajetória da *pahmëlin gahsilu* (transformação, canoa), lembrando as cerimônias que se realizavam em cada casa transformadora. O rito durava, por isso, um dia inteiro.

As máscaras de líber usadas nos ritos fúnebres que, como vimos, constituíam uma especialização kubéwa nos rios Uaupés, Papuri e Içana, não existiam no rio Tiquié. Aqui o enterramento era feito em canoa, sem cerimoniais fúnebres de mascarados. As informações disponíveis a respeito dessas máscaras e dos ritos em que compareciam, se devem a Goldman (1963) e a Koch-Grünberg (1910).

Um implemento para cheirar tabaco e cinza de tempero de ipadu (*ahpin moá* [d.]) pulverizados é ilustrado por Koch-Grünberg (1910, I:323-4, figs. 202, 203). Era feito de dois ossos de gavião, jacamim ou garça, ligados com breu a modo de forquilha. Um deles continha essa espécie de rapé que era soprada na narina, pelo próprio usuário, através do outro tubo ósseo. O rapé era guardado num caracol com um osso justaposto à maneira de funil. Chama-se *múnu wihi'lilu* [d.], *mënó wihinká* [t.], que pode ser traduzido por: tabaco, aparelho para cheirar. Era privativo dos Tuyúka, Bará, Yepá-mahsá e Kubéwa, sendo esse pó de ipadu cheirado em ocasiões rituais por todos os homens. Era oferecido, nessas oportunidades, aos visitantes desâna e tukâno.

Como vimos, os artefatos rituais eram feitos, com poucas exceções, por todas as tribos, havendo, no entanto, algumas mais aptas, cujos produtos eram por isso renomados e objeto de troca com as demais.

O mesmo ocorria na construção da antiga maloca, um dos mais altos expoentes da arquitetura indígena brasileira e principal criação do engenho artesanal dos índios do alto rio Negro. Irving Goldman, que assistiu a todas as fases da construção da maloca, entre os Bahúkiwa, *sib* Kubéwa, informa que os construtores começavam sua edificação fincando esteios temporários e amarrações, também provisórias, para fazer o arcabouço. Depois era chamado um especialista que escolhia os cipós especiais para as amarrações, também provisórias, para fazer o arcabouço. E, finalmente, o que selecionava os cipós especiais para as amarrações e colocava os esteios definitivos. Na antiga maloca, que tinha cerca de doze compartimentos familiares, gastavam-se cerca de 560 feixes entramados de folha flabeliforme da palmeira caraná para fazer a cobertura. Essa matéria-prima, bem como outras empregadas na sua construção, devia ser trazida, às vezes, de lugares afastados. Só para a cobertura, Goldman calcula ter sido necessário o transporte de cem canoas. Na coleta e entramação das folhas de caraná para a cobertura da maloca colaboravam também as mulheres. Tudo o mais era feito pelos homens (Goldman, 1963:66-7).

Cabe aqui uma observação: as malocas dos Tukâno, Tuyúka e Desâna do rio Tiquié não eram pintadas. Essa era uma prerrogativa dos Bará, nesse rio, dos Kubéwa e Yepá-mahsá da Colômbia, embora não significasse, no entender de Luiz Lana, uma posição mais elevada na escala hierárquica. Nenhuma das malocas fotografadas por Koch-Grünberg no rio Tiquié apresenta pinturas no frontispício (cf. Koch-Grünberg, 1910, I:pr. XL).

As descrições que acabei de fazer dos objetos rituais certamente não fazem justiça à beleza plástica e ao profundo simbolismo que com certeza eles têm entranhados. Essas informações foram obtidas à vista das ilustrações do livro de Koch-Grünberg

(1910:I) por parte de um desâna, Luiz Lana, que não chegou a participar de nenhum rito em que eles eram envergados. Seu avô, antes de morrer, destruiu o estojo de enfeites do *sib* Tolamãn Kenhíri de São João porque pressentiu que os tempos haviam mudado e, se fossem mal utilizados, seria uma profanação aos seus significados mágico-religiosos. Pela mesma razão, mandou destruir as plantações de caapi. Ainda assim, é admirável que a tradição oral conserve os nomes desses objetos e os materiais de que são feitos, e por essa razão foram aqui registrados. É um tributo à memória tribal desâna que, dessa forma, talvez possa ser conservada por mais tempo, transmitida, de forma escrita, às gerações já alfabetizadas de agora. E também reproduzida no Museu-Maloca que foi erguido em São João por um pajé desâna da Colômbia por iniciativa de Luiz Lana, contendo todos os objetos que antigamente a guarneciam. E, ainda, para que os caboclos tomem conhecimento do seu passado, reproduzida no Museu-Maloca que está sendo construído em São Gabriel da Cachoeira.

OS DESENHOS DO TRANÇADO

A expressão artística da cestaria indígena do alto rio Negro é dada pela padronagem de motivos ornamentais esboçada nos trançados, bem como pelo virtuosismo da execução como técnica, forma e acabamento. O requinte dos artífices, no seu empenho em dotar a produção cesteira de beleza plástica, cromática e ornamental se revela tanto nos utensílios de uso doméstico como nas obras destinadas ao comércio e com fins cerimoniais.

Por outro lado, ao contrário de certos artefatos descartáveis — como os paneiros para acondicionamento de farinha, os cestos improvisados para o transporte de caça ou produtos de coleta —, os chapéus de abas largas para proteção contra a chuva, os utensílios cesteiros para o processamento da mandioca, as armadilhas de pesca, os aros trançados para suporte de adornos plumários, os cestos estojiformes para a sua guarda e os escudos trançados são, todos eles, feitos com esmero para durar muito tempo.

Na cestaria dessa área cultural utiliza-se, como matéria-prima básica, o arumã (*Ischnosiphon* spp),[12] que se presta com perfeição a esse tipo de manufatura, já que, sendo uma espécie de cana de colmo liso e reto, oferece superfícies planas, reduzidas às vezes a um milímetro de espessura, que, pintadas previamente à sua entramação, conferem maior realce aos desenhos, produzindo obras da finura das rendas ou filigranas.

Nos trançados dessa região, comparecem as cores preta, vermelho-vivo, vermelho-ocre,[13] cor de caramelo e marrom-claro. O negro é obtido pela fixação da fuligem. O vermelho-vivo provém das sementes de urucu e a tonalidade vermelho-ocre do caraiuru, considerada uma tinta mais nobre.

Uma outra tonalidade é obtida pela secagem das talas de arumã sem descascar que passam a ter uma cor acaramelada brilhante como laca. O mesmo tom, caramelo ou marrom-claro, advém usando-se uma diluição de pequena quantidade de fuligem com o solvente ou fixador. A pintura é duradoura, exceto quando o cesto é lavado, então se esvai ligeiramente.

Como tive oportunidade de mencionar antes, os desenhos do trançado, da mesma forma que alguns cestos, eram privativos de determinadas tribos. Atualmente deixaram de sê-lo devido, entre outros motivos, à valorização comercial dos cestos mais desenhados.[14] Em função disso, além de todas as tribos da área passarem a fazer os cestos para a venda, sobretudo urutus e balaios, uns copiam desenhos dos outros, sendo difícil para os próprios índios distinguir a proveniência original de cada um. Todos são, contudo, unânimes em afirmar que os Baníwa e os Desâna são os que sabem maior elenco de desenhos. Isso pude verificar no trabalho de campo. Constatei, também, que não existe unanimidade sobre o significado e a nomenclatura dos desenhos de trançado, tanto entre membros de uma mesma tribo, como de uma a outra que executam os mesmos padrões.

Por influência dos compradores e seus intermediários, os padres principalmente, introduziu-se o desenho nas duas faces das apás.[15] Antigamente o desenho comparecia apenas na face interna, realçado pela alternância claro/escuro das talas. Hoje em dia, pintado o colmo antes de fasquiado, passa-se uma demão de tinta no lado interno das talas, que, desse modo, apresentam o desenho em negativo/positivo no lado de dentro e no de fora da apá (balaio na linguagem regional).

Apesar de sua beleza plástica, e sua função identificatória da singularidade tribal, os desenhos de trançado dos índios da região não têm entranhado um simbolismo semelhante ao que se vislumbra no caso dos Kayabí (B. Ribeiro, 1986) ou dos Wayâna-Aparai (Velthem, 1984). Os Desâna associam-nos, no tocante à forma, às visões do caapi. Quanto ao significado não existe paralelo entre os conceitos dos desenhos barasâna, recolhidos por Reichel-Dolmatoff, por efeito da ingestão da referida bebida alucinógena, e os do trançado. Esse autor confirma que, ao tomar ele próprio o caapi, entre as visões apareceram motivos geométricos semelhantes aos esboçados na cestaria (Reichel-Dolmatoff, 1976:94 ss.). Os desenhos feitos à mão livre, presentes na pintura da maloca barasâna e em inúmeros artefatos rituais tais como o bastão de ritmo, o avental, a máscara, o maracá, puderam ser decodificados por Reichel-Dolmatoff pela análise dos mitos, dos ritos, das crenças religiosas e da hierarquização social das tribos do Noroeste amazônico. No dizer do referido autor: "Estes desenhos têm uma marcada qualidade narrativa e são, em essência, ilustrações de temas mitológicos, principalmente: a criação da humanidade, a origem de rituais específicos, cenas alegóricas mostrando como operam as forças cósmicas, a exemplo do crescimento vegetal, da vida animal, bem como os signos e símbolos da fisiologia sexual" (Reichel-Dolmatoff, 1978:147).

Alguns desses desenhos — tal como os do trançado — revelam uma certa iconicidade, isto é, remetem a seu referente. É o caso, sobretudo, do padrão interpretado como banco, estojo de enfeites, forquilha de cigarro ou crescimento vegetal. O mesmo pode-se dizer com relação a alguns padrões de trançado, mormente o que representa o peixe pacu. A homogeneidade na interpretação de uns e outros se explica pela uniformidade dos sistemas de representação indígenas. Habituados desde a infância a um determinado modelo visual, repetido em inúmeros suportes, ele se torna familiar e é explicado basicamente de forma idêntica.

Um dos mitos da cosmogonia desâna escrita por Firmiano e Luiz Lana trata do nascimento de Gahpi mahsãn (caapi, pessoa). Trata-se de uma alusão ao cipó da família Banisteriopsis (*Banisteriopsis caapi*) que produz alucinações. Essa bebida só era consumida pelos homens maduros em determinadas cerimônias e provocava visões configuradas, segundo Luiz Lana, em motivos geométricos esboçados no trançado, em desenhos aplicados nos bastões de ritmo, no avental de entrecasca que faz parte da paramentália cerimonial masculina, no entrançamento dos dentes dos pentes, na pintura dos bancos tukâno, do porta-charuto e do maracá.

Vejamos um trecho do mito mencionado na parte referente aos trançados e seus desenhos:

> A primeira mulher, a que fumou o cigarro, teve o filho no dia em que Ëmëkho sulan Panlãmin (universo, palavra cerimonial, bisneto)[16] distribuiu línguas às várias tribos [...] Colocou no chão, onde ia receber a criança, trançados de arumã de diversas cores. Tais foram: *bow uhë kolegahsiró* (arumã de uma certa espécie, esteira); *móveru uhë kolegahsiró* (sapinho do mato, arumã, esteira); *ausun uhë kolegahsiró* (massa como de mandioca, arumã, esteira); *dehkó uhë kolegahsiró* (água ou chuva, arumã, esteira) e *pinlum uhë kolesgahsiró* (cobra, arumã, esteira). A visão da multiplicidade de cores desses trançados penetrou nos olhos da humanidade que estava na *diá bayá bë wi* (rio, mestre do canto e do cerimonial, casa). Enquanto tomavam o *gahpi*, o *bayá*, o *kumu* e os dançarinos viam os desenhos dos trançados das esteiras que apareceram quando nasceu Gahpi mahsãn. O *kumu* recitava um por um os nomes dos desenhos para que fossem lembrados. Tais eram: os quartos do beiju *alun gohsoli* (beiju, quartos), *wahtin ñaduhkupu* (fantasma, joelho), *biá ñahkoni* (pimenta, cabinho), *biá nëhtëni* (pimenta, semente), *pika* (losango, sem tradução), *wahsun* (galhos de uma seringueira, cujo desenho chama-se *wahsun dëhpëri*). [Kumu & Kenhíri, 1980:65-6]

Como se vê, além das diferentes espécies de arumã são citados nesse texto os nomes dos principais padrões de trançado dos Desâna (cf. ilustrações de Luiz Lana, 1980:fig. 16). Esses seriam os *pahmelin gohori* [d.], transformação, desenhos, ou seja, os desenhos míticos dos Desâna. Equivaleriam, metaforicamente, às manivas prístinas, de que derivaram todas as outras (ver "Horticultura desâna"). Cabe assinalar que, com significado idêntico, somente o primeiro desses desenhos comparece na cestaria baníwa.

Outro fragmento de mito da coletânea de Firmiano e Luiz Lana fala de um personagem chamado Sirúli yé [d.], Thompa yái [t.] (cumatá, pajé), cujos netos, que se tornariam pajés mais poderosos do que ele, o ensinaram a trançar balaios com desenhos. Eis o trecho: "Tempos depois, o avô deles, Sirúli yé, também chamado Komé katomé bëngë (caba, que pica, velho), estava tecendo uns balaios de arumã para a velha dele. Teceu um *uhë kuli** para botar massa de mandioca, um *sirulí*** e um *alun sali kuli**** para colocar beiju. Os moleques brincavam por perto e atrapalhavam o serviço do velho. Irritado, lhes disse: 'Vão brincar lá fora e me deixem trabalhar sossegado. Se não contar direito, erro tudo'".

Depois de uma série de peripécias em que o velho Sirúli yé é morto e ressuscitado pelos netos, os Diloá (plural de Deloë) são convidados pelo avô a ajudá-lo no trançado:

> "Venham ajudar-me a tecer os balaios; estou trabalhando sozinho como se não tivesse netos." Os Diloá decidiram ajudar. O velho só sabia fazer balaios simples, sem desenhos. Foram os Diloá que inventaram os desenhos dos balaios. Por isso, os *ëmëkho mahsá* (universo, gente) foram os primeiros a fazê-los. Os outros índios aprenderam isso com os Desâna.[17] Num instante os Diloá teceram uma porção de balaios. Passaram de longe a quantidade estipulada por ele. É que Sirúli yé estava aprontando esses balaios para oferecê-los aos Koá yeá (cuias, pajés). Tinha prometido fazer um dabucuri de balaios (*uhë kuli pooli*)**** (balaios para colocar massa de mandioca, dabucuri) na maloca deles. [Kumu & Kenhíri, 1980:179-80]

(*) *Wehê bahtí* em tukâno. Apá grande, de malhas fechadas, com terminação de aros múltiplos de cipó. Balaio na terminologia local.

(**) Cumatá, em língua geral: apá de malhas fechadas usada para coar a manicuera da mandioca e para outros fins.

(***) *Ahúwa sali bahti* (beiju, colocar, balaio) em tukâno.

(****) *Wëhë bahtiri poosé* (arumã, balaio, dabucuri) em tukâno.

Esse fragmento de mito nos ensina várias coisas. Em primeiro lugar, que os Desâna reivindicam para si — ao menos nessa sua versão mítica — a prioridade na arte de fazer balaios. Que estes eram, a princípio, monocromos, passando a ter desenhos depois do referido episódio. Que nessa era mítica foram realizados dabucuris — festa profana para o intercâmbio de bens — em que as oferendas dos grupos convidados eram constituídas de cestos. Além dos dabucuris de balaios chamados *napudaretaka waraia* (dabucuri, balaio) em baníwa, na povoação de Uapuí, rio Aiari, onde vivem os Hohódene-Baníwa, anotei os nomes de dabucuris costumeiros de pupunha e bacaba realizados quando da maturação dessas frutas, e os de peixes e raladores. Assim, havia dabucuris de urupemas (*napudare taka dupíti* [b.]*) e cumatás (*tiruli* [b.]) em que esses objetos eram ofertados aos membros da maloca hospedeira.

Não só na mitologia, mas também nos petróglifos das cachoeiras de toda a área estão presentes, como legado recordatório, os desenhos de trançados. Nas pedras da cachoeira de Ipanoré — sinônimo de cumatá em língua geral — que traduz a expressão *thompa duri* (cumatá, pedras) em tukâno e *siruli duri* (mesma significação em desâna), de onde foram tiradas as antigas gerações de todas as tribos uaupesinas, há um desenho de trançado em forma de grega, chamado *wahtin ësekepuri* (diabo, fantasma ou jurupari, joelho) em tukâno, *wahtin ñaduhkupë* em desâna. Na referida coletânea de mitos desâna, reunida por Firmiano e Luiz Lana, *wahtín* é o último personagem que Ëmëkho sulan Panlâmin, o herói civilizador dos Tukâno, faz surgir quando a humanidade, depois de uma longa viagem subfluvial, emerge à superfície. Eis o trecho: "Os primeiros a sair ficaram em fila, conversando uns com os outros, contentes. Nisso, ouviram um barulho atrás. Era outro ser invisível que estava surgindo. Ouvindo o barulho perguntaram: Quem é aquele ali? Alguns disseram que não sabiam. A maior parte disse: É *wahtin* (fantasma ou demônio). Por isso recebeu o nome de *Wahtin*. Ele existe na mata. Parece gente mas não

(*) Abreviação de *baníwa*.

é como as outras pessoas. Se tivessem dito 'gente', seria como qualquer um de nós" (Kumu & Kenhíri, 1980:74 e fig. 20).

Segundo Luiz Lana, *wahtin* é um demônio da floresta, atrabiliário e barulhento. A associação desse vocábulo com a flauta sagrada, proibida de ser vista pelas mulheres, designada jurupari em nheengatu, se deve à conceituação demoníaca que lhe foi atribuída por influência dos missionários. *Wahtá* é o termo para paxiúba, em tukâno, de que é feita a referida flauta que, como todos os instrumentos desse tipo, tem forma fálica.

O radical *wahtin* comparece também em outros vocábulos. Por exemplo, *wahtin keo* (tipiti em tukâno) (*wahtin kelun* em desâna), como a simbolizar o extraordinário poder desse tubo trançado de extrair o veneno da mandioca-brava. A terminologia se justificaria pela analogia entre o poder do sobrenatural e os atributos "diabólicos" do tipiti.[18]

Em Aracapá, baixo Papuri, junto à cachoeira do mesmo nome, existe um petróglifo com desenho de balaio que não pude ver quando visitei essa povoação porque estava submerso. Um informante tariâna me disse que os cesteiros costumam passar a mão nessa inscrição rupestre para aperfeiçoarem-se no seu ofício. Outra pedra com desenho de trançado — losangos com diamante (*nehká goholi* [d.], *ñokhua hori* [t.], estrela, desenho) — se encontra no povoado Melo Franco, alto Papuri. A respectiva queda-d'água tomou o nome de cachoeira da Estrela em alusão àquele padrão de trançado, privativo dos Tukâno, segundo meus informantes do rio Uaupés. Também esse petróglifo só fica visível na época da descida das águas, em dezembro-janeiro.

Em Uapuí, rio Aiari, pude fotografar vários petróglifos com motivos de trançado. O maior deles é uma urupema gravada na pedra, um desenho de gregas embutidas (*diaké*, sem significado, em baníwa); um terceiro de quatro gregas volteadas, contrapostas duas a duas — *dawake wida* [b.], que quer dizer mandi, cabeça e/ou jaú, desenho —, um padrão em ziguezague, chamado *axaipa* (pé de tracajá), que meus informantes identificaram no trançado de um cesto reproduzido por Koch-Grünberg (1910, II:220, fig. 141), e, finalmente, a gravura de uma esteira (*tupema* [b.]). Os padrões referidos aparecem na cestaria e no risco dos desenhos dos ralos, além de antigamente também na cerâmica baníwa (cf. Koch-Grünberg, 1910, II:227, fig. 151). O capitão de Uapuí, Manuel da Silva, me disse que seus antepassados deixaram esses desenhos gravados nas pedras para que seus descendentes não os esquecessem, honrando as antigas tradições: *Iñapelikuli*, o criador dos Baníwa, deixara seu desenho (*ikuarun*) ali para servir de "amostra" (cf. caderno de fotos entre as pp. 96 e 97, figs. 3, 4, 5).

Nas rochas de Uapuí estão inscritos outros desenhos, alguns figurativos de sobrenaturais humanos e de bichos. Apenas quatro deles foram identificados pelos meus informantes: o do macaco da noite (*Aotus trivir gatus*) com cauda longa, o do sapo (*paitxi* [b.]), "pintas da onça", representadas por uma série de pontos protuberantes ou escavados, ritmicamente dispostos, e o peixe pacu (*kátama* [b.]). As "pintas da onça" foram interpretadas pelo informante de Reichel-Dolmatoff como "gotas de sêmen", pintadas também nas paredes da maloca, segundo esse autor (1968:190)[19] (cf. figs. 6 a 23).

Nos petróglifos de Iauareté existentes junto à cachoeira do mesmo nome, na povoação Dom Bosco, e na de Domingos Sávio, que documentei em desenho e fotografia, só existem os acima mencionados. Nos de Pari-Cachoeira estão gravados uma espiral e círculos concêntricos que comparecem também nos petróglifos de Iauareté e Uapuí. Feliciano Lana, desâna de São João, interpretou essa espiral como "as moças que fugiram depois de terem se apossado da flauta jurupari". Referia-se a um mito dessa tribo que trata do rapto das flautas sagradas pelas mulheres (cf. Kumu & Kenhíri, op. cit.:121-5).

Petróglifos semelhantes foram registrados por G. Reichel-Dolmatoff na cachoeira de Wainabi, no rio Macu-paraná, afluente da margem esquerda do rio Papuri, Colômbia, onde vive um grupo desâna (cf. 1968, foto p. 239 e desenho p. 46). Antonio Guzmán, índio desâna daquela localidade, informante de Dolmatoff, assim os interpretou: "O signo bifurcado representa *bári bëgë*, o 'ruegadios';[20] um dos signos em forma de grega representa uma folha de *waxsú* e o outro o carcais. O próximo signo representa o coito e os círculos de baixo são a impressão do bocal da sarabatana. Os dois círculos concêntricos seguintes são as impressões das nádegas. O último círculo marca o lugar onde a Filha do Sol urinou" (Reichel-Dolmatoff, 1968:249).

Nas pranchas XI e XII (1968:243-4), o mesmo autor reproduz, em vez de gravuras, pinturas rupestres do baixo rio Gayabero, Colômbia, em que se vêem padrões de desenhos de trançado — losangos encarreirados, ziguezague, *chevron* e gregas — aos quais não faz referência no texto. Losangos e riscos são traçados também no pote de cerâmica em que se coloca o caapi, a bebida alucinógena tomada pelos pajés, *kumus* e homens maduros nos grandes cerimoniais. Esses desenhos representam *pamurí gaxsíru*, a cobra-canoa que trouxe a humanidade (Reichel-Dolmatoff, 1968:131). Na opinião de Dolmatoff "também nos motivos entretecidos dos balaios e canastras, encontramos representada a cobra mítica que deu origem à humanidade. O tema da criação está pois abundantemente representado na arte" (1968:191).

Na cerâmica que obtive em Uapuí comparece no bordo o desenho de ampulheta chamado *makáru* (mariposa em baníwa), que também está presente nos raladores, nos trançados, nos porta-charutos e nas máscaras de líber trazidas para o acervo do Museu Nacional.[21]

Nos desenhos dos ralos baníwa comparecem — com os mesmos nomes e significados — motivos constantes nos trançados. Tais são: linhas paralelas na vertical alternadas por linhas paralelas na horizontal chamadas, num e noutro caso, *itxidafi* em baníwa (casco de jabuti); gregas embutidas designadas *diáke* [b.] (sem tradução); xadrezes ortogonais com linhas paralelas dentro denominados *kufiapo* [b.] (formiga saúva, caminho).

Num maracá usado nas danças que adquiri, em 1978, no rio Uaupés, para a coleção do Museu Nacional, está gravado à faca e avivado com tabatinga branca um desenho de galhos de uma seringueira chamada *wahsun* [d.], *wahsó* [t.]. O mesmo desenho — *wahsun dëhpëri* [d.] e [t.] (fruta *wahsun*, galho) — comparece num urutu que adquiri no rio Tiquié. Cabe ressaltar que, quando do amadurecimento desse fruto, de uma espécie de goma elástica, em julho, realizavam-se as cerimônias de iniciação masculina. Como vimos, o maracá com desenhos era usado para acompanhar o ritmo da dança pelo *baiá* (chefe da maloca) e a fila de dançari-

1. *Sirúli yé* (cumatá, pajé) e seus dois netos, trançando apás. O de *Sirúli yé* (primeiro à esquerda) não tem desenhos; os dos seus netos são muito desenhados. Desenho de Luiz Lana.

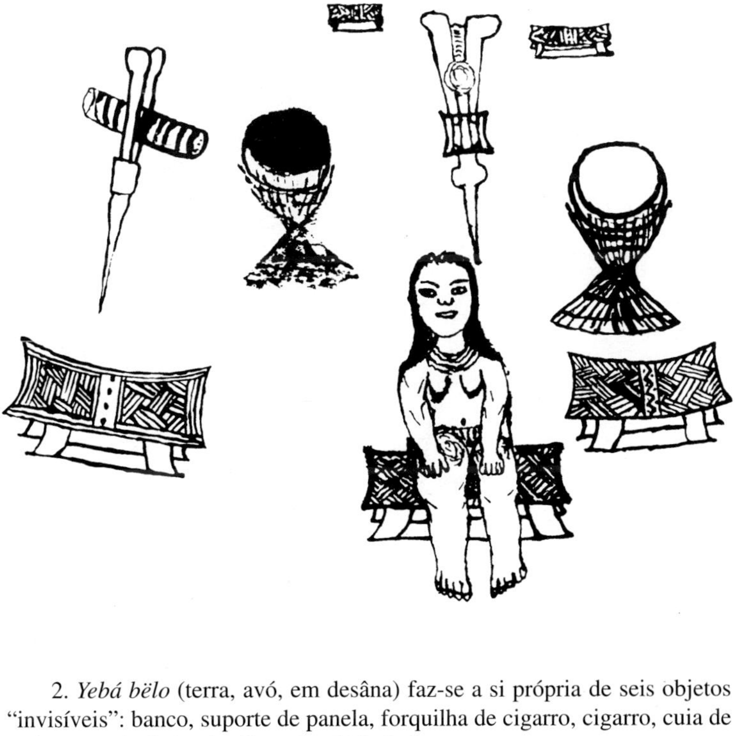

2. *Yebá bëlo* (terra, avó, em desâna) faz-se a si própria de seis objetos "invisíveis": banco, suporte de panela, forquilha de cigarro, cigarro, cuia de tapioca e cuia de ipadu. Desenho de Luiz Lana.

3. Pedra de Uapuí: gravura de peneira e mais abaixo o padrão *diake*. Desenho feito sobre o original, de Eugênio de Lima, Siusi-tapuia, 16 anos, de Uapuí-Cachoeira, rio Aiari.

4. Petróglifo de Uapuí com motivo trançado.

5. Petróglifo de Uapuí-Cachoeira. Padrão de trançado *dawake wida* (mandi, cabeça, em baníwa).

6. Desenho de banco tukâno, de Lázaro Vieira, tukâno de Juquira, do baixo Uaupés, 17 anos.

7. *Buhpió* (aracu pequeno, dente dele, em tukâno do Uaupés).

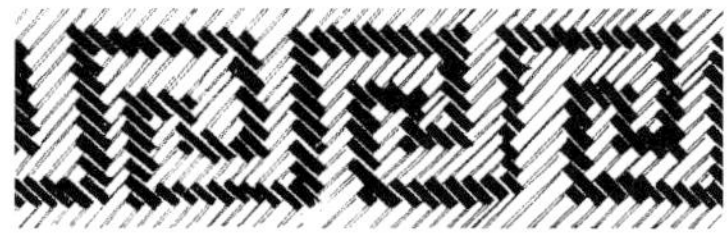

8. *Wahtin ësëpekuri* (diabo, joelho, em tukâno do Uaupés).

9. *Semen gohori* (paca, desenho, em desâna).

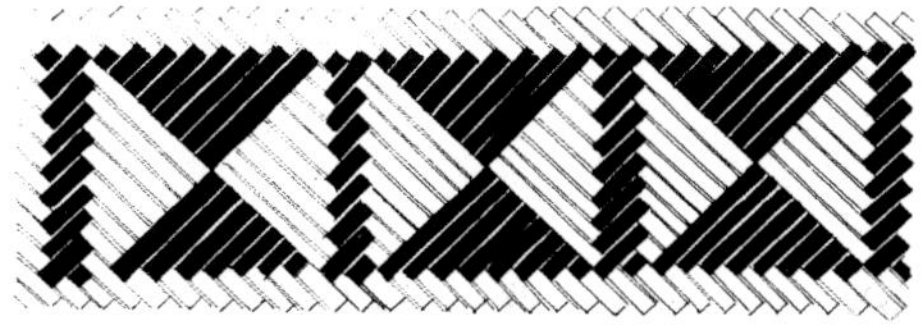

18. *Makáru* (borboleta, em baníwa).

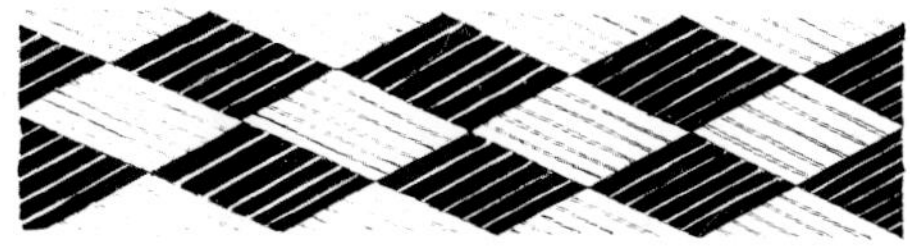

19. *Mawíro dana* (abacaxi, desenho, em baníwa).

20. *Alun gohsoli* (beiju, quartos de, em baníwa).

21. *Mihin ké* (açaí, pecíolo, em tukâno do Uaupés).

22. *Butaruma* (inseto, desenho dele, em baníwa).

23. *Biá nehjon* (pimenta, cabinho, em língua desâna).

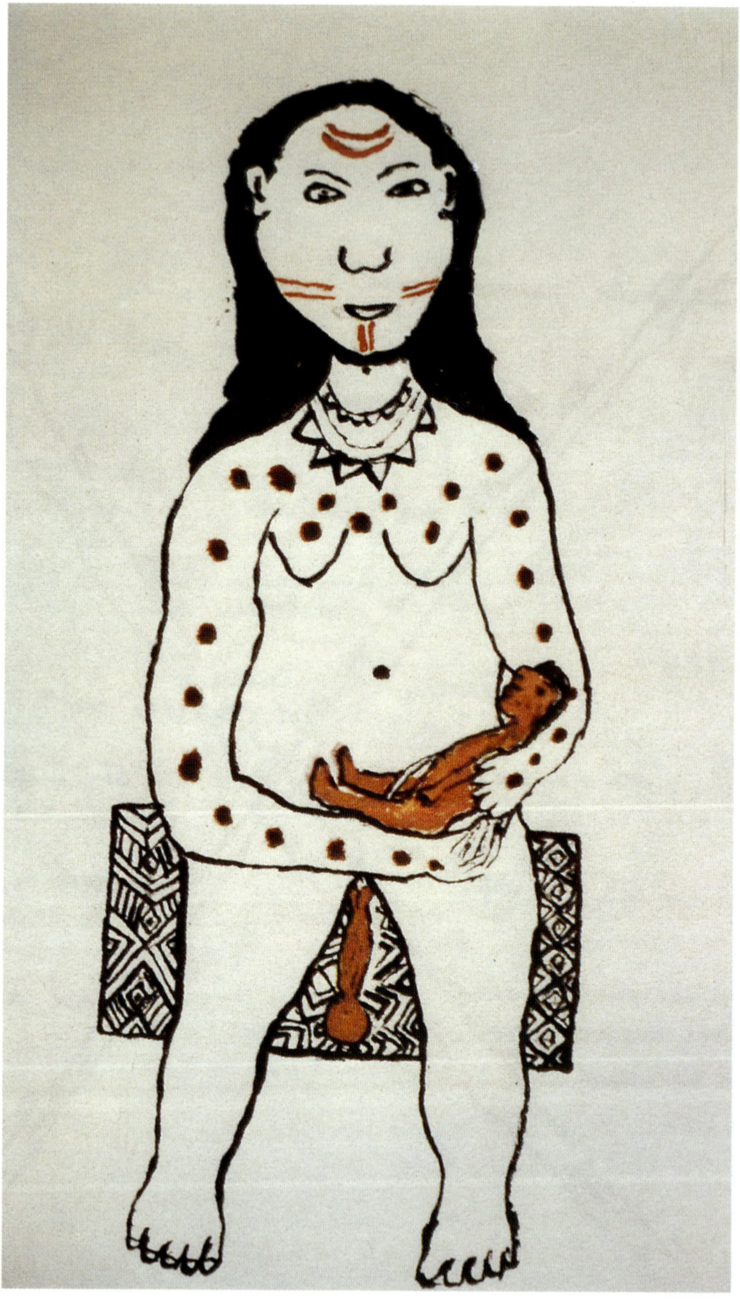

24. Nascimento de *Gahpi mahsãn* (caapi, pessoa) sobre uma esteira de arumã.

25. A saída da humanidade pelos buracos das pedras da cachoeira de Ipanoré, médio Uaupés.

26. A *pahmelin gahsilu* (transformação, canoa), navegando no *ahpikun maãn* (leite, rio), levando no seu bojo a futura humanidade.

Os três desenhos são do desâna Luiz Lana.

27. (*ao lado, em cima*) Espremendo o sumo venenoso da massa de mandioca na cumatá (cesto tigeliforme em língua geral).
28. (*ao lado, embaixo*) Torrando o beiju em tacho de barro.
29. (*em cima*) Secando a polpa da mandioca no tipiti.

Os três desenhos são de Feliciano Pimentel Lana, índio Desâna do rio Tiquié, aldeia de São João.

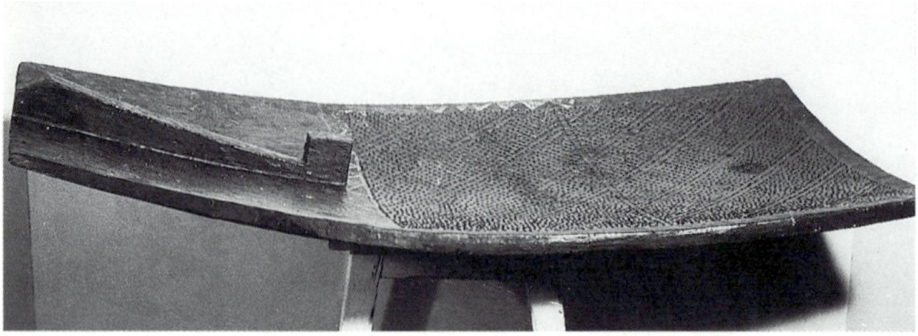

30. Ralador dos índios Baníwa (*ada* [b.]), rio Aiari, col. Berta Ribeiro. Padrão do desenho: saúva, caminho. Museu Nacional.

31. Agenor Ferreira, tukâno de São Miguel, rio Uaupés, partindo o colmo de arumã para tirar fasquias.

32. *Ñamá* [t.]: armação trípode com cesto cumatá (*thọmpa* [t.]).

33. Margarida Ferreira, tariâna de São Miguel, rio Uaupés, tirando massa do tipiti em cima da cumatá.

nos, quando os cantos exigiam a participação desse instrumento (cf. Koch-Grünberg, 1910, I:91, fig. 47).

Examinando a iconografia reunida por Koch-Grünberg — que em si constitui uma excelente documentação da vida e da cultura pregressa dos índios das águas pretas —, os Desâna reconheceram padrões de trançados aplicados a objetos rituais, além do acima citado, presente nos maracás. No avental de uso masculino, comparece o padrão "fragmento de morcego" (*oyó tëleára* [d.], *ohsó tëriake* [t.]), também presente no bastão de ritmo, na buzina de cerâmica e na pintura facial, sobre cujo significado tratei no subcapítulo referente aos objetos-insígnia. Na tessitura dos pentes foram reconhecidos os padrões *biáponlã mani* [d.] e [t.] (saúva, caminho) e *sungün goholi* [d.], *sokó holi* [t.] (ralo, desenho), presentes, ambos, também no ralo baníwa.

O maior número de motivos de trançado foi encontrado na coleção de tangas de miçangas estampada por Koch-Grünberg (1910, I:291), a saber: *biá ñahkoni* [d.] e [t.] (pimenta, cabinho); *wahsun dëhpëri* [d.], *wahsó dëhpëri* [t.] (árvore *wahsun*, galho); *wahtin ñadihkupu* [d.], *wahtin sepekuri* [t.] (o sobrenatural *wahtin*, joelho); *mihin ké* [d.], *mihpin ké* [t.] (açaí, pecíolo); e finalmente o já citado desenho do ralo. A profusão maior de desenhos nos pentes se deve, certamente, a motivos técnicos que aproximam os modos de fazer trançados àqueles dos pentes. As tangas de miçangas confeccionadas em tear especial — tear em arco — também propiciavam o desenvolvimento de desenhos geométricos inspirados nos motivos cesteiros.

No caderno iconográfico, ofereço alguns exemplos selecionados, sobretudo os *pamãni gohori* [d.] (transformação, desenhos), do elenco constante dos cestos — e também desenhos — coletados em Iauareté, sede da Missão Salesiana no rio Uaupés, e em São João, no rio Tiquié, correspondente a grupos Tukâno e aos Desâna. E, ainda, a nomenclatura em baníwa de trançados coletados em Uapuí Cachoeira, rio Aiari. Como disse, não há unanimidade na atribuição de nomes e significados a esses desenhos, verificando-se variações individuais e tribais, não só devido à diversidade lingüística imperante nessa área entre membros de diferentes *sibs*, de uma mesma tribo, mas também por se tratar de tribos distintas que vivem muito apartadas umas das outras.

Procurei tomar os nomes de cada unidade de desenho, do ponto de vista geométrico, mas nem sempre obtive respostas para todas elas. Por outro lado, embora os índios conhecessem e soubessem trançar os desenhos, ignoravam às vezes seus nomes e significados. Em alguns casos, me foi dito que determinado desenho pertencia a uma dada tribo, fato que assinalo. É de salientar que o desenho "sapo", presente em um urutu colhido em São João e dois outros em Iauareté, e que os respectivos artesãos disseram pertencer aos Baníwa, é desconhecido dos Hohódene de Uapuí, a quem consultei a respeito. Incluo na relação os nomes e significados dos desenhos de cestos reproduzidos por Koch-Grünberg (1910:II) e Alcionílio Bruzzi (1962), cujos livros levei ao campo. E também padrões ornamentais "sem nome", porque inventados por seus artesãos para atender à crescente procura de cestos "desenhados" pelo mercado comprador. Isto, em 1978, durante a primeira fase de trabalho de campo.

O elenco não representa a totalidade da padronagem ornamental da cestaria tukâno e baníwa, e sim uma exemplificação da que pude coletar e identificar. O pe. Alcionílio Bruzzi (1962:293-8) relaciona e ilustra — de forma não muito clara — 25 motivos ornamentais geométricos dos índios do Uaupés, sem esclarecer se se referem a trançados e tecidos somente, ou também à pintura do corpo.[22]

Os Desâna calculam existirem quarenta padrões distintos na cestaria dessa tribo. Irmã Tereza, que conviveu com os Baníwa durante vinte anos, contou 68 desenhos diferentes em seus artefatos trançados. Entretanto, a dinâmica da mudança aculturativa fez com que muitos se perdessem, assim como outros fossem sendo introduzidos, a exemplo das palavras e nomes elaborados nos cestos pelos artesãos mais destros, a pedido dos compradores.

O MITO DESENHADO

Deve-se a dois índios Desâna, Luiz Lana e Feliciano Lana, da aldeia São João do rio Tiquié, um esforço artístico e científico que permitiu representar graficamente a imaginária mítica e a realidade atual vivida por seu grupo. Luiz Lana ilustrou o livro de sua autoria e do seu pai, *Antes o mundo não existia*, com cinqüenta desenhos que, na sua concepção, revelam o lago do Leite, o rio do Leite, a Cobra-Canoa dentro da qual foi gestado um casal de cada tribo da área, e também o branco e o negro.

A história verdadeira, ou a realidade atual, é descrita por meio de relatos gráficos que mostram os conflitos ocorridos na garimpagem de ouro em território tribal na serra da Traíra. No primeiro episódio, de 1985, os índios entram em luta com garimpeiros-peões — como são chamados os faiscadores avulsos não ligados às grandes empresas de mineração —, resultando na morte de três deles. No segundo episódio, de 1990, relata-se a expulsão pelo exército de 120 índios de um acampamento de garimpeiros construído em seu território.

Um dos mitos, intitulado "A história de Gaín Pañan e a origem da pupunheira", conta a origem dessa palmeira, comum na Amazônia, cujos frutos carnudos, com polpa ligeiramente gordurosa, têm gosto agradável e são muito nutritivos. Gaín Pañan, o ancestral antropomorfizado dos periquitos (*Brotogeris tirica*), casa-se com uma mulher-peixe, filha da grande cobra do rio, a sucuri (*Eunectes murinus*) e antes casada com o peixe piranha (*Serrassalmus* sp.). Esse mito, como vários outros, remete a um tempo prístino, em que o humano, o sobrenatural e o animal estavam indiferenciados.

A dificuldade de Gaín Pañan em conseguir uma companheira, tendo de conformar-se com uma mulher-peixe prenhada, se explicaria pelo fato de viver só, não podendo oferecer em troca uma mulher do seu grupo, segundo as regras de reciprocidade dos *sibs*. As artimanhas empregadas por Gaín Pañan para apresar a mulher-peixe e obter o timbó (*Lonchocarpus* sp.), veneno abortivo que usa para matar os filhotes de piranha que estavam no ventre da mulher-peixe, para poder casar-se com ela, lembram metaforicamente as técnicas de pesca, o tema de origem dos Desâna (também designados *waí mahsá* = peixe, gente) e o mito universal da castração: a vulva dentada, como observa Ernesta Cerulli

(1986:240) no estudo que apresentou a edição italiana do livro de Luiz Lana e seu pai.

É assinalável nesse mito a identificação humana ou animal dos personagens segundo seus hábitos alimentares. Ao lhe perguntarem o que comia, a mulher-peixe responde: "Vermes, gafanhotos, minhocas, cupins e outros insetos", isto é, comida de certas espécies de peixes do alto rio Negro.

Essa caracterização da dieta também se manifesta quando a filha informa ao pai, a cobra-grande do rio, por inquirição dele, que seu novo marido comia: "os peixes", diz ela, circunstância que não impediu a relação matrimonial. Cerulli (ibidem) vê nisso uma alegoria ao casamento exogâmico vigente na região, tanto assim que os parentes da mulher-peixe viviam em malocas, como os humanos, plantavam mandioca e ipadu (*Erythroxylum coca*) em suas roças, usavam enfeites corporais e estabeleciam laços de colaboração e solidariedade entre os esposos.

Mais ainda, do lugar chamado *waitu dihtálu* (tornozeleira, lago), onde vivia a maior cobra do rio, a sucuri, Gaín Pañan trouxe a semente da pupunheira. Assim apareceram as primeiras pupunheiras no mundo, segundo os Desâna.

A temática relacionada à garimpagem de ouro, também expressa numa narrativa gráfica, pode ser assim resumida. Em 1985, os índios que falam a língua tukâno no rio Tiquié, aprenderam a garimpar, a princípio no igarapé Ira. Aí encontraram quatro peões-garimpeiros, profissionalmente capacitados mas que não entendiam os mapas. Pesquisavam "cuiando" no leito dos igarapés. Isto é, usavam a cuia — uma bateia em menor tamanho — para buscar no cascalho e na areia pó de ouro. Nessa época, a Mineradora Paranapanema já trabalhava na área, explorando com maquinário pesado as grotas do igarapé Abiu, afluente do Castanho, tributário do rio Traíra, que estabelece o limite entre o Brasil e a Colômbia e deságua no rio Japurá.

Outra turma de garimpeiros seguiu-se a essa. Dela fazia parte Dario, que quase se formara padre. Dario entendia os códigos indicados nos mapas. Com ele aprendeu garimpagem e a leitura de mapas o tukâno Cláudio Barreto, da aldeia São Domingos. Em 1987, usando mapa do projeto Radam, Barreto descobre outra grota no rio Castanho: o "garimpo tukâno". Em 1988, o desâna Antônio Lana, da aldeia de São João, encontra uma terceira grota a 45 minutos de distância da primeira, conhecida como "garimpo desâna".

Entre os garimpeiros profissionais infiltraram-se maus elementos. Vinham armados, embriagados, brigavam entre si e provocavam os índios. Os conflitos se aguçaram até que os índios decidiram enfrentá-los. Disso resultou a morte, em novembro de 1985, de três garimpeiros.

A comunidade que se formou no garimpo tukâno chegou a ter setecentas pessoas. Contava com campo de esportes, roça e um pequeno comércio que vendia rancho e equipamentos. Tudo era comprado em Puerto Nuevo, na Colômbia, por distar cinco horas do garimpo em barco a motor, ao passo que Vila Bittencourt, a localidade mais próxima do lado brasileiro, ficava a vários dias do acampamento dos garimpeiros.

Sob a alegação de que os índios contrabandeavam ouro para a Colômbia em troca de armas, implementos e rancho, que não pagavam impostos, que a área pertencia à Paranapanema e que estava infiltrada de guerrilheiros colombianos, um destacamento do exército montou, com trinta homens, uma operação repressora. As armas foram apreendidas, as ferramentas destruídas, os casebres derrubados a moto-serra e queimados, e 120 índios, entre homens, mulheres e crianças, expulsos. Nos montes de cascalho contendo ouro, que eles tinham escavado, faiscaram os colombianos, os únicos a lucrar com a operação. A história da pupunheira e dos garimpeiros foi transformada em filme de animação.

Todos os detalhes do episódio, que não deixa de ser um "mito" moderno, são descritos nos desenhos de Feliciano Lana. Também neste caso, a arte gráfica desâna revela-se um instrumento de comunicação social capaz de infundir, por meio da razão e da emoção, problemas éticos, étnicos e políticos. Essa capacidade, a começar por Malinowski (E. Samain, 1994), em sua forma de linguagem visual, é estudada pelos antropólogos no caso das culturas indígenas. Nesse contexto, ela se reveste não apenas de um conteúdo lúdico, senão também de um conteúdo complexo e estruturado, que não apenas representa, como igualmente significa.

No exemplo desâna, como em vários outros, os estudos de etnoestética podem vir a abranger os seguintes aspectos: 1) A arte étnica é vista como um veículo de comunicação e de auto-expressão tribal; ou seja, de procedimentos e iconicidades que identificam uma cultura. 2) Artifícios mnemônicos contidos no grafismo indígena que evocam associações de idéias ligadas à orientação geral da cultura. 3) Homogeneidade visual do universo tribal: transposição dos mesmos motivos ornamentais a várias superfícies. 4) Fruição estética: maior tempo e maior esforço empregados do que aquele necessário para que o objeto cumpra sua função utilitária. 5) Entrosamento da arte com a religião, a história, a organização social e a mitologia. 6) Obediência a cânones tribais com estímulo à perfeição mais do que à inovação na produção de uma obra. 7) Contraste entre norma culta e arte étnica: individualização elitista, busca de beleza e criatividade, no primeiro caso; representação sociocultural, no segundo. 8) O futuro da arte tribal: nacionalismo cultural para uso externo, com desdobramentos, como o mito desenhado. Ou seja, a transcrição de textos orais para "textos visuais".

Segunda Parte

A VIDA ECONÔMICA

3
HORTICULTURA DESÂNA

A região do alto rio Negro, onde se situam as tribos que estudamos, é uma área de terra firme, igapó, caatinga e manguezal muito pobre.

A acidez do solo, tipo podzol, é de 4 pH. Para que passasse a 6 pH seria preciso proceder a uma operação de calagem, isto é, agregar-lhe 500 kg de calcário em cada hectare e uma adubação de NPK (nitrogênio, fósforo, potássio) como reforço.[1]

Os Desâna classificam o solo segundo sua composição e o tipo de vegetação que o reveste. Para isso desenvolveram uma taxonomia própria, sabendo perfeitamente onde se encontram as plantas de que necessitam para seus artefatos ou outros usos, e as terras que se prestam melhor para as atividades agrícolas. Conhecem o solo cavando-o.

Na aldeia de São João, dos índios Desâna, onde recolhemos esses dados, a terra agricultável é classificada como se segue. Distingue-se o tipo de solo, em terra firme, segundo seja arenoso (comum ou preto) ou argiloso (comum ou preto). As roças, em São João, são abertas unicamente nesses dois tipos de solo.

O tipo arenoso de terra firme é chamado *nihkõn wahari nëngëni* [d.] ou *ditá wahasé nëhkëni* [t.], que significa: terra, arenosa, mata. É revestido de árvores altas, com grande densidade de biomassa, havendo, em conseqüência, pouca luminosidade.

Presta-se ao cultivo da mandioca-brava (*Manihot esculenta* Crantz) porque a produtividade é maior e não cria muito capim. A mandioca ocupa cerca de 80% da área de cultivo. Nesse tipo de terra planta-se também cará, batata-doce, batata para caxiri e pimenta. Dentre as árvores frutíferas, planta-se cucura, cubiu, ingá, abiu, pupunha, biribá, caju e, ainda, abacaxi e cana-de-açúcar. Presta-se bem para a pimenta. Não dá melancia nem banana, ainda que em roça de mata virgem.

O ingá (*wiri mené* [t.] e [d.]) (*Inga falcistipula*),* plantado na roça, começa a produzir depois de um a dois anos. Resiste ao fogo e, mesmo quando derrubada a capoeira para o replantio da mandioca, volta a brotar. O mesmo diz respeito ao abiu (*kané* [t.] e [d.]), que dá frutos depois de três anos, e cujo toco (nunca a árvore é derrubada por inteiro) volta a brotar. Isso também ocorre com a pupunha, geralmente plantada pelo homem, que começa a produzir passados quatro a oito anos.

O amendoim (*iatutú* em tukâno e desâna) era plantado nas roças antigamente. A produção não era muito grande e a semente perdeu-se.

Uma subdivisão do tipo de solo acima citado é chamada *nihkõn ñi'ini nëhgëni* [d.], *ditá ñi'isé nëhkëni* [t.], que quer dizer: terra, preta, mata. Como indica a designação, esse solo arenoso se distingue pela cor. É escolhido para abrir roça quando não se encontra o tipo comum. Tampouco cria muita macega depois de plantada a mandioca. Além desse tubérculo, planta-se batata-doce, batatinha para tempero de caxiri e pimenta. E ainda cana-de-açúcar, abacaxi, cucura, abiu, caju, melancia. Nesse tipo de terra não vinga o cará e sim a bananeira quando da primeira derrubada.

No tipo de solo barrento ou argiloso distinguem-se os subtipos: 1) *nihkõn witáli nëngëni* [d.], *ditá witáse nëhkëni* [t.], ou seja, terra, argilosa, mata; 2) *nihkõn witá ñiri nëngëni* [d.], *ditá witá ñisé nëhkëni* [t.], que significa: terra, argilosa, preta, mata. É mais úmida e se presta, com restrições, ao plantio das espécies acima citadas, exceto a pimenta, que seca logo, ao contrário do que ocorre com outros tipos de solo. Embora se possa cultivar a mandioca nesse tipo de solo, a produção é bem menor e a roça sujeita à macega. Na margem direita do rio Tiquié encontra-se maior abundância desse tipo de solo, que é pouco aproveitado.

(*) Ver no apêndice as várias espécies de ingá conhecidas pelos Desâna.

Um terceiro tipo de terra, bom para o plantio, se distingue pela cor, meio amarelenta, piçarrenta como a do aeroporto de Pari-Cachoeira. É a melhor de todas para o cultivo da mandioca, cará e banana. Desse tipo só existem algumas manchas no rio Tiquié: em Pari-Cachoeira, no igarapé Umari e no igarapé Castanho. Chama-se *omádiá diebá* [d.], *omádiá nëhkëni* [t.], designação que pode ser traduzida por: *omá* = rãs, *diá* = água, *diebá* = terra firme. Luiz Lana não conhece as frutas comestíveis que dão nessas terras porque quase não existem nas que pertencem à sua aldeia. Informa que elas foram distribuídas aos grupos-chefes em tempos míticos: primeiro verificou-se a qualidade das terras e, depois, a existência ou não de peixe.

Tampouco se encontra em São João — e sim em Pari-Cachoeira, onde os padres plantam arroz e criam gado, no igarapé Cucura e no povoado de Fátima — um tipo de terra argilosa superior para o plantio às acima citadas. É chamada *weari* [d.] e [t.] ou *nihkõn werá nëngëni* [d.], *ditá wehtá nëhkëni* [t.], que significa: terra, tapioca, mata. É mais úmida e mais frouxa. Nela pode-se cultivar o milho e a produção de banana é bem maior.

QUEIMADAS E CONSTELAÇÕES

Aqui cabe abrir um parêntese. No modo de entender dos Desâna, as épocas de derrubada, queima e plantio das roças, no rio Tiquié, são calculadas pelo aparecimento de constelações e das chuvas concomitantes, entre as quais medeiam curtas estiagens. Com efeito, as observações atmosférico-celestiais dos Desâna informam o aparecimento, ao longo do ano, de dezenove constelações. Os nomes que os índios lhes atribuem são os mesmos das chuvas que elas prenunciam. A estas precipitações correspondem fenômenos naturais, tais como: a piracema (subida de algumas espécies de peixe em desova); subida de cardumes de peixes não em desova; maturação de saúvas, térmites, gafanhotos e larvas de borboletas, de que os índios se alimentam em determinadas épocas do ano; maior concentração de rãs (localizadas pelo seu canto) e de cogumelos, também comestíveis (cf. Ribeiro & Kenhíri, 1987).

Essas chuvas são entremeadas por verões, que duram de oito a quinze dias, e veranicos, que não excedem cinco dias sem precipitação alguma. Durante os "verões", procede-se à queima de roças abertas em mata virgem e, durante os veranicos, em terreno de capoeira. São identificados, de um modo geral, segundo uma denominação idêntica à das fruteiras, cujo término de safra dos respectivos frutos coincide com essas curtas estiagens.

O ano começa em outubro. Nesse mês surgem, no poente, quatro constelações,* às quais correspondem chuvas que recebem os mesmos nomes. Em outubro se efetua a limpeza do solo e a derrubada de árvores para a abertura de roças. Em novembro amadurecem o abiu e o ingá. A pupunha está florida e começa a frutificar. Seguem-se outras constelações e respectivas chuvas até que, em janeiro, começa o verão do abiu, chamado *kané weré* [d.], *kané këmá* [t.] (abiu, verão), que dura cinco dias. É quando o abieiro deixa de produzir. Chove um pouco, mas essa chuva não é marcada por constelação.

O verão do ingá (*mené weré* [d.], *mené këma* [t.]) é igualmente assinalado pelo término da safra dessa fruta, de vagem comprida. Esse verão dura oito dias no mínimo e quinze no máximo. Nesse curto espaço de tempo, em que pára de chover, queima-se a roça aberta em mata virgem derrubada em outubro, ou seja, três meses antes. É preciso que haja ao menos sete dias de sol forte para que o fogo possa consumir a madeira abatida. Planta-se em seguida.

Durante o verão do ingá começa a amadurecer a pupunha. Ao término desse "verão", em fins de janeiro, aparece no céu outra constelação chamada "fêmur de tatu" (*pamo ngoá dëhka* [d.], *pamo owë dëhká* [t.], tatu, osso, pedaço). Em fevereiro desaba outra chuva, denominada "tatu" (*pamo* [d.] e [t.]), e aparece a constelação do mesmo nome. Depois da chuva do tatu tem início um veranico de quatro dias: chama-se *igui werê* [d.], *isé këmá* [t.] (*igui* = cucura, *weré* = verão). A cucura começa a amadurecer um pouco antes da pupunha, mas ambas frutificam ao mesmo tempo,

(*) Ver as respectivas designações em desâna na tabela 1.

embora a safra da cucura termine antes da da pupunha. Repete-se, neste caso, a duplicidade verificada entre o abiu e o ingá: cada par de frutas citadas amadurece quase simultaneamente. Isso ocorre no início de março.

Em meados de março ou início de abril começa outro verão, chamado *ëni weré* [d.], *ëné këmá* [t.] (pupunha, verão). Dura uma a duas semanas, da mesma forma que o verão do ingá. Nessa época queima-se a roça cuja mata foi derrubada em novembro ou dezembro. Quem derruba a capoeira em janeiro também costuma queimá-la nesse período.

Ao cabo do verão da pupunha começa a chuva da constelação do camarão (*ñahsin kamë* [d.], *dahsiá wë* [t.]: camarão, constelação), e, em seguida, ou seja, na segunda quinzena de abril, tem lugar a chuva anunciada pela constelação *yé disiká poaló* [d.], *yái esëka poaló* [t.]: onça, queixo, barba. Ao mesmo tempo, isto é, em meados de abril, termina a safra do umari, fruta que amadurece em meados de março. Depois da chuva "barba do queixo da onça", já mencionada, ocorrem dois a três dias de sol, entremeados de pequenas precipitações. Segue-se outra constelação e respectiva chuva (*yé dëhpë puiro* [d.], *yái ëhpë pueró* [t.]: onça, corpo, enchente), finda a qual tem lugar um veranico de quatro a cinco dias. É o verão do umari *më weré* [d.], *wamë këmá* [t.].

Seguem-se várias chuvas marcadas por constelações que se prolongam até meados de junho. A que aparece em maio (constelação *nekãn turu* [d.], *ñehkon teró* [t.]: estrela, pedaço) permite que se faça a derrubada da capoeira a ser queimada num veranico de três dias que tem lugar no mês de junho. Chama-se *yohóka dëhpë bohotáli* [d.], *siõn iahpu kematasé* [t.], que poderia ser traduzido, não literalmente, por: enxó-enfeite emplumado, verãozinho. Essa capoeira é derrubada principalmente para plantar milho. Plantado nessa época o milho vinga. Esse verãozinho antecede o aparecimento de uma constelação e chuva do mesmo nome: *yohóka dëhpe puiró* [d.], *siõn iahpu pueró* [t.]: enxó-enfeite emplumado, enchente.[2]

Em agosto começa-se a roçar o terreno de mata virgem onde se deseja abrir uma roça nova. Roçam-se também as capoeiras, que podem ser derrubadas quase em seguida, porque cobertas de árvores de menor porte.

Em setembro ocorre um pequeno veranico de dois a três dias. Chama-se *i'i mëra weré* [d.], *i'ia bëkëna këma* [t.]: larvas, velhas, verão. Esse verão marca o término das primeiras larvas (de borboletas) que comem folhas do cunuri (*nihtiá* [d.] e [t.]) e do tururi (*wahsubulo'in* [d.], *wahsó kë iña* [t.]), e que são consumidas assadas, cozidas e pisadas no pilão pelos índios. Aproveitam-se esses poucos dias de sol para queimar a roça de capoeira abatida em agosto.

Passada essa curta estiagem, volta a chover e retorna a corrente de ar frio chamada "preguiça" (*kerá* [d.], *wënë*, [t.]): desdentado da família dos bradipodídeos, cuja primeira ocorrência se dá em julho. Essa ventania derruba as flores de fruteiras como o abiu e o ingá plantadas na roça e junto às casas. Depois dessa onda de frio há outro pequeno verão de cinco dias chamado *i'i méra dianá wëre* [d.], *iñá dianá këmá* [t.], que pode ser traduzido por: larvas, bonitas, verão. Esse período assinala o término da safra das últimas larvas comestíveis. Aproveitam-se os dias de sol para queimar as roças de capoeira.

A partir de então começam chuvas intermitentes. Quem não queimou a roça até essa época, em terreno de capoeira, perde a derrubada porque a macega começa a crescer e não ocorrem dias seguidos de sol forte para fazer a queima.

OS SOLOS NÃO AGRICULTÁVEIS

As terras não aproveitadas para a agricultura são classificadas segundo o porte das árvores e o ambiente: aquático, periodicamente inundável, ou seco.

Desse último tipo é a caatinga, chamada *taraboá* [d.], *tahtá boá* [t.], palavra que não admite tradução, cujas árvores não alcançam o porte das de terra firme. Existem regiões de caatinga perto de São João, que não podem ser aproveitadas para a agricultura e sim como reservas de fruteiras e matérias-primas artesanais. As mais importantes são: a palmeira bacaba grande (*ñumu pagá* [d.]), a sorva (*sahsãn go* [d.]), a sorvinha (*wahsá yuhku* [d.]), os cipós (*neon dá* e *goló dá* [d.]) utilizados para o entrançamento das varetas de armadilhas de pesca, uma árvore conhecida como uabé (*wahpéi* [d.]) e outra como *pagano yuhkú* [d.] de que se fazem as ripas para a construção de pau a pique. Nas caatingas encontra-se também grande variedade de plantas medicinais que diferem das de outros biótopos.

Os Desâna discernem manchas menores dentro da caatinga, chamadas *taráboá siriró* [d.], *tahtáboá siriró* [t.], ou seja, pequeno terreno de caatinga. São reconhecidas pela presença de grandes bacabeiras de frutos comestíveis e de caniços para pescar: *wehëri wahsuni* [d.], significando: *wehëri* = pescar, *wahsuni* = varinha.

Segundo Pedro Ivo Soares Braga, no alto rio Negro, as campinas altas — conhecidas na Amazônia como caatingas — "ocupam grandes áreas, o solo é impraticável para a agricultura e, pelo seu grau de endemismo, deveriam ser protegidas para evitar a lixiviação destas áreas e a extinção de plantas restritas a este biótopo" (Braga, 1979:58).

Outra divisão fitogeográfica discernida pelos Desâna é o igapó chamado *diá dëhkopé* [d.], *diá kwé* [t.], que pode ser traduzido como: água em grande extensão. Essa formação ocorre à beira-rio, ficando alagada durante as enchentes. A terra é argilosa com pequena mistura de areia e tampouco serve para a agricultura. Aqui se encontra, no entanto, a maior parte da flora de cujos frutos os peixes se alimentam[3] e também matéria-prima artesanal. Luiz Lana ditou de memória as seguintes espécies, dentre as artesanais: árvore que fornece breu, palmeira paxiúba, "cipó" da palmeira jacitara, e três outros tipos de cipó cujos nomes em desâna são: *omá singá ninini, mahá pingoni dá, wabéro*; bem como a sumaúma (fornece a lã para as setas de sarabatana).[4] Nos igapós encontram-se também grandes concentrações de açaí nativo do Amazonas, ingá, ambos com frutos comestíveis, além de espécies de fruteiras que os peixes comem, dentre as quais se destaca a palmeira jauari e o murici.

Formação permanentemente úmida, meio pantanosa, solo preto argiloso, que tampouco serve para agricultura, é chamada *tá'alã* [d.], *tahtá* [t.]. Trata-se do manguezal, região fitogeográfica onde os Desâna encontram plantas úteis para seus artefatos ou frutos comestíveis. Entre outros citam duas espécies de arumã, principal matéria-prima para artefatos cesteiros, várias espécies de cipós com que se entretecem as varetas das armadilhas de pesca, faz-se o acabamento dos cestos e usa-se para outros fins; as palmeiras patauá, paxiúba, bacaba grande, açaí e miriti, estas últimas em grandes concentrações, a árvore de breu e a que fornece alça para o aturá (*talapi'aë* [d.]). Cabe dizer que a maioria dessas espécies também é encontrada em solos de terra firme (arenosa e argilosa), mais conhecidos, uma vez que a lista ditada de memória por Luiz Lana é bem maior (ver apêndice 1).

A ROÇA

O local para abertura de roça (*po'é* [d], *weshé* [t.]) é escolhido segundo a qualidade do solo e a menor presença de raízes à flor da terra, difíceis de queimar. As roças da aldeia de São João situam-se atualmente na margem esquerda do rio Tiquié, a quinze minutos indo-se de canoa a remo e uma hora indo-se a pé, mata adentro, onde se encontra terra arenosa. Na beira do rio há sempre solo argiloso.

A roça é geralmente circular,[5] mas também pode ser retangular. Roça-se primeiro o mato baixo e os paus miúdos que podem ser abatidos com terçado. O menino, aos doze anos de idade, começa a ajudar no preparo do terreno a ser cultivado. A menina acompanha a mãe à roça a partir dos dez anos, mas não faz todo o trabalho. Roçam-se, geralmente, cem metros quadrados ou um círculo equivalente a um hectare. Fazer esse roçado leva três dias.

A derrubada das árvores mais altas é trabalho exclusivamente masculino. Para isso convocam-se quase todos os homens da comunidade e se serve um caxiri. Mesmo fazendo o trabalho em mutirão (*siu moméni* [d.], *suri darasé* [t.], que pode ser traduzido como: levar para o trabalho), não dá para abater todas as árvores num só dia, em floresta virgem. Após esse esforço conjunto, o dono da roça continua a derrubada durante duas a três semanas. Isso exige menos tempo em se tratando de capoeiras, cobertas de árvores de menor porte.

As épocas de derrubada, queima e plantio de roças no rio Tiquié são determinadas pelo aparecimento de constelações e chuvas concomitantes entremeadas por pequenas estiagens, conforme foi dito anteriormente. A partir do terceiro mês, estando bem seca a madeira abatida — o que às vezes pode levar até seis meses —, a roça é queimada. Contudo, um mês depois de plantar é preciso roçar, porque os tocos ficam brotando, a macega se espalha rapidamente, embora em roça de mata virgem cresça menos capim. A capinação leva uma semana, se feita diariamente.

Se a roça não for bem queimada, volta-se a coivará-la quando a maniva da mandioca ainda está baixa. Arranca-se o capim, quebram-se e se amontoam os galhos e faz-se uma fogueira. No lugar da queimada planta-se cará, batata-doce e batatinha para caxiri. A cinza, o carvão desfeito e o calor favorecem o crescimento dessas plantas, aumentando a produção.[6] Além da mandioca e dos referidos tubérculos, planta-se pimenta e algumas árvores frutíferas, segundo o tipo de solo, como vimos anteriormente.

Geralmente uma família explora três roças ao mesmo tempo. Derruba-se, necessariamente, uma roça por ano em mata virgem, que pode ser replantada uma única vez. A partir do segundo ano, a terra se exaure, a macega invade a roça e não vale mais a pena replantá-la. Só é possível fazê-lo quando transformada em capoeira, isto é, passados dois a três anos.

Enquanto se aguarda a maturação da mandioca plantada na roça do ano, isto é, a da mata virgem, vai se consumindo a produção de uma ou duas plantadas no ano anterior.

Uma segunda roça é aberta, anualmente, em terreno de capoeira. Derruba-se o mato — mais baixo — que leva dois meses para secar. Queima-se e se planta. A mandioca plantada em terreno de mata virgem leva oito meses para produzir. A que se cultiva em capoeira pode ser colhida passados seis meses. Usada apenas para consumo familiar, a mandioca de uma roça de um hectare leva oito meses até acabar. A raiz continua crescendo sem deteriorar-se. Mas é preciso roçar o terreno seguidamente e, às vezes, coivarar quatro a cinco vezes, se a roça não for bem queimada. Esses cuidados de limpeza e conservação evitam o estrago da roça pela cutia e o caititu, que são afugentados pela fogueira, a fumaça e a presença constante do agricultor.

Podem-se fazer cinco plantios, não consecutivos, isto é, com intervalos de um a três anos, em capoeiras de terra arenosa. Depois disso, são praticamente abandonadas. Em terra argilosa podem-se fazer plantios indefinidamente, deixando passar alguns anos para refazer-se a mata. Mas não é preferida, como vimos, porque cria muito capim e dá pouca mandioca.

TABELA 1

Calendário de preparo da roça em mata virgem e em capoeira (um hectare) associado ao aparecimento de chuvas/constelações e verões/veranicos.
** Índios Desâna, rio Tiquié.*

Roça em mata virgem

Roçado	*Derrubada*	*Queimada*	*Plantio*	*Coivara*
Agosto a outubro	Outubro. Chuvas e constelações: 1. *añá siñoliru* (jararaca, iluminação) 2. *añá dihpuro puiró* (jararaca, cabeça, enchente) 3. *añá dëhpë puiró* (jararaca, corpo, enchente) 4. *añá diubá puiró* (jararaca, ovos, enchente)	Janeiro. Verão *mené weré* (ingá, verão) Duração: 8 a 15 dias	Alguns dias após a queima	Um mês após o plantio e, sucessivamente, quatro vezes

Roça em capoeira

Roçado	*Derrubada*	*Queimada*	*Plantio*	*Coivara*
Agosto	Agosto. Chuva e constelação: *nekãn turu* (estrela, pedaço)	Setembro. Veranicos: 1.*i'i mërá weré* (larvas, velhas, verão) 2. *in dianá weré* (larvas bonitas, verão) Duração: 2 a 3 dias	Alguns dias após a queima	Um mês após o plantio e, sucessivamente, quatro ou mais vezes
	Janeiro. Chuva e constelação: *pamo ngoá dëhká* (tatu, osso, pedaço)	Março. Verão: *ëni weré* (pupunha, verão)		
	Maio. Chuva e constelação: *nekãn turu* (estrela, pedaço)	Junho. Veranico: *yohoka dëhpë bothótali* (enxó-emplumada, verão-zinho) Duração: 3 dias	(A capoeira derrubada nessa época presta-se ao plantio do milho)	

(*) O calendário econômico desâna tem início em outubro.
As designações tribais constantes da tabela são em língua desâna.

No rio Tiquié, planta-se apenas a mandioca-brava. A macaxeira quase não vinga nessas terras ácidas, arenosas e argilosas. A macaxeira é plantada em pequena quantidade em Iauareté, no médio rio Uaupés.

Os índios do alto rio Negro conhecem e cultivam, segundo uma autora, mais de uma centena de cultivares. É o que informa o estudo de Janet Chernela entre os Wanâna. Ela conseguiu coletar, para identificação botânica, 137 cultivares de mandioca-brava (Chernela, 1986:152). Kerr (1986:168) obteve quarenta nomes desâna de cultivares desse tubérculo com Luiz Lana, que lhe indicou as características de folha, raiz, cor com que se discerne cada cultivar. Esses números representam a maior relação de cultivares de mandioca conhecidos por um grupo indígena, considerando-se que Goldman recolheu apenas oito entre os Kubéwa (1963:60), Frikel 25 entre os Tiriyó (1978:234-5), e Carneiro 46 entre os Kuikúro (1983:99).

As mulheres, agricultoras por excelência, selecionam os cultivares segundo o tamanho do tubérculo, a facilidade maior de descascá-lo e de ralá-lo, bem como o teor de amido que contém. O casamento exogâmico faz com que as mulheres se espalhem por diversas tribos e, ao visitar parentes, troquem entre si cultivares e experiências.

Chernela publica uma tabela mostrando a proveniência dos cultivares que coletou entre os Wanâna de Caruru-Cachoeira, rio Uaupés. Sobre a importância da conservação dos mesmos, diz: "Botânicos e agrônomos vêm demonstrando crescente interesse em recuperar a diversidade intra-específica perdida, em virtude do uso de técnicas modernas de seleção e cruzamento. A mandioca (*Manihot esculenta*) é um exemplo pouco comum de planta cuja rica diversidade genética foi preservada e controlada pelos horticultores indígenas ao longo de milhares de anos de experimentação" (Chernela, 1986:151).

A distinção mais importante que as índias do Tiquié fazem da mandioca é quanto à cor do tubérculo, amarela ou branca. Outra distinção da maior valia refere-se à mandioca "dos antigos", chamada *pamanin* [d.] [t.], *dëhkë* [d.] (transformação, mandioca), que remete à *pamânin yuhkësë* [t.] ou *pamâni gahsilu* [d.] (transformação, canoa): a cobra-canoa no bojo da qual foi gestada a humanidade (cf. Kumu & Kenhíri, 1980:61). Dessa categoria "mandioca dos antigos" me foram ditadas dezenove designações de manivas, sendo doze de mandioca branca e sete de mandioca amarela. Essas manivas prístinas são invocadas pelo *kumu* (sábio ou vidente) quando o recém-nascido toma a primeira manicuera ou beiju, numa reza especial destinada a propiciar-lhe crescimento rápido e saudável. A segunda categoria é das manivas atuais. Dessas obtive uma lista de 35 nomes, entre brancas e amarelas, que inclui oito das prístinas. De três deles não se sabe o significado por terem sido introduzidos com designações (ver apêndice 2).

Da mesma forma como são introduzidos novos cultivares, obtidos por troca entre parentes, perdem-se outros por descuido no replantio. Dos cultivares prístinos, apenas sete são plantados atualmente em duas roças observadas: *omá dëhkë* [d.] [t.] (rã, maniva) (branca), *será dëhkë* [d.] [t.] (abacaxi, maniva), *kané dëhkë* [d.] [t.] (abiu, maniva), *ñumu dëhkë* (bacaba, maniva), *ehsé dëhkë* [t.], *igui dëhkë* [d.] (cucura, maniva), *duabé dëhkë* [d.] [t.] (intraduzível, maniva) (amarelas). Além desses, são plantados numa e noutra roça outros nove cultivares dos chamados "atuais" que, segundo os Desâna, derivam dos prístinos trazidos por Báli Bô, o "dono da comida" (ver Kumu & Kenhíri, 1980:148).

Quando cada cultivar é plantado separadamente, ou seja, "por tribo" — na expressão de Catarina Lana — chama-se *tooni kunsé*, que pode ser traduzido, não literalmente, por: variedades arrumadas. Quando se plantam os cultivares misturados diz-se *mone së dëhkë*, isto é: misturada, maniva. Aparentemente, não existe vantagem maior na adoção de uma ou outra prática, que depende da vontade da dona da roça (terminologia em tukâno).

As manivas não podem ser plantadas assim que se arranca o tubérculo, como ocorre em outras áreas.[7] É preciso deixá-las brotar ao menos seis dias. A maniva é então cortada em segmentos de 30 cm e enterrada com o broto para cima, do contrário não vinga. Deixada inteira, brota apenas nas extremidades; cortada em pedaços, brota também no meio do caule. Segundo uma agricultora, apenas a *pãmo dëhkë* [d.] [t.] (tatu, maniva) é deixada inteira quando se vê que brotam as pontas.

O replantio do segundo ano, em roça de mata virgem, é feito da seguinte forma: faz-se uma fogueira depois de arrancados o capim, as raízes, os galhos podres e os galhos não queimados. Espalha-se a cinza no lugar. Com a enxada fazem-se montículos de terra à qual se junta essa cinza. Neles são plantados os segmentos de manivas já brotados, seis em cada monte, dispostos simetricamente. Esse modo de plantio chama-se *séali* [d.], *se'esé* [t.]. No lugar onde foi feita a fogueira planta-se o cará, a batata-doce e as batatinhas para o caxiri.

Em terreno de mata virgem, ou de capoeira, coivara-se do modo descrito. As manivas brotadas são, contudo, enterradas aos pares. Isto é, próximas uma da outra cerca de 10 cm e a uma distância de meio metro do outro par. A explicação que me foi dada para essa prática é que, se se plantarem mais de duas manivas na mesma cova,[8] o filho de uma mulher grávida pode nascer com defeito no pé, ou seja, com os artelhos grudados. Plantar manivas em pares, distantes 10 cm uma da outra, evita que a agricultora (ou o agricultor) se case com um parceiro órfão, sem família, inibindo a extensão de relações com parentes afins. Para a manutenção de uma distância de meio metro entre cada par de manivas foi dada a seguinte explicação: as raízes procuram crescer para se aproximarem uma da outra a fim de "conversar" mais comodamente. São razões que a própria razão desconhece, mas que podem ter algum fundamento prático. Simbolicamente revelam a personalização da mandioca, como entidade viva a ser tratada segundo certas regras, devido à sua inexcedível importância social.

A mulher vai todos os dias, ou em dias alternados, à roça para conservá-la, arrancar o capim e trazer mandioca. Sai às nove horas da manhã levando merenda: fruta e farinha. Freqüentemente leva apenas farinha, uma vez que encontra o abacaxi, caju ou melancia na própria roça. Antes de sair faz uma pequena refeição: manicuera,[9] mingau de tapioca e mujeca (peixe cozido engrossado com tapioca e temperado com pimenta) comido com beiju. Na falta de peixe, umedece o beiju na quinhapira (aferventado de sal e pimenta). Só leva criança de peito e uma filha maior para ajudá-la, caso não esteja estudando. Como ferramentas leva o machete, o remo para atravessar o rio em canoa, e o aturá. Traz geralmente

20 a 30 kg de mandioca (em dias alternados) ou, às vezes, 60 kg se quiser fazer caxiri: *peru*, em tukâno, bebida fermentada.

A macaxeira ou mandioca doce (*Manihot aipi, M. dulci, M. palmata*), que tem baixo teor ou ausência de glicosido cianogênico (Rogers, 1965:369),[10] não tem nome em tukâno, desâna e baníwa porque foi trazida pelas freiras, segundo consta. Tampouco tem nome específico nessas línguas a pimenta-malagueta, também exógena. Mas além de duas variedades dessa planta, os Desâna cultivam outras doze, nativas. Plantam somente quatro cultivares de batata-doce e seis de cará. De uma batatinha que misturam ao caxiri existem onze variedades, sendo que duas delas apenas para o caxiri propriamente dito e as outras nove consumidas também assadas ou cozidas. Inúmeras árvores frutíferas são plantadas junto às casas (ver apêndice 3).

Durante minha primeira estada em São João, em 1978,[11] anotei as quantidades de mandioca que Catarina, mulher de Luiz Lana, em cuja casa me hospedei, trazia da roça. Só pude fazê-lo para um período de vinte dias. Nesse espaço de tempo, ela foi à roça onze vezes. Ao todo trouxe dez aturás com 30 kg de mandioca e, com a ajuda do marido, dois aturás com 60 kg para fazer caxiri.

Pelos cálculos de Luiz Lana são precisos: dois aturás de 30 kg de mandioca a ser ralada, mais um aturá de 30 kg de mandioca puba para produzir duas latas de 12 kg cada de farinha, que perfazem um paneiro. Ou seja, de 90 kg de mandioca saem 24 kg de farinha, mais 6 kg de tapioca (polvilho) e uns seis litros de manicuera.[12] Supondo-se que a mulher traz 600 kg de mandioca — vinte aturás de 30 kg por mês para consumo familiar —, a roça deve produzir 7200 kg de mandioca anualmente.[13] Ou seja, 240 aturás de 30 kg cada um. Como nem sempre se traz 30 kg senão 20, deduz-se que a mulher precisa ir à roça quase todos os dias do mês.[14]

CULTIVOS MASCULINOS E FEMININOS

A roça é sempre do homem e da mulher. Quando o homem fala, diz “minha roça”, o mesmo ocorrendo quando fala a mulher.

Entre os Kubéwa, segundo Goldman (1963:30), o cultivo principal é sempre feminino e corresponde ao plantio da mandioca. Os secundários — cana, cabaça, abóbora, batata-doce, cará e, às vezes, milho — são mistos. Somente os homens cultivam tabaco, caapi e coca, isto é, plantas estimulantes e estupefacientes que eles consomem primordialmente (ibidem). No entanto, como diz Goldman, "cada roça define uma relação entre um homem e uma mulher. Uma mulher sem homem não pode ter roça. Um homem sem uma mulher não tem roça para abrir; ele só pode ter um status subalterno em outra comunidade" (1963:73).

Essa situação se verifica também nas comunidades tukâno, baníwa e desâna por mim visitadas. Às observações de Goldman caberia acrescentar que a segunda planta "feminina" em importância, depois da mandioca, é a pimenta. São os alimentos "do corpo", na concepção de C. Hugh-Jones (1979:203), em contraposição aos alimentos "da alma", de cujo cultivo se ocupam os homens.

Cabe referir, de passagem, uma alegoria da pimenta com a condição feminina. O primeiro banho tomado pela parturiente, três dias após o nascimento do filho, é feito com uma mezinha composta de um cipó saponáceo, usado antigamente em lugar de sabão, chamado *sumu siamé* [d.], breu e pimenta moqueada. Em lugar do referido cipó pode-se usar a raspa de uma madeira chamada *papua kë*, na mesma língua.

Além de ajudar a mulher na capinação, coivara e, às vezes, no carrego dos produtos da roça, o homem cultiva certas espécies praticamente para seu uso exclusivo. Isso diz respeito principalmente ao caapi, de que ainda existem mudas em algumas roças em São João, embora tenha deixado de ser consumido há várias gerações, e à coca.

Esta última é plantada na roça quando a maniva da mandioca alcança a altura de meio metro para dar-lhe sombra. É sempre cultivada no meio das manivas e começa a ser colhida quando atinge 80 cm, isto é, um ano depois do plantio. Esse arbusto, de que se colhem as folhas unicamente, continua renovando-se anos seguidos. Só é replantado, por muda, quando a capoeira é abandonada, na roça nova. Os Desâna cultivam três espécies de coca (*ipadu* em língua geral, *patú* em tukâno e *ahpí* em desâna): *kané pátu* [t.] (abiu, coca), que é o cultivar mais doce, *yuhkë pátu* [t.] (árvore, coca) e *koewana pátu* [t.] (coca) (nomenclatura em tukâno).

O fumo (*Nicotina tabaco*) — *monó* [t.], *múlú* [d.] — é outro cultivo masculino, ou seja, só o homem planta, cuida dele e o colhe. É plantado nos lugares onde se faz a queimada; aí espalha-se a cinza e se enterram as sementes. Quando começam a dar mudas, são replantadas, também em meio às manivas de mandioca. Colhem-se cinco a seis folhas de um a outro pé quando começam a amarelar. O fumo tem que ser replantado anualmente.

O timbó (*Tephrosia sinapu = é'hú* [t.], *ni'á* [d.]) é a terceira planta masculina cultivada na roça, também no meio das manivas. Esse cipó é cortado em pedaços de 30 cm e enterrado no solo, aos pares, tal como as manivas. Leva um ano para amadurecer. As mudas são transferidas para a nova roça quando se abandona a capoeira. Os Desâna distinguem três cultivares: *ki é'hu* (mandioca, timbó), *boté puni é'hú* (imbaúba, folha, timbó), *ënoñá é'hu* (caraiuru, timbó) (terminologia em tukâno).

O carauá (*Neoglaziovia variegata*) (*yohó* [t.]), uma bromeliácea cuja fibra é utilizada para o amarrilho do acabamento de cestos (*tunuë* [t.], urutu; *wëhë bahti* [t.], apá grande), ou das pontas de flechas, é também cultivado na roça pelo homem. Antigamente o fio do carauá era empregado para tecer jarreteiras (*yutaseró* [t.]) com agulha de croché, objeto há muito em desuso. O mesmo fio, untado de breu, servia para amarrilhos das penas de tangas masculinas e a tecedura dos dentes dos pentes.

Nos apêndices a este capítulo são relacionados: 1) as espécies vegetais que identificam os diversos biótopos reconhecidos pelos Desâna do rio Tiquié; 2) os cultivares de mandioca mais correntes em suas roças; e 3) as fruteiras cultivadas (e algumas silvestres).

Cabe notar que a atribuição de nomes de algumas fruteiras a manivas que denomino "prístinas" — tidas por meus informantes como matrizes das existentes em nossos dias — se explica, em alguns casos, por sua alta produtividade, resistência ao fogo das queimadas da roça e rápida frutificação. É o caso, pelo menos, de duas dessas espécies: o ingá, que frutifica em um ou dois anos e do qual os índios discriminam sete espécies, identificadas botanicamente mediante consulta à iconografia; e o abiu que, mesmo depois de abatido, continua a brotar, e que produz depois de três anos de plantado.

Uma segunda constatação que o presente estudo permite é a de que, não obstante a grande perda de bens culturais, de símbolos e valores em várias esferas da cultura, após mais de trezentos anos de contato com a sociedade nacional, no nível da subsistência, a vida dos Desâna continua regida por uma sábia adaptação a um ecossistema que eles dominam profundamente. Neste sentido, pode-se falar de um *modo de produção* dos índios das águas pretas do Noroeste amazônico, que tem na *horticultura*, principalmente da mandioca, *um de seus pólos*, aqui brevemente examinado, enquanto a *pesca* representa *o outro pólo*.

Apêndice 1
ESPÉCIES VEGETAIS QUE IDENTIFICAM OS DIVERSOS BIÓTOPOS RECONHECIDOS PELOS DESÂNA DO RIO TIQUIÉ

TERRA ARGILOSA OU BARRENTA

Árvores nativas e frutas comestíveis

1. Abiu grande: *kané pagá* [d.], *kané pahká* [t.]
2. Bacaba grande: *ñumu pagá* [d.], *ñumu pahká* [t.]
3. Árvore parecida com o cupuaçu mas de fruto menor e igualmente saboroso: *uabékara* [d.], *ahpekára* [t.]
4. Caju-do-mato (árvore grande e fruto vermelho pequeno): *ngoné* [d.], *sololá* [t.]
5. Cucura de fruta pequena: *diburo* [d.], *iepú* [t.]
6. Cunuri: *wahsu pë* [d.], *wahpe* [t.]
7. Inajá: *ënä* [d.], *ihki* [t.]
8. Ingá (sp. *a*): *moana mené* [d.], *moara mené* [t.] (= mosca, ingá)
9. Ingá (sp. *b*): *duhpió* [d.] e [t.]
10. Japurá grande: *ba pagá* [d.], *ba'ati pahká* [t.]

11. Palmeira (?): *beepu* [d.], *peeponi* [t.] (castanha comestível; folha para a cobertura das casas)

12. Sorva: *wahsá* e/ou *gra'ñeme* [d.], *ëtañimi* [t.]

13. Toá: *to'á* [d.] e [t.]

14. Tucum: *kandehká* [d.], *behtá* [t.]

15. Uacum: *sëme* [d.], *semió* [t.]

16. Ucuqui: *poé* [d.], *puhpiã* [t.]

17. Árvore de frutinha vermelha: *iahpí* [d.] e [t.]

18. Árvore parecida com abiu: *pikó* [d.] e [t.]

19. Árvore de frutinha vermelha: *selipuli* [d.], *buari* [t.]

20. Árvore de frutinha comestível: *po'oká* [d.], *po'ogá* [t.]

21. Árvore (muçurana abiu): *ioponakaré* [d.], *sinopakári* [t.]

Outras plantas úteis (exceto as comestíveis)

1. Arumã: *u'hë* [d.] e [t.] (*Ischnosiphon* sp.)

2. Cipó-imbé: *puí singá* [d.], *pii misin* [t.] (*Philodendron* sp.)

3. Cipó titica: *ñamá singá dá* [d.] (*Heteropsis spruceana*)

4. Cipó (?): *golo dá* [d.] (*Philodendron* sp.)

5. Cipó (?): *waberó* [d.]

6. Palmeira patauá grande: *ñumu pagá mihini* [d.] (*Jessenia bataua*)

7. Palmeira paxiúba: *ñumu ñu* [d.] (*Socratea exhorriza*)

8. Árvore: *kwakou* [d.] (mordente para tingir as talas de arumã para trançados)

9. Sorva: *wahsan go* [d.] (*Couma utilis*)

10. Árvore: *ahpim moá* [d.] (imbaúba, cuja cinza se mistura para preparar o *ipadu*) (*Porouma longipendula*)

11. Tururi: *wahsu'buru* [d.] (*Brosium* sp.)

12. Árvore: *pui'kano* [d.] (entrecasca para alça do aturá dos Makú) (envieira) (*Guatteria* sp.)

13. Imbaúba: *bëlepú* [d.]

14. Sororoca: *nëngë mahupu* [d.] (*Ravenala guayanensis*)

15. Pau-d'arco: *buhpu goli* [d.] (*Tabebuia serratifolia*)

16. Turi: *mëhpëni* [d.] (pau para tocha) (ripeiro) (*Eschweilera* sp.)

Árvores nativas de frutas comestíveis[15]

1. Abiu

2. Bacaba pequena: *ñumu'ió* [d.], *ñumu maká* [t.]

3. Caju-do-mato

4. Cunuri

5. Inajá

6. Ingá

7. Japurá

8. Sorva

9. Toá

10. Tucum

11. Uacum

12. Ucuqui

13. *Pikó* [d.] e [t.]

14. *Buari* [t.]

15. *Po'oka* [t.]

16. *Sinopakári* [t.]

17. *Guibuni'há* [d.], *te'hó* [t.]

Outras plantas úteis (exceto as comestíveis)

1. Maçaranduba (tira-se o látex) (Sapotacea)

2. Louro-itaúba (fazem-se canoas, hoje também tábuas) (Lauracea)

3. Louro-vermelho (fazem-se remos; quando grande também canoas) (Lauracea)

4. Sumaúma (utiliza-se a lã para seta de sarabatana) (Bombácea)

5. Cipó: *waberó* (para fazer os aros do escudo trançado)

6. Palmeira bacaba: *ñumu'ió* [d.] (*Oenocarpus bacaba*)

7. Palmeira jupati: *buhu* [d.] (para fazer o tubo da sarabatana)

Mais plantas úteis não comestíveis, listadas de 1 a 16 em terra argilosa.

PLANTAS ÚTEIS DA CAATINGA

1. Uabé: *iuhku* [d.], *uahpéi* [t.]

2. Sorvinha: *wahsá yuhku* [d.], *wahsó pë* [t.]

3. Madeira de que se fazem varinhas que servem de ripas para barrear a casa: *yuhku* [d.], *pagano pë* [t.]

4. Cipó para acabamento de cestos: *neon dá* [d.] (*Philodendron* sp.)

5. Idem: *golo dá* [d.] (*Philodendron imbe*)

6. Palmeira bacaba grande: *ñumu pagá* [d.]

7. Sorva: *wahsãn go* [d.]

PLANTAS ÚTEIS DO IGAPÓ[16]

1. Ingá: fruto comestível
2. Sumaúma: lã para setas de sarabatana
3. Açaí em grandes conglomerados
4. Paxiúba
5. Palmeira jauari (o fruto é comido pelo peixe) (*Astrocaryum jauari*)
6. Muruci: o fruto é comido pelo peixe, *muí* [d.] e [t.]
7. *Diakolá* [d.]: idem, *diawei* [t.]. Também tintória confundida com jenipapo
8. *Pari diká* [d.], *pahti dihká* [t.]. O fruto é comido pelo peixe
9. *Waiobia* [d.]. O fruto é comido pelo peixe
10. *Toló* [d.]. O fruto é comido pelo peixe
11. *Nitiá diride dëhká* [d.], *nitiá diari dëhká* [t.]. Fruto que peixe come
12. *Dëhkame* [d.] e [t.]. Frutinha que peixe come
13. Palmeira jacitara: *poamaná singá dá* [d.] (para acabamento de cestos) (*Desmoncus* sp.)
14. Cipó — *omá singá ninini* [d.] — para acabamento de cestos (*Philodendron* sp.)
15. Cipó — *mahá pingoni dá* [d.] — idem (*Norantea guyanensis*)
16. Cipó — *waberô* [d.] — para os aros de escudos trançados
17. Palmeira paxiúba
18. Árvore que dá breu

PLANTAS ÚTEIS DE MANGUEZAL

1. Arumã
2. Cipó-imbé
3. Cipó titica
4. Cipó: *neon dá* [d.]
5. Palmeira paxiúba
6. Palmeira bacaba grande
7. Árvore do breu
8. Palmeira miriti
9. Entrecasca para alça de aturá: *talapiaë* [d.]

PLANTAS ÚTEIS ENCONTRADAS EM CAPOEIRAS

1. Arumã
2. Arbusto trepadeira *dugu'mé* [d.]
3. Árvore de resina *kwakou* [d.] (mordente para colorir talas de arumã)
4. Árvore de resina *pamãn* [d.] (idem)
5. Árvore *yëlë* [d.]
6. Palmeira inajá
7. Entrecasca para fazer alça de aturá: *eono dihpubu* [d.]
8. Imbaúba: *bolepu* [d.]

Apêndice 2
CULTIVARES DE MANDIOCA

CULTIVARES PRÍSTINOS DE MANDIOCA (*PAMÃNIN DËHKË* [*d.*] *E* [*t.*]) *= TRANSFORMAÇÃO, MANIVA*[17]

Tubérculo branco de mandioca (*em desâna e tukâno*)

1. *Mengá diará dëhkë* [d.], *mehká diará dëhkë* [t.], maniuara, fêmea, maniva
2. *Wahsum pë dëhkë* [d.], *wahpë dëhkë* [t.], cunuri, árvore, maniva
3. *Wahsum puseri dëhkë* [d.], *wahpë kuiri dëhkë* [t.], cunuri, fruta miudinha, maniva
4. *Baleá maná dëhkë* [d.], *batiá dëhkë*, piabinha de igarapé, maniva
5. *Më peroli dëhkë* [d.], *wamë petoli dëhkë* [t.], película que proteje o caroço do umari, maniva
6. *Bo'huá dëhkë* [d.] e [t.], pomba, maniva
7. *Bëhkali dëhkë* [d.] e [t.], peixinho de igarapé, maniva
8. *Ñamiró dëhkë* [d.] e [t.], noite, maniva
9. *Omá dëhkë* [d.] e [t.], rã, maniva
10. *Pali dëhkë* [d.], ?, maniva
11. *Beré dëhkë* [d.], ?, maniva
12. *Wahsum dëhkë* [d.], *wahsó dëhkë*, espécie de seringueira, maniva

Tubérculo amarelo de mandioca

1. *Será dëhkë* [d.] e [t.], abacaxi, maniva
2. *Ne'e dëhkë* [d.] e [t.], miriti, maniva
3. *Kané dëhkë* [d.] e [t.], abiu, maniva
4. *Numu dëhkë* [d.] e [t.], bacaba, maniva[18]
5. *Poá dëhkë* [d.], *busá dëhkë* [t.], sumaúma, maniva
6. *Igui dëhkë* [d.], *ëhsé dëhkë* [t.], cucura, maniva
7. *Duabé dëhkë* [d.] e [t.] ?, maniva

CULTIVARES ATUAIS DE MANDIOCA E ALGUNS PRÍSTINOS, AINDA CULTIVADOS. DESIGNAÇÃO EM TUKÂNO[19]

Tubérculo branco de mandioca

1. *Uñú dëhkë*, abacate, maniva
2. *Pamo dëhkë*, tatu, maniva
3. *Ohó dëhkë*, banana, maniva
4. *Uthiá dëhkë*, caba, maniva
5. *Mené dëhkë*, ingá, maniva
6. *Pahkë manisé dëhkë*, pai não tem, maniva
7. *Wehkuá dëhkë*, papagaio, maniva
8. *Nomitá dëhkë*, cera de abelha, maniva
9. *Pinó dëhkë*, cobra, maniva
10. *Semé dëhkë*, paca, maniva
11. *Taín dëhkë*, ?, maniva
12. *Dalahá dëhkë*, ?, maniva
13. *Umusina dëhkë*, japu, maniva
14. *Uahpë dëhkë*, cunuri, maniva
15. *Omá dëhkë*, rã, maniva
16. Mandioca baixota (do Içana, sem nome tukâno)

Tubérculo amarelo de mandioca

1. *Xurimã dëhkë*, amarela, maniva
2. *U'hí dëhkë*, peixe pacu, maniva
3. *Ori dëhkë*, flor, maniva
4. *Pisana dëhkë*, gato, maniva
5. *Ahké dëhkë*, macaco, maniva

6. *Ñ'ísé dëhkë*, preto, maniva
7. *Mihpin dëhkë*, açaí, maniva
8. *Buhu dëhkë*, tucunaré, maniva
9. *Piká dëhkë*, biribá, maniva
10. *Mëhá dëhkë*, jacundá, maniva
11. *Tucumá dëhkë*, tucum, maniva
12. *Wënë dëhkë*, preguiça, maniva
13. *Ëné dëhkë*, pupunha, maniva
14. *Ñumu dëhkë*, bacaba, maniva
15. *Será dëhkë*, abacaxi, maniva
16. *Kané dëhkë*, abiu, maniva
17. *Ëhsë dëhkë*, cucura, maniva
18. *Busá dëhkë*, sumaúma, maniva
19. *Duabé dëhkë*, ?, maniva

Apêndice 3
*FRUTEIRAS COMÉSTÍVEIS CULTIVADAS E ALGUMAS SILVESTRES IDENTIFICADAS PELOS ÍNDIOS MEDIANTE ICONOGRAFIA EM LIVROS DE BOTÂNICA**

ANACARDIACEA

1. *Anacardium occidentale* L. Caju: *ngo're* [d.], *son'ra* [t.], *akaiú* [b.]. Plantado na aldeia, frutifica em dezembro. Come-se a fruta crua e a castanha assada no borralho. Existiam duas espécies antes da chegada dos brancos: vermelha e amarela, esta última de maior tamanho. Árvore de pequeno porte.

ANONACEA

2. *Anona densicoma* Mart. Araticum-do-mato: *cataiana piká* [t.]. Plantado na aldeia, dá na beira do rio. Come-se a fruta crua.

(*) Nomenclatura em desâna e tukâno ditada por Luiz e Madalena Lana em 1978, 1985 e 1986, e em baníwa, por Francisco Apolinário em 1978.

3. *Anona muricata* L. Graviola: *iáka* [t.]. Plantado na aldeia. Trazido pelos brancos. Come-se a fruta natural ou na forma de refresco.

4. *Rollinia mucosa* (Jacq.) Baill. Biribá: *mi'ikãn* [d.], *piká* [t.]. Dá duas safras por ano. É plantado na roça e na aldeia. Come-se ao natural.

APOCINACEA

5. *Couma macrocarpa* Barb. Rodr. Sorva-grande: *güëraimi* [d.], *ëtaimi* [t.], *wídzurite* [b.]. Árvore grande de terra firme exsuda látex. O fruto polpudo e saboroso tem muitos caroços. Amadurece em janeiro. Não é plantada.

BROMELIACEA

6. *Ananas comosus* (L.) Merril. Abacaxi: *será* [d.] e [t.], *máviro* [b.]. É plantado na roça e na povoação. Come-se cru e também com manicuera. Ralado com a casca, a massa é coada, adicionada à manicuera e fervida junto. Faz-se também caxiri (*seerá kó* [t.]). Já existia antes do contato com os brancos.

CARICACEA

7. *Carica papaya* L. Mamão: *manu* [d.] e [t.]. Plantado na aldeia. Trazida pelos brancos.

8. *Citrullus vulgaris* Schard. Melancia: *menacia* [d.] e [t.]. Plantada na roça. Trazida pelos brancos.

ESTERCULIACEA

9. *Theobroma cacao* L. Cacau. Sem nome em tukâno e desâna; trazido pelos brancos. É plantado na aldeia. Come-se a fruta e o caroço torrado, moído e misturado ao caldo de cana.

9.1. Cacau de igapó: *wahpékara sawë* [t.]. Não é plantado. Frutifica em abril. Come-se só o fruto. Existe em grande quantidade no igarapé Castanho, coletado pelos índios Makú.

10. *Theobroma grandiflorum* (Willd ex Soreng) Schum. Cupuaçu: *wahpékara sawë* [t.]. Plantada junto às casas. Trazida pelos brancos.

10.1. Cupuaçu nativo: *wahpékara*. Consumida como refresco.

EUFORBIACEA

11. *Cunuria spruceana* Baill. Cunuri: *wahpë* [d.] e [t.], *kunúri* [b.]. Quando verde, a fruta é ralada e cozida. Quando madura, cai do pé. Contém uma gordura venenosa, por isso tem que cozinhar bastante. A

polpa é misturada ao caldo de peixe ou engrossada como mingau (*wahpë ñohká* = cunuri, mingau).

GNETACEA

12. *Gnetum nodiflorum* Brong. Ituá: *toá* [t.], *uwáda* [b.]. Come-se a fruta com casca. Dá em setembro, não é plantada. Cozinha-se na água morna sem deixar ferver.

12.1. *Wani toá* [t.] (acará, fruta) [t.]. Atualmente é plantada.

12.2. *Toá senáni* [t.]. Atualmente é plantada

12.3. *Toá dari* [t.]. Atualmente é plantada.

GRAMINEA

13. *Saccharum officinarum* L. Cana-de-açúcar: *anã* [t.], *mapa* [b.]. Extrai-se o caldo para fazer caxiri (*anã-kó* [t.]), juntando manicuera e beiju. Introduzida há muito tempo pelos brancos.

ICACINACEA

14. *Poraqueiba sericea* Tul. Umari: *më* [d.], *wamë* [t.], *dumarí* [b.]. Plantada na roça, dá duas safras: em março-abril e em julho. Madura é comida crua. Mistura-se também ao mingau (*wamë kó* [t.], umari mais tapioca ou farinha). Faz-se chibé com o caldo do umari: *wamë kő*. Coloca-se um pouquinho da polpa da fruta para engrossar o caldo do peixe. Ou se faz um molho grosso só do umari para acompanhar o peixe. Do caroço, meio amolecido e descascado e depois ralado, faz-se uma panqueca envolta em folha de banana que é assada como beiju. O caroço é também consumido assado na brasa.

14.1. *Mahá wamë* [t.] (arara, umari). Fruto longo e amarelo de casca alaranjada. Dá em abril.

14.2. *Wamë ñi'isé* [t.] (umari tem preto). Fruto preto, cultivado.

14.3. *Diá wamë* [t.] (rio, umari). Não é plantado; nativo do igapó. Fruto amarelo-claro, compridinho.

LAURACEA

15. *Persea americana* Mill. Abacate: *u'iu* [d.], *u'ñu* [t.], *pirida* [b.]. Plantado na aldeia, come-se cru. Existia antes da chegada dos brancos. Dá em dezembro.

LECITIDACEA

16. *Lecythis usitata* Miers. Sapucaia: *mumuru wahsú* [d.], *monono wahsó* [t.]. Nativa na terra firme.

LEGUMINOSA-MIMOSOIDEA

17. *Inga alba* (Sw.) Willd. Ingá chichica: *bi mené* [d.] e [t.]. Nativo em terra firme e igapó. Fruto de vagem comprida comestível. Os peixes aracu e pacu comem o caroço.

18. *Inga cinnanomea* Spruce ex Benth. Ingá-açu: *peiu mené* [d.], *u mené* [t.]. Nativo em região de igapó e terra firme. Fruto comestível; peixe aracu come o caroço.

19. *Inga edulis* Mart. Ingá-cipó: *mené pagá* [d.], *mené pahká* [t.]. Plantado na aldeia e na roça. Amadurece em outubro. Alcança meio metro de comprimento.

20. *Inga falcistipula* Ducke. Ingá chichica: *wiri mené* [t.]. Plantada na roça, começa a produzir depois de um a dois anos. Resiste bem ao fogo; corta-se um pouco e volta a brotar.

21. *Inga heterophylla* Willd. Ingá chichica: *mahá mené* [d.] e [t.]. Plantado na roça e na aldeia.

22. *Inga macrophyla* HBK. Ingá-peua: *kai mené* [d.] e [t.]. Cultivado na roça. Dá em terra arenosa e argilosa.

23. *Inga tribaudiana* DC Ingá chichica: *bëhpë mené* [d.] e [t.]. Nativo, cresce em terra firme arenosa e argilosa.

LEGUMINOSA-PAPILOIDEA

24. *Monopteryx uacu* Spruce. Uacum: *simió* [t.], *awiia* [b.]. Produz em setembro e outubro. A semente é comida principalmente assada. Quando cozida, é imersa antes na água por dois dias para soltar o amargo.

MIRTACEA

25. *Eugenia malaccensis* L. Jambo: *iambo* [d.] e [t.]. Plantada junto às casas. Foi trazida pelos brancos.

26. *Psidium guayava* L. Goiaba: *waiava* [d.] e [t.]. Plantada na aldeia. Trazida pelos brancos.

27. *Psidium guianensis* Swartz. Araçá: *passakáni* [d.] *aratzé* [b.]. Plantada, frutifica em setembro. Consumida crua.

MORACEA

28. *Artocarpus incisa* L. Fruta-pão: mesmo nome em [d.] e [t.]. Plantada na aldeia. Foi introduzida pelos brancos.

29. *Artocarpus integrifolia* L. Jaca: *iaka* [d.] e [t.]. Plantada na aldeia. Foi introduzida pelos brancos.

30. *Pourouma cecropiaefolia* Mart. Cucura ou matapi: *igui* [d.], *ëhsé* [t.], *kahméro* [b.]. Plantada na roça e na aldeia. É preta como uva e cresce em cacho. Produz em janeiro.

30.1. *Ëhsé iepú* [d.], *wa'u matu* [t.]. Cucura nativa que dá em capoeira. A fruta é mais miudinha.

MUSACEA

31. *Musa paradisiaca* L. Banana: *ohó* [d.] e [t.]. Plantada na roça e na aldeia, produz o ano todo. No rio Tiquié são cultivadas sete variedades nomeadas. Uma delas, apenas na forma de mingau pode ser consumida. Faz-se também caxiri de banana: *ho kó* [t.]. Amassada com água quente, é deixada durante três dias com manicuera e o beiju de caxiri. No terceiro dia adiciona-se caldo de cana e se coa. Os Hohódene (grupo baníwa) plantam nove variedades de banana.

PALMACEA

32. *Astrocaryum aculeatum* GFW. Meyer. Tucumã: *ñohkaporá* [d.], *ñahkaponi* [t.]. Consome-se o coco. Essa espécie de tucum não dá fibra para cordéis.

33. *Astrocaryum tucuma* Mart. Tucumã: *behta* [t.], *kumália* [b.]. Come-se o coquinho. Do olho tira-se a seda para fazer fio.

33.1. *Diá behtá* [t.]. Essa espécie cresce à beira-rio. Come-se o coquinho e faz-se pião da semente, como no caso de outras espécies dessa palmeira.

34. *Euterpe oleracea* Mart. Açaí-do-pará: *mihin* [d.], *mihpin* [t.], *manake* [b.]. Frutifica de abril a junho. O coquinho é deixado de molho na água morna. Quando começa a soltar a casca, tira-se a água, soca-se no pilão, coa-se. Faz-se chibé (*mihpin kó*) ou mingau (*mihpin ñumu kó*).

34.1. Açaí nativo: *mihpín* [t.]. Produz na mesma época do cultivado.

35. *Guilielma gasipaes* (HBK) Bailey. Pupunha: *ëni* [d.], *ëné* [t.]. É cozida, ralada, coada e tomada como refresco (*ëné kó* [t.]). Para fazer caxiri, ferve-se a polpa com manicuera, junta-se o beiju e se deixa no camuti. Fermenta numa noite. Chama-se *ëne kó* também. Para fazer caxiri forte, cozinha-se a pupunha, enterra-se envolta em folha de bananeira durante duas semanas, tira-se o caroço e mistura-se com caldo de cana e beiju. Chama-se *ëné iake* [t.]. Plantada na roça e na aldeia, começa a produzir em quatro a oito anos.

35.1. Pupunha vermelha: *ëné soasé* [t.].

35.2. Pupunha amarela: *ëné bohó* [t.].

35.3. Pupunha malhada branco-verde: *ëné dahsiatu* [t.] (pupunha, camarão).

35.4. Pupunha verde: *ëné savé* [t.].

36. *Jessenia bataua* (Mart.) Burr. Patauá: *buhu* [d.], *buhpu* [t.]. Preparada, tal como açaí-do-pará. Não é plantada. Cresce perto de igarapé em terra arenosa.

37. *Mauritia flexuosa* L. Miriti: *n'é* [d.], *né'é* [t.], *atevida* [b.]. Palmeira nativa e plantada, dá fruto em junho e julho. É imersa na água morna durante quinze minutos para amolecer, ou no rio, durante dois dias. Descascada e retirada a carne, é consumida na forma de chibé (*né'é ñohká*) (terminologia em tukâno).

37.1. Miriti vermelho: *né'é mohsá* [t.].

37.2. Miriti amarelo: *né'hé bohó* [t.].

37.3. Miriti miudinho: *né'hé daiasé* [t.].

38. *Mauritia martiana* Spruce. Caranã: *dihká* [d.], *pusen* [t.]. A polpa do fruto é preparada de forma semelhante à do miriti.

39. *Maximiliana regia* Mart. Inajá: *ëngá puni* [d.], *inki puni* [t.], *wetéri* [b.]. Palmeira não plantada. Dá cachos grandes. Quando madura, cozinha-se o cacho, descasca-se e se soca o fruto. Junta-se à manicuera e se engrossa ao fogo para fazer mingau (*ihki kó* [t.]).

40. *Oenocarpus bacaba* Mart. Bacaba: *ñumu'ió* [d.], *ñumu maká* [t.], *púperi* [b.]. Plantada na aldeia, dá fruto de dezembro a fevereiro. Prepara-se como o açaí, deixando amolecer na água morna. Pisa-se na panela para extrair o sumo. Não se faz caxiri com essa fruta, só chibé e mingau.

40.1. Bacaba aracu: *boteá ñumu* [t.]

40.2. Bacaba comprida: *viró ñumu* [t.]

41. *Passiflora edulis* Sims. Maracujá: *bulukuia* [t.], *burkuia* [b.]. Plantado na aldeia, consumido cru.

42. *Passiflora quadrangularis* L. Maracujá-açu: *murukuia pahká* [t.]. Plantado na aldeia, consumido cru.

SAPOTACEA

43. *Pouteria caimito* (Ruiz & Pav.) Radlk. Abiu: *kané* [d.] e [t.], *hemári* [b.]. Plantado na roça e na aldeia, frutifica de outubro a dezembro. Encontrada também em estado nativo. Resistente ao fogo, o toco volta a brotar passado um ano. Plantada, começa a produzir depois de três anos.

44. *Pouteria ucuqui* Pires & Schultes. Ucuqui: *poé* [d.], *puhpiá* [t.]. Encontrado em estado silvestre por toda a região. Frutifica em dezembro.

Cozida sem casca, pisada na panela, é engrossada em forma de mingau (*puhpiá kó* [t.]) ou tomada com manicuera.

VOQUISIACEA

45. *Erisma japura* Spruce ex Warm. Japurá: *bali'í* [d.], *balati* [t.], *dzapura* [b.]. Cresce nativo à beira-rio, frutificando em junho e julho. Come-se o fruto cozido com pimenta e peixe.

45.1. Japurá grande: *ba'ati pahká* [t.]. Cresce na mata de terra firme.

4

A MANDIOCA

É a seguinte a descrição botânica da mandioca (*Manihot esculenta* Crantz) da família Euphorbiaceae:

> Arbusto pequeno, cultivado; raízes tuberosas, em média sete a doze, ricas em féculas, de conformações variadas e dimensões dependentes das condições de cultivo e do cultivar, mas podendo atingir até um metro;[1] caule lenhoso quando adulto, com ramificações em di, tri e até tetracotomia; folhas alternas, lobadas e longamente pecioladas; flores unissexuais, dispostas em inflorescências cimosas. A mandioca possui um caráter tóxico (presença de um glicosídeo cianogênico que dá origem ao ácido cianídrico), que leva a dúvidas sobre a existência de apenas uma espécie botânica. A maior ou menor quantidade do tóxico nos dá os dois grupos conhecidos: mandioca-doce ou mansa (aipim, macaxeira) e mandioca-brava ou amargosa. De acordo com o caráter botânico, até hoje não foi possível diferenciar estes dois grupos. Existem numerosos cultivares de mandioca. A partir da mandioca se obtêm vários produtos industriais: fécula, farinha de mesa, farinhas de raspa, álcool, farinha de tapioca, forragem e tucupi. Na alimentação caseira são muito numerosos os alimentos preparados com mandioca, por exemplo: tacacá, goma ou tapioca, macaxeira (cozida, frita, como purê ou como bolo), beiju, broa etc. [Silva et alii, 1977:128]

Como se vê, além de ser uma planta que dá facilmente em terra pobre, de poder permanecer estocada na própria terra por períodos muito grandes, a mandioca tem a vantagem de ser um alimento rico em amido e de fornecer uma série de subprodutos. Da mandioca aproveita-se o tubérculo, a maniva para replante, e as folhas para a alimentação e a laqueação de cuias, como veremos adiante. Em outras palavras, aproveita-se tudo, como de uma verdadeira árvore da vida. Entre os Desâna e Tukâno se fazem oito qualidades de beiju, seis de farinha, cinco de bebidas não fermentadas feitas à base de manicuera e nove tipos de caxiri, também com base nesse sumo venenoso extraído da mandioca-brava, além de dois pratos feitos com suas folhas. Semelhante quantidade de subprodutos da mandioca-brava é obtida também pelos Waiwai. Diz Betty J. Meggers (1977:113) que "perto de catorze variedades desse tipo de 'pão' e pelo menos três bebidas são preparadas com a raiz da mandioca e com o seu suco".

O conhecido trabalho de Robert Carneiro (1960) mostra que a agricultura de coivara,[2] tendo como produto básico a mandioca, amplamente difundida entre os grupos da floresta tropical, é capaz de manter comunidades estáveis de quinhentos indivíduos por tempo indefinido (1960:233). No caso dos Kuikúro, do alto Xingu, de onde o autor extrai a maioria de seus dados, uma população estável de até 2 mil indivíduos poderia ser mantida dentro do habitat tribal, utilizando as técnicas agrícolas tradicionais. Assim sendo, as migrações e deslocamentos de aldeias devem ser imputados a outras causas — guerreiras ou sobrenaturais — e não à exaustão do solo, em decorrência da prática desse tipo de agricultura.

O referido trabalho, tido como uma resposta ao de Betty Meggers (1955), no qual assevera que na floresta tropical úmida não podiam se desenvolver sociedades de nível mais alto que as tribais, devido às limitações tecnológicas e ecológicas, provocou o de Daniel Gross (1975). Este autor procura comprovar, com grande riqueza de dados, que os limites para esse desenvolvimento se encontram na pobreza de alimentos protéicos na floresta tropical, adentrando sua análise na bacia amazônica. A farinha de mandioca, embora rica em calorias e aminoácidos — 320 calorias e 404 mg, respectivamente, segundo Gross (1975:527) —, é pobre em proteínas — apenas 1,7 mg (ibidem). O trabalho de Gross teve uma réplica, igualmente brilhante, em Stephen Beckerman (1979).

Contudo, a mandioca apresenta inúmeras vantagens, além das assinaladas. Seu rendimento é bastante grande por unidade de terreno, uma vez que as manivas podem ser cultivadas próximas umas das outras, à razão de 10 mil pés por hectare (Schery, 1947:25). Outra vantagem do cultivo de tubérculos como a mandioca, quando comparado com grãos, como o milho, é que a mandioca é pouco suscetível às pragas, cresce em solos semi-áridos como os do Nordeste, temperados como os do Sul do Brasil e pouco férteis como os amazônicos. Não exige a queima total e limpeza do terreno e seu rendimento por unidade/trabalho e unidade/área,[3] bem como seu componente calorífico, é mais alto que o do milho. Este, contudo, contém mais aminoácidos que a mandioca: 3820 contra 404 (Gross, 1975:534 e tabela 1).

Não obstante o baixo teor de alimento protéico ingerido pelas populações indígenas da Amazônia, que baseiam sua dieta alimentar essencialmente na mandioca, elas estão tão adaptadas a seu habitat que não apresentam nenhuma doença carencial e exibem grande vigor físico. Sendo pobre em proteínas, ela não retira do solo materiais nitrogenosos na mesma proporção em que o fazem outras plantas (Schery, 1947:25).

Acreditamos que aos grupos indígenas do alto rio Negro se possam aplicar os cálculos de ração alimentar para os Kuikúro do alto Xingu. Ou seja, de que a mandioca representa 80% de sua dieta, as outras plantas cultivadas 5% e o peixe e demais alimentos de conteúdo protéico, 15% da mesma (Carneiro, 1973:98). Como se vê, a base da dieta alimentar é a mandioca. Além de ser a fonte alimentícia mais estável e duradoura, ela se transformou, no caso dos índios do rio Negro, em produto de troca que, outrora e ainda hoje, possibilita a obtenção de alimentos com teor protéico, como a caça dos Makú e, mais recentemente, a aquisição de produtos alimentícios mediante a venda do seu excedente.

Na Amazônia, a reiterada derrubada da floresta virgem, devido à exaustão do solo usado para o cultivo, acarreta a formação de capoeiras, onde o replantio da mandioca só pode ser feito quando refeita a mata.[4] Daniel Gross pondera que também isto tem suas compensações, porque permite o acesso a essas capoeiras de caça não arbórea que sobrevive melhor nelas do que na mata virgem. Cita especialmente o veado e os porcos (caititu e queixada), que encontram maior abundância de alimentos nos brotos, folhas de árvores novas e no capim que se alastra depois da queimada do que na floresta de altos troncos. Conclui que "a queima e limpa da terra para a horticultura ou outros fins podem também ser encaradas como uma resposta à escassez de proteínas" (Gross, 1975:536).

Como vimos anteriormente, a mandioca se adapta a vários climas e solos, sendo cultivada hoje, além da América do Sul, nas Antilhas, América Central, México, Flórida (EUA) e em extensas áreas tropicais da Ásia, África e Oceania. Botânicos como Candolle (1886) e Vavilov (1951) consideram o Brasil o local de origem dos cultivares. Sauer (1952) acha que ela tenha se originado nas savanas da Venezuela.

Rogers, de quem tomamos essas informações, pondera, contudo, com base em investigações botânicas de campo, que a mandioca (*M. esculenta*) "se tornou primeiro um importante elemento na dieta dos povos da planície tropical, em algum ponto do complexo meso-americano, e foi distribuído, a partir daí, a outras partes até atingir o âmbito de disseminação da atualidade" (1965:375-6). O estudo de Albuquerque (1969) sobre a mandioca na Amazônia atribui sua provável origem ao estado da Bahia.

Com base em pesquisas arqueológicas, Betty J. Meggers diz que "[...] evidência indireta do uso da mandioca aparece no litoral colombiano do Caribe um pouco antes do ano 1000 a. C., na forma de grandes assadeiras de cerâmica do tipo que é usado para a sua preparação pelos índios da floresta tropical" (1977:57). Conquanto sua forma ancestral não seja ainda conhecida, espécies silvestres ocorrem em vários dos *habitats* mencionados.

Segundo Galvão, "[...] o uso da 'mandioca-brava' tem como área central a região entre a margem norte do rio Amazonas e o Orinoco, com infiltração para o Sul, ao longo de afluentes, a partir do Madeira, para leste, interrompida, porém, na região do Brasil Central, com eixo no Tocantins. Nessa área parecem estar reunidos todos os elementos básicos do chamado complexo da mandioca: raladores, peneiras, tipitis e fornos de barro" (1963: 121-2).

Rogers e outros autores falam de centenas de cultivares de mandioca. Em sua obra mais recente, Rogers e Appan relacionam

98 espécies do gênero *Manihot*, várias delas com até cinco subespécies (Rogers & Appan, 1973:255-6 — lista numérica de taxa).

Na mitologia desâna narrada a Tolamãn Kenhíri por seu pai, Umúsin Panlõn Kumu, consta um mito denominado "A história de Báli Bó e a origem da mandioca". Nele se diz que: "A princípio a humanidade desconhecia a mandioca. Mas havia um ser chamado Báli Bó, que quer dizer 'o dono da comida', que possuía todas as plantas que a humanidade consome. Ele tinha-as dentro de si mesmo. Isto é, dentro dele produzia-se a comida" (1980:141).

A narrativa gira em torno de um fratricídio, do abandono da família por parte de Báli Bó, seu novo casamento com duas mulheres às quais ensina a fazer roça, plantar mandioca, preparar todas as comidas extraídas dessa planta e, finalmente, da doação ao filho do primeiro casamento da maniva que, "tratada de acordo com as ordens de Báli Bó, multiplicou-se, dando mandioca a toda a humanidade" (op. cit.:147).

A desobediência às instruções dadas por Báli Bó às mulheres do seu segundo casamento fez com que crescesse capim nas roças e a raiz da mandioca deixasse de sair da terra sem casca, como ocorria naquele mito, dificultando, desse modo, o trabalho da mulher. O mito especifica as atribuições de cada sexo nas fainas agrícolas e no processamento da mandioca, bem como o fato de a roça pertencer à mulher. Isso fica evidente no trecho: "Báli Bó disse às suas esposas: 'Mostrem-me a mata virgem onde gostariam de fazer a roça'. As moças foram escolher um lugar e levaram-no para vê-lo. Então Báli Bó lhes disse: 'Delimitem o tamanho que quiserem'. Passada meia hora, elas já tinham dado volta ao lugar demarcado, porque queriam fazer uma roça circular" (op. cit.:145).

Sem derrubar a mata, Báli Bó, que era um poderoso pajé, queima a roça que no dia seguinte é entregue às mulheres, com as raízes das manivas já maduras, prontas para serem colhidas.[5]

Entre os grupos de língua tukâno, cabe enfatizar que, nas três das quatro fases de processamento da mandioca, são utilizados implementos cesteiros, especialmente para cada uma das operações exigidas para a transformação de uma planta tóxica em um alimento crucial na dieta indígena. Todos eles são confeccionados com talas de arumã (*Ischnosiphon* spp.). Tais são: a cumatá (língua geral), *thompa* em tukâno, *siruli* em desâna, *tíroli* em baníwa (dos Hohódene), que é uma apá tigeliforme de malhas cerradas feita de arumã sem raspar para que fique mais forte, usada para extrair a manicuera da massa de mandioca ralada; a urupema (língua geral), *siowa* em tukâno, *sibulu* em desâna, *dupiti* em baníwa, de malhas abertas, que serve para esfarinhar a massa depois de seca no tipiti; o tipiti (em língua geral), *wahtinkeo* em tukâno, *wahtin kelün* em desâna e *tirulipi* em baníwa, que é um tubo elástico trançado de arumã sem raspar, onde se coloca a massa depois de se ter extraído dela a manicuera, para que seque bem. A apá tigeliforme (balaio, na terminologia local), *wëhë bahti* em tukâno, *wëhë kúlu* em desâna e *waraia makapuku* em baníwa, onde são recolhidos os pães de massa de mandioca que saem do tipiti. Apá menor, *bahtiaka* em tukâno do Uaupés; *ahúwa sani bahti*, em tukâno do Tiquié, que significa beiju, colocar, balaio; *alun sani kúlu*, em desâna com o mesmo sentido, *waraia* em baníwa, que recebe o beiju depois de assado, para guardar ou servir. O paneiro (termo regional), *tenepi* em tukâno, *tënëmu* em desâna, *tzétu* em baníwa, forrado de folhas de arumã, de imbaúba (*Cecropia leucocoma*), ou de sororoca (*Ravenala guayanensis*), onde se acondiciona a farinha para uso e para venda. E ainda, o aturá (língua geral), cesto-cargueiro dos índios Makú feito de cipó titica (*pii misin* em tukâno, *puíbo singá* em desâna, *mãi* em makú, *kaame* em baníwa), indispensável no transporte das raízes da mandioca.

Além desses cestos, há ainda uma peneira de arumã de talinhas muito finas chamada *pamu siowa* (tatu, peneira) em tukâno, *pamu sibulu* com o mesmo sentido em desâna, usada exclusivamente para coar frutas.

O implemento mais importante — o ralo, monopólio dos Baníwa —, constituído de uma tábua endentada com fragmentos pontiagudos de quartzo ou sílex, que se usa para ralar o tubérculo, vem sendo substituído, atualmente, pelo caititu. Trata-se de um ralador formado de um cilindro de metal com dentes que é posto a girar por um motor movido a gasolina.

Para virar o beiju na assadeira, a fim de que se toste dos dois lados, usa-se um ou dois abanos, em forma de coração, trançados com a nervura da folha do grelo do tucum (*Astrocaryum tucuma*).

Chama-se *wenino* em tukâno, *wenexo* em desâna, *kaduitipá* em baníwa e *tepecuá* em língua geral.

A TECNOLOGIA ALIMENTAR

Vejamos a seguir os modos de preparo das diferentes espécies de farinha, beiju, mingau e caxiri, subprodutos da mandioca da maior importância alimentar e cerimonial na vida dos índios do alto rio Negro.

A mandioca (*ki*)[6] é lavada no rio e descascada em casa.[7] Ou então trazida limpa no aturá, cesto-cargueiro feito exclusivamente pelos Makú. É ralada no ralador (*sokóno*) feito apenas pelos Baníwa, para separar os subprodutos mais importantes: a massa, o amido e o sumo venenoso.

Farinha

1. FARINHA DE MASSA RALADA (*KI SITI*) E MASSA PUBA (*KIBÓ*)

Descasca-se a mandioca, que é acondicionada na apá grande (*wëhë bahti*) e rala-se no ralador, com ambas as mãos. O ruído de vai-e-vem, bem ritmado, parece o de uma serra. Os tocos do tubérculo são deixados de lado e juntados posteriormente para serem ralados de uma só vez. Leva cerca de três horas ralar um aturá de 30 kg de mandioca. Leva apenas dez minutos realizar o mesmo trabalho no caititu.

A polpa ralada (*ki siti*) é espremida na cumatá (*thompa*) primeiro sem água, depois juntando-se água aos poucos, fazendo-se movimentos rápidos, também ritmados, como se esfrega roupa numa bacia. A cumatá é apoiada num tripé (*ñamá*) e debaixo dele coloca-se um camuti (panela de barro em língua geral, *ñohká piosá të* em tukâno), onde escorre a manicuera viva (*ñohka*) e se decanta o polvilho ou tapioca (*wehtá*). A manicuera cozida chama-se *ñohká të* (manicuera, panelada). A massa separada da manicuera e da tapioca chama-se *puti*. Pode ser guardada algum tempo até juntar-se o suficiente para fazer a farinha.

Para isso, mistura-se a massa ralada à massa de mandioca puba (*kibó*). Esta é obtida do seguinte modo: colocam-se as raízes de molho em um igarapé onde não haja peixe durante quatro dias. Descascadas no local, são trazidas no aturá forrado de folha de imbaúba (*boté puní*) ou sororoca (*nëhkë'ho puní*). Então são esmigalhadas no ralo e aí mesmo amassadas junto com o *putí* (polpa de mandioca ralada), colocadas ambas na apá grande (*wëhë bahtí*). Depois põe-se essa polpa de mandioca no tipiti (*wan-tín'keó*) para secar bem. É então chamada *ëtabuke*.

O travessão da cozinha, amarrado ao esteio central, chama-se *dahsen kë'a* [t.], *nahsin inkinó* [d.] (tucano, bico) porque se assemelha ao bico dessa ave. Nesse travessão é engatada a argola superior do tipiti. Na inferior é introduzido um pau roliço que se chama *ëtabukuhë*. Ele é engatado num anel de cipó que rodeia o esteio central da cozinha, denominado *etá buhuli betó*. A mulher senta-se sobre esse pau e pressiona o tipiti durante dez minutos, quando sai todo o líquido (*kibó kó*), o qual, estando misturado com o da mandioca puba (*kibó*), é jogado fora.

A terminologia empregada no equipamento e processamento do tubérculo relaciona-se com o processo de fragmentar, coar, separar e secar. Assim, *ëtabuhukë* quer dizer: o pau que faz secar, e o seu resultado, *ëtabuke*, indica: seco. *Puti ñabukë* é massa de que se extraiu o principal, ou seja, a manicuera e a tapioca; isto é, passou só na cumatá (*thompa* [t.]), e *kibó kó* é mandioca podre, água.

Do tipiti os bolos são transferidos a uma peneira redonda de malhas abertas (urupema em língua geral, *siowa* em tukâno) colocada em cima da apá grande. Ambos os cestos têm o mesmo diâmetro. As farpas e pedaços mais grossos são postos no torrador (forno, na linguagem regional) (*dii ahtáro*, quando de barro; *komé ahtáro*, quando de ferro) já quente, para limpá-lo. Depois de varrido o forno com uma vassourinha de cipó titica, vai-se colocando a massa esmigalhada e peneirada até enchê-lo. Mexe-se, levantando-a e revolvendo-a com um pequeno remo (*poká ahteni pipá*, para mexer). Essa farinha, feita de massa ralada e massa puba, é a preferida pelos compradores regionais. Chama-se *soasé poká*, que significa: vermelho, farinha, não obstante ser bem amarela.

Um segundo tipo de farinha é feito só de massa ralada (*putí*) que, depois de seca no tipiti, é chamada *ëtabuke*. É peneirada e torrada em forno morno, agregando-se-lhe, em seguida, tapioca (*wehtá*) em pequena quantidade. Volta ao forno, agora quente, para acabar de torrar sem encaroçar. Chama-se *putí poká*.

Um terceiro tipo de farinha, que não tem nome em tukâno porque aprendido com os Baré, é conhecido como farinha seca. A massa ralada é espremida na cumatá, sem agregar água, até escorrer a manicuera e decantar-se o polvilho. É em seguida seca no tipiti e, depois de peneirada, posta a torrar em forno não muito quente.

A farinha mais fina e de melhor sabor é feita unicamente de tapioca, obtida da maneira descrita. Uma mancheia de tapioca úmida é passada na peneira, a seguir esfarinhada no forno quente para embolotar, depois misturada ao resto da tapioca para facilitar o peneiramento e, finalmente, tamisada e tostada. Outro modo de fazer essa farinha é lavar várias vezes a tapioca, escorrer a água na cumatá e depois colocar cinza quente sobre uma folha de bananeira para secar bem. Só então é embolotada e posta a torrar. Chama-se *wehtá poká* (tapioca, farinha). Essa farinha — bem como o beiju de tapioca — é servida aos rapazes e às moças na reclusão da puberdade e às mulheres após o parto.

Existe uma quinta qualidade de farinha feita unicamente de massa puba. Amolecidas as raízes na água e descascadas, são amassadas na tábua de ralar. A massa resultante é transferida à apá grande indo direto ao tipiti.[8] Chama-se *kibó poká*: farinha d'água.[9]

O mesmo nome é atribuído a uma sexta farinha conhecida, em língua geral, como massoca. É feita de massa puba misturada com pouca massa ralada. Depois de ser passada no tipiti é posta a secar no moquém (*kasá*) armado sempre em cima do fogo. No dia seguinte, tira-se a parte tostada, peneira-se e se torra no forno.

Vejamos as várias etapas de produção de beijus, mingaus, refrescos de manicuera e caxiris, bem como o molho do tucupi, elementos básicos da tecnologia alimentar dos índios alto-negrinos.

Beijus

1. *BEIJU DE TAPIOCA PURA* (*AHÚWA SIRÁKARO*)

Ralada a mandioca, extrai-se a manicuera e a tapioca com a cumatá (*thompa*). O polvilho fica depositado no fundo do camuti, podendo durar muito tempo sem uso.

Para fazer o beiju, toma-se um pouco dessa goma, tamisa-se na urupema (*siowa*) colocada em cima da apá grande (*wëhë bahti*) para pulverizá-la. Com uma cuia se pega uma porção dessa tapioca tamisada e se coloca no forno, previamente aquecido, mexendo para tostar-se e encaroçar. Essa tapioca volta a ser misturada com a crua para que seque melhor e possa ser cernida com mais facilidade. Procede-se desse modo três a quatro vezes. Depois, despeja-se toda a tapioca no torrador e alisa-se para fazer um disco grande. Para isso se usa uma pá semilunar chamada *wahá biali ñé* (remar, juntar, nome) em desâna, *wahá biáka ro* em tukâno, *kurimapá* em baníwa. Com ela se acerta a circunferência e a espessura do beiju. Tostado de um lado, é partido em quatro. O diâmetro é geralmente de 70 a 80 cm. Para virá-lo, usam-se dois abanos grandes (*wenîno* em tukâno), para pegar toda a sua largura e dar-lhe a volta. É preciso juntar muita lenha para assar o beiju e mais ainda para tostar a farinha. Nisso geralmente o marido ajuda a mulher.[10]

2. *BEIJU DE TAPIOCA E ËTABÚKE* (*MASSA SECA NO TIPITI*)

É chamado *su'ukaro*, no rio Uaupés: misturado. Leva *ëtabúke* e *wehtá* (tapioca) em proporções iguais. Ambos são passados na peneira (*siowa*) para se esfarinhar. Tostam-se umas duas cuias, peneira-se outra vez e depois se despeja toda a farinha numa apá grande colocada no forno. Um beiju desses alcança alimentar uma família de cinco pessoas num dia.

3. *BEIJU DE MASSA RALADA* (*KI SITI*) *E PUBA* (*KIBÓ*)

Depois de extraída a manicuera e a tapioca na cumatá, junta-se essa massa de mandioca ralada (*putí*) à massa puba (*kibó*). Secas ambas no tipiti, são esfarinhadas na peneira e assadas no forno. Chama-se *kibó ahúwa*, massa puba, beiju (caribé em língua geral).

4. BEIJU DE ËTABUKE

É feito apenas de massa de mandioca ralada (*putí*), isto é, separada da manicuera e do polvilho, depois de passada na cumatá (*thompa*) e no tipiti. Retirada do tipiti, a massa é peneirada na *siowa* e vai ao forno para tostar. É o beiju comido diariamente para acompanhar carne e peixe. Tem a espessura de um dedo e é tostado dos dois lados. Chama-se *itapékaro*, que significa: quebrado.

5. BEIJU SÓ DE MANDIOCA PUBA (*KIBÓ*)

Chama-se *ahun ponlá*, que pode ser traduzido para: beiju, filhos. Deixa-se a mandioca de molho, esmigalha-se no *sokóno* (ralo baníwa) e passa-se no tipiti. Coloca-se essa massa seca num aturá meio longe mas em cima do fogo. Deixa-se secar um dia mais. Passa-se na *siowa* (urupema). Fazem-se forminhas redondas com turi (*mihpini-pin*),[11] enchem-se as fôrmas e se assa no forno dos dois lados. Esse é o beiju mais tradicional dos Desâna, como o próprio nome indica.

6. BEIJU DE MASSA (*PUTÍ*) E TAPIOCA EMBRULHADA EM FOLHAS DE BANANEIRAS

A massa da mandioca é espremida no tipiti, mas sem tirar-se todo o sumo. Assa-se dos dois lados. Chama-se *babaró*, que quer dizer: mole.

7. BEIJU DE MANDIOCA PARA CAXIRI

Chama-se *péru ahúwa* (caxiri, beiju). Rala-se o tubérculo de que se extrai a manicuera pura, isto é, sem adicionar-lhe água, filtrada através da cumatá. Essa massa é, em seguida, seca no tipiti, e a manicuera extraída agregada à retirada anteriormente. Dessa forma o beiju conserva quase toda a tapioca.

O beiju para caxiri deve ser bem fino e quase queimado. Para isso é tostado dos dois lados inúmeras vezes.

8. BEIJU DA BATATINHA *ÑAI'RÓ* PARA CAXIRI: *ÑAI'RÓ AHÚWA*

É uma das batatas utilizadas como tempero do caxiri e a única de que se faz beiju. As demais — inclusive a batata-doce ou o cará — são cozidas e amassadas na forma de purê. Uma quantidade regular de *ñaí' ró* (3 kg para 30 kg de mandioca) é ralada e com essa massa forra-se uma folha de bananeira partida em dois. Cobre-se com a outra parte da folha e se assa no forno. Retira-se a folha tostada e volta-se a torrar o beiju.

Mingau à base de mandioca

1. MINGAU DE TAPIOCA (*WEHTÁ ÑUMÚKU*: TAPIOCA, MINGAU)

É a bebida tomada pela manhã. Cozinha-se a tapioca na água até engrossar. Fica branquicenta e meio rala.

2. MINGAU DE FARINHA DE MASSA PUBA (*POKÁ ÑUMÚKU*: FARINHA, MINGAU)

Procede-se do mesmo modo, usando farinha torrada em lugar de tapioca crua.

3. MINGAU DE BANANA (*HO'KÓ*: BANANA, ÁGUA)

Cozinha-se a banana na água e se passa numa urupema especial (*pamu siowa*: tatu, urupema) ou na cumatá.

Aos mingaus de tapioca e farinha costuma-se juntar frutas silvestres, da estação: açaí,[12] bacaba, umari, miriti, patauá. O fruto do umari é amassado cru com um tridente de madeira (*dohkéri sanino* [d.], *bueri senéno* [t.] = mexer, suporte). A polpa das outras frutas citadas é amolecida em água morna. Se ferver endurecem e não podem ser comidas.

Bebidas à base de derivados da mandioca

1. MANICUERA (*ÑOHKÁ*)

Ralada a massa e decantada a tapioca, coloca-se ao fogo uma panela de barro de bocal largo (*ñohká të*), que se deixa esquentar seca. Depois despeja-se a manicuera (*ñohká*), que deve ferver até evaporar o ácido cianídrico reduzindo-se cerca de 2 cm o volume original. Obtém-se uma bebida adocicada de cor leitosa, nutritiva e de excelente sabor. Sabe-se que a manicuera perdeu o veneno pelo cheiro. É sempre servida morna ao fim da tarde ou requentada na manhã seguinte.

2. MANICUERA COM FARINHA (*ÑOHKÁ POKA MERÁ*: MANICUERA, FARINHA, COM)

Adiciona-se farinha à manicuera ainda morna. A farinha não é cozida.

3. MANICUERA COM ABACAXI (*SERÁ ÑOHKÁ*)

Prepara-se a manicuera junto com o sumo de abacaxi ralado com casca no *sokóno*. São cozidos juntos até reduzir o volume do líquido em dois centímetros. Adiciona-se, às vezes, tapioca ou farinha para engrossar.

4. MANICUERA COM INGÁ (*MENÉ ÑOHKÁ*)

Prepara-se a manicuera junto com o sumo do ingá, quando da safra dessa fruta, de outubro a janeiro.

5. CHIBÉ (*POKÁ PËOKÉ*: FARINHA, MOLHAR)

É a bebida que se toma depois das refeições. Deixa-se inchar a farinha na água fria. Serve-se com cuia e, separadamente, cada pessoa adiciona a quantidade de água que deseja. É também tomado antes de dormir, quando não há outra coisa para comer, a qualquer hora do dia e, sobretudo, durante as viagens, quando muitas vezes constitui o único alimento disponível.

Bebidas fermentadas à base de mandioca

O caxiri (*péru*), bebida fermentada, é um dos subprodutos da mandioca mais apreciados pelos índios, não apenas por seu teor alimentício como por seu papel social e ritual. À medida que o caapi deixou de ser consumido — homens de menos de quarenta anos não chegaram a prová-lo —, o *péru* passou a assumir importância crescente. Ele não pode faltar em qualquer atividade que exige um esforço concentrado de toda a comunidade, tal como o mutirão para a abertura ou limpeza da roça, abertura de caminhos, construção de capelas ou casas da comunidade, e também em festividades cívicas ou religiosas.

Distinguem-se, com terminologia própria, vários tipos de caxiri que admitem variações segundo os ingredientes empregados. O mais simples, que não leva tempero algum (*káin* = tempero), chama-se *káin manisé* (tempero, nenhum). Ou seja, é feito apenas de manicuera cozida e beiju para caxiri, parte do qual é mastigado.

Vejamos como é feito o *kahtisé péru* (vivo, caxiri), com tempero da batatinha *ña'iró*. Trazem-se 60 kg de mandioca de várias qualidades (brancas e amarelas de vários tamanhos). Embora toda essa mandioca seja ralada para o caxiri, apenas a metade é utilizada para fazer o beiju da forma descrita. Da outra metade, lavada na cumatá, emprega-se apenas a manicuera. Mastiga-se uma quantidade equivalente a uma cuia do beiju de mandioca, emergindo o restante, bem como o beiju de batatinha *ñai'ró*, em água fria para empapá-los.

Desfeitos os beijus, a massa é colocada no fundo de um camuti e jogada a manicuera por cima. A mistura é remexida para dissolver-se. Coloca-se cinza quente debaixo do camuti (e de uma panela extra) e tampa-se com folha de bananeira. Deixa-se fermentar até a manhã seguinte, quando se coa o caxiri na cumatá. Se o beiju não for mastigado, a bebida não fermenta, fica insossa e sem conteúdo alcoólico.

Dos ingredientes citados obtêm-se sessenta litros de caxiri. O seu preparo exige doze horas de trabalho de uma mulher.

Em lugar do referido tempero pode-se agregar outro, ou seja, as batatinhas chamadas, no singular, *duhtu*, *apá*, *mahsá*, *kahpó* (gente, batata), *dupúsu maná* (bicho-do-pé, broto), as quais são reduzidas a purê e não a beiju como no caso da batata *ñai'ró*.

Outro tipo de caxiri, bastante usual, é feito de mandioca e cará (*ñamu*) branco e roxo. Chama-se *tusabeké*, que pode ser traduzido por: amassado, o qual diz respeito, certamente, ao cará. No caso observado, a proporção foi de 60 kg de mandioca para 15 kg de cará. Da mandioca extraíram-se 10 kg de *putí* (massa ralada isenta de tapioca e manicuera), 6 kg de tapioca,[13] trinta litros de manicuera e 20 kg de beiju (feito com a massa ralada passada ligeiramente na cumatá e seca no tipiti). Do cará utilizou-se a polpa amassada (cerca de 5 kg) e o líquido em que o cará foi cozido (cerca de cinco litros). Adicionaram-se 35 litros de calda de 2 kg de açúcar,[14] perfazendo setenta litros de caxiri.

O preparo de tamanha quantidade de bebida ocupou um casal e a filha[15] durante três dias. No primeiro dia, colheu-se a mandioca e o cará e descascaram-se as raízes da mandioca. O cará é cozido com a casca. No segundo, ralou-se a mandioca, ferveu-se a manicuera, assou-se e se mastigou parte (cerca de 5 kg) do beiju. No terceiro dia, preparou-se o purê de cará (do qual 2 kg também foram mastigados) e se adicionou essa mistura à anterior, coando tudo ao fim da tarde. Esse caxiri foi preparado para a derrubada de roça em mata virgem, de que se ocuparam dez homens, e a limpeza de roça de capoeira já plantada, a que se entregaram dez mulheres.

Existe certa competição entre as mulheres quanto a obter um caxiri mais ou menos forte ou com melhor sabor. Em função disso e de sua disposição a enfrentar tamanha tarefa, bem como do prestígio da família na comunidade, conseguem maior ou menor cooperação.

O caxiri *tusabeké* pode ser preparado com frutas da estação que substituem o caldo de cana (ou de açúcar), sendo também reduzidas a líquido. Nesse caso, o caxiri é chamado segundo o nome da fruta — *ohó* (banana), *kané* (abiu), *mené* (ingá) — seguido do sufixo *kó* e da palavra *péru* (caxiri). A mesma nomenclatura é atribuída ao caxiri feito de batatinha: *duhtukó péru*, *ña'inóko péru*, isto é, temperados com as batatinhas *duhtu*, *ña' iró* etc. O sufixo *kó* indica o líquido.

Um quarto tipo é feito com a polpa da pupunha (*ëné*). Rala-se a pupunha com raiz de palmeira paxiúba, ferve-se com manicuera e deixa-se no camuti. A polpa da pupunha é mastigada e fermenta numa noite. Chama-se *ëné kó péru*, o mesmo designativo dado ao refresco — exceto a palavra *péru* — feito com essa fruta, passada na peneira de frutas (*pamo siowa*) e dissolvida na água. Quando se deseja um caxiri mais forte, cozinha-se a pupunha — sempre em quatro águas —, enterra-se envolta em folha de bananeira durante duas semanas, tira-se o caroço e se agrega caldo de cana e beiju. Chama-se *ëné yake péru* (terminologia em tukâno).

A importância do caxiri é exaltada por Betty Meggers ao afirmar que: "Tais bebidas exercem um papel relevante num clima quente e úmido que exige uma transpiração contínua para manter a temperatura normal do corpo. A perda de umidade é grande demais para ser compensada apenas com a água que se bebe, mesmo que se faça nesse sentido um esforço consciente. Uma bebida adicional, mais saborosa, não só encoraja o consumo do líquido necessário como fornece vitaminas e calorias" (1977:121-2).

A quinhapira (quinha: pimenta; pira: peixe, em língua geral), chamada *bia të* (*biá*: pimenta; *të*: panelada) em tukâno ou *bia soló* em desâna, de largo consumo em toda a região não pode faltar em nenhuma casa indígena do alto rio Negro. Equivale ao vinagre, como tempero. É feita com água e pimenta torrada misturada com peixinhos (sardinhas, piabas), destripados e cozidos inteiros no molho apimentado. Com ela se umedece o beiju. Pode também ser bebida ou misturada à mujeca (ver adiante). É fervida pela manhã e à noite é oferecida aos visitantes juntamente com o chibé, como prova de hospitalidade.

Outro molho, equivalente à quinhapira, é preparado com manicuera crua deixada azedar de um dia para o outro e ferver com pimenta no dia seguinte. A esse molho, amarelado, juntam-se peixinhos à medida que são pescados.

Até mesmo a folha da mandioca é aproveitada na alimentação e na produção artesanal. Os Desâna conhecem dois pratos. Um deles é preparado com folha nova ralada e cozida até evaporar o veneno, o que é testado pelo cheiro, tal qual a manicuera. Depois de pronta junta-se sal e peixe cozido. Chama-se *kibó goli soló* [d.], *dëhkë puni të* [t.], que significa: massa puba, folha que parece flor, panelada.

Outra forma de consumir as folhas é deixá-las de molho n'água até ficarem meio podres. O sumo escuro é coado na cumatá e cozido até perder o veneno, sendo adicionado à mujeca. Esse prato chama-se *kin pãn* [d.] e [t.]: mandioca, folha. Pode-se acrescentar peixe ou tapioca para engrossar esse molho.

Sobre folhas de mandioca meio podres coloca-se a cuia besuntada com resina da árvore *kwakou* [d.], *wahakó* [t.] para escurecer e laquear a superfície interna.

Outra planta de grande importância na dieta dos índios alto-rio-negrinos é a pimenta, à qual já se fez referência. Com Madalena Lana, índia Desâna de São João, rio Tiquié, colhi uma lista de catorze variedades de pimentas. No seu processamento são utilizados vários tipos de cestos que colecionei entre os índios dessa povoação, bem como na Missão de Iauareté e em Uapuí, e que serão descritos mais adiante. Todos eles são usados para defumar a pimenta, sendo amarrados com um fio a um travessão do teto acima da trempe (três cilindros de cerâmica: *vitari* [t.], *peame eri* [d.], *maíti* [b.]), onde se cozinha. Em todas as casas encontra-se esse cesto oblongo de talas de bacaba (*biá tunuë* ou *biá soopë* [t.], isto é, pimenta, defumar ou assar), ou vasiforme, de talas de cipó (*singá tulumú* [d.], *mihsin tunuë* [t.], cipó, defumar)[16] com pimenta dentro, recebendo a fumaça do fogão. Curtida até enegrecer, a pimenta é acrescentada a todos os pratos da culinária alto-rio-negrina.

A farinha e a tapioca são também empregadas num prato tradicional de peixe comum na dieta alimentar dos índios e dos caboclos do rio Negro. Chama-se mujeca, palavra de língua geral (*pe'en'ké* em tukâno, *bahula* em desâna, e cuja designação em baníwa é *dzarika)*. Trata-se de um ensopado de peixe engrossado seja com tapioca seja com farinha, temperado com sal e pimenta e consumido com beiju. Freqüentemente o nome da mujeca é precedido da denominação do peixe, a exemplo de *mõn pe'en'ké* (peixe-lenha — *Sorubimichtys plauiceps* —, mujeca).

Pela manhã, a refeição mais frugal de qualquer família indígena consiste em mingau de tapioca, beiju e quinhapira. Outra forma de utilizar a pimenta é, depois de tostá-la no cesto defumador, reduzi-la a pó no pilão. Desse modo é usada, ao lado do sal, para temperar peixe ou caça moqueados, ou a maniuara, que é uma espécie de saúva comida crua, assada e pulverizada, e diversas larvas consumidas do mesmo modo ou pisadas no pilão junto com essa pimenta.[17] A vantagem da pimenta em pó é que pode ser estocada por muito tempo. A quinhapira tem que ser calentada diariamente, pela manhã, para não estragar. Há referência à quinhapira na mitologia desâna, o que indica a antiguidade dessa prática alimentar (cf. Kumu & Kenhíri, 1980:96).

Na coleta da rainha da formiga saúva (*biá poná* [t], *dihputiana* [d.]) é empregado um cesto trançado vasiforme de cipó chamado *biá tunuë* [t.], *biá tunumu* [d.] feito pelos Makú. Outra forma de coletar essa formiga comestível é usando o arumã. Corta-se o colmo longitudinalmente em dois e se coloca no buraco onde se esconde a tanajura. Ela aplica o ferrão na parte carnosa do colmo, quebrando-o nele. Puxando essa metade do arumã, pega-se uma porção de maniuaras agarradas nele. Com a mão empurram-se todas elas dentro do referido cesto ou de um aturá (*pii* [t.]). Então já estarão mortas. Socam-nas com sal e pimenta, tostadas ou não, consomem-nas com beiju, numa espécie de sanduíche.

A mesma técnica é usada com o emprego de um cipó (*bëguë lá singá* [d.], *bëhkëlá misin* [t.]). Enfia-se o cipó no buraco enrolado com fibra de tucum. A maniuara agarra na fibra e é puxada para fora. Uma terceira maneira de fazê-lo é com a entrecasca utilizada como alça do aturá (*puí kanó* [d.], *pii kanó* [t.]). Uma quarta é enfiando nos orifícios do formigueiro a parte porosa da madeira caruatana (*buhu di* [d.], *buhpu di* [t.]). Ou seja, utiliza-se a matéria-prima apropriada que esteja à mão para que a tanajura a fira.

IMPLEMENTOS DE TRABALHO

Como disse, no processamento da mandioca podem-se distinguir quatro etapas. O tubérculo é reduzido a uma polpa para libertar o ácido hidrociânico ou prússico, que é letal, com o uso de um ralador, monopólio dos Baníwa em toda a área do alto rio Negro.[18]

O ralo (*ada* [b.], *sokóno* [t.], *sungu'no* [d]), abaixo descrito, faz parte da coleção (nº 65) hohódene que trouxe da aldeia de Uapuí, rio Aiari, para o Museu Nacional e foi feito por Júlio Brazão, 45 anos, hohódene, que talhou a tábua e riscou o desenho a ser endentado, trabalho esse feito por sua mulher, Cecília, quarenta anos, siusi-tapuia, vivendo no referido povoado.

É confeccionado em madeira *adarukunare* [b.] ou araraiua [l. g.], que é a mais apropriada para esse fim. A árvore (adaru = arara [l. g.]) alcança uma altura de quinze metros, é de terra firme e se for bem reta pode dar dez a doze ralos. Utiliza-se também a madeira de *ada pena* [b.] (iuiseiua [l. g.]), mais pesada, de igapó, que não existe em Uapuí. O homem coleta e esculpe a madeira em forma de uma tábua retangular arredondada na parte não endentada e soerguida pelo calor do fogo e com uma saliência chamada *adahitáku* [d.] (ralo, nariz). Dois terços da superfície são incrustados com pedrinhas de quartzo (brancas, *adai*) ou sílex (pretas, *epitë*), que só existem nas serras dos Baníwa de Tunuí. São levadas daí por todos os Baníwa, que têm estoque delas em casa.

O padrão de desenho desse ralo é dos mais correntes. Chama-se *kuhiapu* (saúva, caminho): listas paralelas separadas por listas em diagonal, que também comparece no trançado. A parte não denteada, o "nariz" e o contorno do ralo são adornados com desenho de triângulos (*makaru* = borboleta) (ver figs. 9 e 12, tigelas de cerâmica e urutu nº 46) feitos de urucu (*pirimapa*), dissolvido em sorva (*widzuri*),[19] utilizada também como fixador da cinza que enegrece todo o ralo e ajuda a calafetar os orifícios onde são incrustadas as pedrinhas (fig. 30).

Para fazer a talha e riscar o desenho o homem usa terçado e enxó. Talhada a tábua e riscado o desenho, trabalho esse feito com um prego bem afiado e uma "régua" de pecíolo de bacaba (*puperi*) chamada *puperita*, o ralo é chamuscado pelo lado interno para alisar-se a madeira, fazendo desaparecer as ranhuras do terçado, e lavado no igarapé. Após isso, é entregue à mulher, que faz os buraquinhos com um prego grosso (10 cm de comprimento) e vergalhão ou o lado liso de um machado velho, seguindo o risco de desenho. Incrusta as pedrinhas à medida que as vai talhando e afilando com o mesmo instrumental. As pedras, em fragmentos retangulares ou triangulares, provêm, em blocos, da serra de Tunuí, sendo reduzidas a "dentes" da forma descrita. A sorva misturada com cinza é passada por todo o ralo, inclusive a parte não endentada, chamada *hitáku*, com a mão ou com pena de jacu, com que se pinta também o desenho ornamental em vermelho. É deixado para secar durante uma hora. Leva-se uma semana para fazer um ralo, vendido a 150, duzentos, trezentos ou quatrocentos cruzeiros, dependendo do tamanho (preços de 1978). O produto da venda é dividido pelo casal.

Em 1990, encontrei na maioria das casas de São João e de Pari-Cachoeira um aparelho também muito antigo para ralar a raiz da mandioca: o caititu. Antigamente, o rolo cilíndrico de metal provido de dentes de serra era movido manualmente, hoje a motor de gasolina. Recebeu nome em tukâno: *ki'oká*.

A maior parte da cestaria dos índios do alto rio Negro, empregada no processamento da mandioca, é feita de arumã (*Ischnosiphon* spp.), uma marantácea encontrada em terreno úmido que quando colhida volta a brotar, não havendo risco de que venha a faltar, apesar do extenso emprego na feitura de cestos para a venda. Em 1985, ao ter início o "ciclo do ouro" no rio Tiquié, ele sobrepujou a cestaria artesanal baseada no arumã como atividade econômica destinada a obter alimentos e produtos industriais.

O arumã é chamado *puapuá* em baníwa, *wëhë* em tukâno e desâna. Nessas duas línguas, o nome da apá incorpora o da planta de que é feita: *wëhë bahtí* (arumã, balaio). Luiz Lana me ditou as designações de cinco qualidades de arumã que os Desâna utilizam (ver "Etnobotânica desâna"). Um deles, chamado *puti wëhë* [t.], *ansãn wëhë* [d.], associa o arumã com a mandioca. *Puti* e *ansãn* significam massa de mandioca depois de extraído o polvilho e a manicuera, respectivamente, em tukâno e desâna.

Nos cestos de uso doméstico utiliza-se geralmente o arumã sem descascar, isto é, com a película externa, para que o produto fique mais forte e durável. Colhido verde e não descascado, adquire com o tempo uma cor acaramelada brilhante. Do colmo, que tem diâmetros variados, utiliza-se apenas a epiderme. Dá-se um talho em cruz, partindo-o em quatro (ver fig. 31). Nessa abertura colocam-se dois pedaços cruzados de colmo de arumã que, empurrados para baixo, partem o caniço em sentido longitudinal. Descortiça-se cada uma dessas quatro partes, tirando o miolo com a faca e deixando apenas a película externa da espessura de meio centímetro. Esta é reduzida a talas de meio centímetro de largura, obtendo-se geralmente oito talas de cada colmo. Para libertar a película do miolo ao qual está aderida, dá-se um talho com a faca puxando a parte de dentro com os dentes e a de fora com a mão. Quando se deseja pintar o cesto raspa-se o verde antes de abrir o colmo. A parte não pintada, depois de seca, adquire uma cor bege-clara.

A cumatá (l. g.) — *thompa* [t.], *siruli* [d.], *tirolí* [b.] —, usada para extrair a manicuera, é colocada sobre um tripé chamado *ñamá* [t.] e [d.], *diutu* [b.], que significa: veado. É feito de um arbusto que cresce na capoeira, chamado *pui kanõ ñiri* [d.], *pii kanó ñi'ikë* [t.], de tronco roliço, e tem uma tábua solta de paxiúba (*ñumuno nó* [d.], *wahtá pi* [t.]) onde é apoiada a cumatá, quando em uso (fig. 32*a*). A cumatá é feita pelos Baníwa, no rio Aiari, pelos Wanâna e Kubéwa no Uaupés, e pelos Desâna, Tuyúka e Bará, no Tiquié. Os Tukâno estão aprendendo a fazê-la agora, mas geralmente adquirem esse cesto, indispensável à obtenção da manicuera e da tapioca. Os Makú tampouco o faziam. Eduardo Lana, do povoado de São João, estava tecendo uma cumatá de encomenda para trocar por uma canoa pequena com um tukâno de Pari-Cachoeira.

Na categoria dos trançados, apenas esse cesto, a apá grande, a urupema e o aturá makú são objetos de troca intertribal. Outro indício de que a cumatá é indústria desâna é dado pelo fato de um dos personagens de um mito desses índios chamar-se *Siruli yé* (cumatá, pajé) em sua língua ou *Thompa yai*, em tukâno (cf. Kumu & Kenhíri, 1980:170). A importância desse cesto também pode ser aquilatada por servir de denominação à cachoeira e às pedras de onde saíram todas as tribos uaupesinas, ou seja, a cachoeira Ipanoré — sinônimo de cumatá em língua geral —, situada no baixo Uaupés. O nome do local é *Thompa duri* (cumatá, pedras) em tukâno e *Siruli duri* em desâna.

Adquiri três cumatás para o Museu Nacional durante a minha primeira viagem. Dois deles (nºˢ 11 e 49, col. cestaria rio Uaupés) foram feitos por índios Wanâna e o terceiro (nº 80, col. rio Aiari), por um Baníwa. Os dois primeiros foram comprados em Iauareté, um deles do próprio artesão que me ditou os nomes wanâna. O desenho da cumatá executado pelo desâna Eduardo Lana — chamado *pásoro* (sem significação) — está gravado, segundo ele, numa pedra de Ipanoré. O autor do texto de mitos desâna, Luiz Lana, o reproduziu num desenho que ilustra o seu livro. É desenho de grega. A cumatá (nº 7 da coleção do Uaupés) é feita, como todos os cestos desse tipo, de arumã sem descascar. O desenho do trançado chama-se *dihsiá*, em wanâna, e significa peixe pacu. O acabamento executado com dois aros de madeira fina (3 cm) e torção das talas sobressalentes (acabamento tipo Kayabí) é chamado *pina-kári*, que significa "caranguejo, mão dele", em wanâna. Os aros são amarrados com cipó jacitara.

Na maioria das casas do povoado de São João e em Uapuí, no rio Aiari, vi um aro que serve de modelo para medir a circunferência da cumatá e outro para o *bahti* [t.]: apá pequena para colocar beiju.

Extraída a manicuera da polpa da mandioca, esta é passada a uma apá mais funda e de maior diâmetro que a cumatá. É um cesto para guardar e não para coar, como a cumatá, ou tamisar, como a urupema. É também especialidade da cestaria desâna, mas atualmente também os Tukâno a fazem "por imitação", tanto assim que adquiri um de Agenor Ferreira, tukâno de São Miguel (nº 16, Col. Uaupés) e outro de um baníwa de Uapuí (nº 43, col. Hohódene, rio Aiari).

Passo a descrever este último. Chama-se *waraia makapuku* (balaio grande) em baníwa e é usado para colocar polpa de mandioca, para receber essa mesma polpa esfarinhada pela urupema e também para guardar beiju, quando em grande quantidade. É trançado com talas de arumã, deixadas alternadamente com a película externa intacta e raspada, permitindo assim visualizar melhor o desenho, já que o polvilho adere às talas raspadas, branqueando-as. O umbigo "em olho" significa: começo do meio do mundo — *eno hípure* [b.]. Desse centro segue-se a divisão do campo decorativo em quatro "panos". Esse desenho — caminho dele — é chamado *lixiapu* na mesma língua. Outro desenho presente é chamado *wawi perema* [b.] (jacundá, barbatana). Esse peixe é comido por pessoas doentes ou na reclusão da puberdade.

O acabamento (tipo tukâno) é feito com cinco aros internos, o quinto e último envolto em espiral com cipó titica (*dári* [b.]), que também prende os demais (tingidos de negro) a intervalos regulares. Estes são atados ao trançado com fibra de curauá (*heriwaí* [b.]) untada de breu. O cipó desse balaio chama-se *parua* [b.]. Seu artífice foi o pajé José Garcia, hohódene, de 56 anos. Vi um cesto idêntico em uso na casa de Luiz Lana, em São João, rio Tiquié, feito por Luiz. Disse-me que havia trocado um *bahti* [t.] semelhante por um banco talhado num só bloco de madeira, especialidade dos Tukâno (fig. 35).

Extraída a manicuera (*ñohká* [t.]), a polpa da mandioca é passada no tipiti.

Gertrude Dole tentou fazer uma reconstrução do local de origem da mandioca mediante o estudo da distribuição e uso do tipiti, considerado pela autora "[...] a mais engenhosa invenção na cultura material da floresta tropical" (1960:241). Utilizando fontes bibliográficas e observações próprias, fez o mapeamento dos vários métodos de processamento da mandioca-brava, por meio da pressão manual da polpa ralada ou o uso de implementos mais rudimentares, como a esteirinha (*tuavi*) dos xinguanos e outros grupos, vários tipos de peneiras e um cesto cilíndrico com abertura lateral também torcido manualmente. Este seria o antecedente do tipiti usado por grupos periféricos da floresta tropical, como os Xerente, Timbira e Kayapó setentrionais, entre outros. Afirma que não existe uma correlação entre família lingüística e os métodos de processamento da mandioca. Enfatiza, porém, que o tipiti está geralmente associado às famílias lingüísticas aruák e karib, uma vez que "nenhum membro dessas duas famílias lingüísticas usa os implementos mais primitivos" (op. cit:245-6). Conclui que esse engenho mais evoluído foi encontrado entre grupos Aruák antilhanos, como os Taino, que possuíam a cultura mais desenvolvida dentre as tribos da floresta tropical.

Dessa análise, a autora infere que os grupos possuidores de técnicas horticultoras definidas e que prescindiam do tipiti "viviam em regiões periféricas cercados de tribos de horticultura incipiente", podendo-se considerá-los como "uma forma intermediária de cultura tropical" (1960:246). Por outro lado, os grupos campestres representariam um estágio primitivo do tipo de floresta tropical. Conclui que:

> 1. O complexo da mandioca e o uso do tipiti parecem ter surgido na bacia do Orinoco e nas planícies do médio e baixo Amazonas. 2. Foi levado daí para as Antilhas por tribos aruák e karib e para a

costa oriental do Brasil por tupi falantes. 3. Foi disseminado às nascentes do Amazonas por grupos de língua aruák, karib, tupi, tukâno e pano, bem como por grupos indígenas de famílias lingüísticas mais restritas. Aqui esse complexo ainda se encontra no processo de deslocar subtipos intermediários e primitivos de cultura de floresta tropical. 4. A ausência do tipiti nessas áreas, entre povos que cultivam a mandioca, sugere que o desenvolvimento da mesma foi acompanhado por um movimento de povos em direção aos altos rios e que muitos alcançaram as cabeceiras do Amazonas antes de terem tido a oportunidade de participar do florescimento completo da cultura da floresta tropical. 5. O tipiti é visto, desse modo, como uma invenção relativamente recente. [Dole, 1960:246]

Segundo Gertrude Dole, a estreita correlação entre o cultivo da mandioca e o uso do tipiti leva a crer que a ocorrência, muito rara, do emprego desse engenho para processar produtos alimentícios silvestres representa uma perda do hábito de cultivar o referido tubérculo, ou seja, um processo deculturativo. Exemplifica-o com os Guahibo e Chiricoa, do vale do Orinoco, área em que o complexo da mandioca alcançou alto desenvolvimento (op. cit.: 246-7).

Ao contrário da cumatá, da urupema e da apá, o tipiti é confeccionado por todas as tribos alto-rio-negrinas.

Vejamos, a seguir, o modo de manufatura de um tipiti que encomendei a Firmiano, índio tariâna de São Miguel, rio Uaupés. O cesteiro usou nove colmos de arumã de dois metros e meio de altura, extraindo de cada um deles oito talas de meio centímetro cada uma, sem raspar a película externa. Os tipitis mais grossos são feitos com doze ou quinze colmos dessa marantácea.

O artesão deixou as talas secar durante duas horas e iniciou o trabalho, tomando doze pares de três talas, cruzando-as (32 sobre, 23 sob) com outras 36 dispostas perpendicularmente, num total de 72 talas. Colocou todas elas com o lado direito para fora. Teceu um primeiro "pano" — um quadrado, cujo desenho (o mais usado) chama-se *bu ihpió* (cutia, dente), em tukâno. O desenho mostra "os dentes dela", me disse o cesteiro, e vem a ser o padrão espinha de peixe, na minha terminologia. Esse quadrado corresponde à "cabeça" *dihpoá* do tipiti — *wahtinkeo*, que pode ser traduzido por *wahti* = sobrenatural (*keo* não tem tradução) na terminologia em tukâno.

Firmiano levou duas horas para completar a "cabeça" do tipiti. Para arrematar as talas sobrantes na parte de cima (cerca de 20 cm) foi dobrando tala por tala, trançando 3/3, sendo dezesseis de um lado e dezessete do outro, arrematando-as em ordem decrescente e formando quinas na extremidade. Depois dobrou duas pontas em forma de triângulo isósceles, arrumou-as junto ao peito e com as duas mãos foi entramando umas com as outras (sem distinguir urdidura e trama). Assim fez uma alça trançada de 15 cm de largura. A extremidade superior dessa alça foi dobrada para fora (dobra pequena), escondendo a imperfeição do acabamento, e depois toda ela foi dobrada ao meio uma vez mais. Feito isso, amarrou suas extremidades com um pedaço de cipó.

A seguir iniciou o trançado do corpo do tipiti, que não tem nome especial. Com grande esforço e prestando muita atenção ia juntando as talas de uma e outra extremidade para formar o tubo. Com esse objetivo amarrou outro cipó ao bordo do trançado, juntando as duas extremidades do primeiro pano. A partir daí começou a trançar em círculo, apanhando pares de três talas da urdidura de uma só vez, mas sempre duas para começar cada carreira, a fim de formar o trançado diagonal, continuando segundo a fórmula 3/3.

Para arrematar o tipiti dividiu as talas em três molhos e fez uma trança. Primeiro amarrou com uma fasquia de cipó a extremidade da parte trançada. Passou um dos molhos por dentro da alça e com todos os três fez uma trança, apertando bem. Juntou as pontas da trança e as amarrou com cipó. Assim, formou o anel inferior chamado *diá'iró pihkano*, que quer dizer: ariranha, cauda, em tukâno.[20]

O princípio em que se baseia o funcionamento do tipiti é a sua elasticidade. Comprimido em sentido longitudinal, aumenta em diâmetro, permitindo mais facilmente a introdução da polpa da mandioca. Depois de repleto o tubo, é suspenso pela alça superior a uma vara presa a um esteio da casa. Na sua extremidade posterior, esse esteio é provido, seja de incisões como dentes de serra, seja de um anel móvel de cipó, ou de orifícios. Num deles se introduz outra vara — a alavanca — que, dessa forma, pode ser graduada à medida que, por pressão do peso do corpo de quem nela se senta, distende-se o tipiti, afinando cada vez mais e eliminando o líquido contido na massa da mandioca.

Segundo informantes desâna e baníwa, existem quatro desenhos de trançado do tipiti. Na coleção que fiz para o Museu Nacional estão representados três deles, havendo uma dúvida quanto ao significado do desenho expresso no tipiti acima descrito (nº 46, col. do Uaupés). Para Agenor Ferreira, tukâno de São Miguel (rio Uaupés), trata-se de dente de peixe aracu; para Luiz Lana, desâna de São João (rio Tiquié), o mesmo nome — *buhpió* (ou *buigüi kabú*, em desâna) — significa dente de cutia. Outro desenho trançado no tipiti é chamado nas duas línguas citadas *pirarucu wá* (nº 26, col. do rio Tiquié) e teria sido tomado dos Baré, uma vez que não existe o peixe pirarucu nos altos afluentes do rio Negro. O terceiro desenho chama-se *mangasibá bu* [d.] e *bëhkau wá* [t.] e significa: peixe de igarapé. O quarto, constante de um tipiti adquirido em Uapuí, rio Aiari, chama-se em baníwa *piripiri tawahe* (pupunha, pinta) (nº 28, col. Aiari) (fig. 34).

Seca a massa da mandioca no tipiti, os bolos dele retirados são esfarinhados e peneirados na urupema — *siowa* [t.], *sibulu* [d.], *dupiti* [b.]. Na divisão de trabalho artesanal dos índios da região esse cesto cabia antigamente à indústria desâna, wanâna e baníwa.[21] Coletei um exemplar de urupema quadrada somente entre os Hohódene, grupo Baníwa do povoado de Uapuí, feito de encomenda. E também uma urupema redonda entre esses índios (nº 42, col. Aiari), que passo a descrever, citando a terminologia das partes constituintes em baníwa.

Dupiti (urupema redonda) com um quadrado central em trançado hexagonal. Chama-se *matzuka iniduxuna* (farinha ou massa para passar). É trançada com arumã descascado mas sem pintar. O desenho xadrezado que forma esse quadrado central chama-se *iwiduhípa:* passarinho maçarico, pé dele. Segue-se em toda a extensão do cesto um trançado quadricular chamado *aridari iekua* (tatu, cara). O acabamento feito com dois aros de madeira fina, do tipo "tapirapé", é designado *deripari*. A madeira utilizada é de uma árvore que chamam *hemápi* (anta) e a amarração dos dois aros é feita com fasquias da palmeira jacitara (*kamáwa*). Artesão: José Garcia, pajé hohódene, 56 anos (fig. 36).

Segundo nossos informantes hohódene, a *dupiti* redonda é usada apenas para cernir a polpa da mandioca para fazer beiju, ao passo que a urupema quadrada, que tem esse nome em baníwa e se chama candera em língua geral, é usada para peneirar a massa da mandioca quando se faz farinha.

Na tecnologia do complexo da mandioca comparece ainda um cesto chamado *bahtiaka* (tukâno do Uaupés), *ahúwa sani bahtí* (beiju, colocar, balaio) em tukâno do Tiquié e *alu sani ku lu* em desâna. Trata-se de uma apá pequena usada para colocar e servir o beiju cortado em quatro partes pela pá semilunar de madeira com que a mulher acerta a circunferência do mesmo, quando é assado no tacho. Segundo um índio desâna de São João, Eduardo Lana, antigamente essas apás tinham desenhos em cores só do lado interno. No auge do comércio artesanal, por influência dos compradores, as talas de arumã passaram a ser pintadas nas duas faces, apresentando esses cestos desenhos no lado interno e externo. Assim como as *wëhë bahtí* (apás grandes), os cestos *bahtiaka* têm um acabamento de aros múltiplos que convencionamos chamar tipo tukâno. Como todas as apás, estas são trançadas em forma de um pano quadrado ao qual é aplicado um aro-medida na face externa. Feito isso, a concavidade é moldada manualmente e se costura o primeiro aro interno com linha de carauá (*yohó* [d.] e [t.]) umedecida em breu. A seguir se colocam outros dois ou três aros, o último dos quais é envolto em espiral com tala de jacitara, linha de carauá ou outro amarrilho.

Vejamos a descrição, com terminologia em tukâno, do balaio (*ahúwa sani bahtí*) da coleção do rio Tiquié, feita por Eduardo Lana, 53 anos, desâna de São João (nº 7, col. rio Tiquié).

Feita de arumã na cor natural e com uma faixa central de trançado marchetado bicolor. Designação do desenho: losangos com diamante em branco — *biá ñahkoni* (pimenta, semente); losango concêntrico: *biá dëhpëri* (pimenta, ramo). Acabamento com cinco aros de cipó, cujo nome é *mahá pikoni wé* (arara, rabo). O aro terminal é envolto com tala jacitara: *waitu da* (nome, cipó). É colocado depois que os anteriores são costurados (sem agulha) com fio não torcido de carauá untado de breu (*komépi*) (fig. 6).

O urutu, que tem sido o principal artigo de venda em toda a área, é ao que tudo indica de origem baníwa. Esses índios o utilizam como cesto-recipiente, inclusive para colocar massa de mandioca. Adquiri um exemplar (nº 40, col. Aiari) por encomenda, de Lourenço da Silva, irmão do capitão de Uapuí, hohódene de 45 anos, depois de ver outro em uso em sua casa. Chama-se *kamáwa* em sua língua e, como todos os urutus, começa com umbigo em ampulheta (*kepureta*) e quadrados concêntricos formando o fundo do cesto. A partir do fundo, o desenho das paredes (cinco carreiras) tem o nome de *eriapúa*. A seguir o trançado passa da horizontal para a vertical, tomando o nome de *pitiema* (*piti* = cutia; *iema* = dente), termo empregado também para designar um dos desenhos de trançado do tipiti. O acabamento é idêntico ao do urutu comum, porém com outra designação: *linimápi*. O nome do talo anelar, que serve para dar o arremate ao *kamáwa*, é *lipatuite*, e o material de que é feito — fasquia do pecíolo da folha da palmeira jacitara — é chamado *kamáwa*, o mesmo nome dado ao cesto. É amarrado com carauá (*heriwaí*), passado no breu (*maini*), todos termos baníwa (ver fig. 38).

Para armazenar a farinha em casa, e para a venda, usa-se um cesto paneiriforme de trançado hexagonal forrado de folha de arumã, mesma matéria-prima de que é feito, de folha de pacova sororoca, ou de um arbusto pequeno da mata, cabari em língua geral, chamado *mioponí* em tukâno. O nome do cesto nessa língua é *tenépi* [t.], *tenemu* [d.] (fig. 41). Fechado na borda, serve para o transporte de pequenos animais ou gaiola para pássaros. Nesse caso é chamado *manikë pii* [t.], *minimu puíbo* [d.] (passarinho, aturá).

Outro cesto da maior importância no complexo da mandioca é o aturá, especialidade dos Makú. É chamado *pii* em tukâno, *puíbo* em desâna, *kamedá* em baníwa e é encontrado, como disse, em todo o alto rio Negro. De forma globular, com bocal um pouco mais estreito que o diâmetro do bojo do cesto, poderia ser classificado como paneiriforme. É trançado de talinhas finas de cipó (*pii misin* [t.], *puíbo singá* [d.]), segundo a técnica de trançado torcido, com umbigo "quadricular aberto", ou "asterisco".[22] O acabamento é feito com aros múltiplos (tipo tukâno) porém distanciados uns dos outros alguns centímetros, sendo o aro terminal envolto espiraladamente por tala do mesmo cipó. É provido de uma alça de embira, entrecasca da árvore chamada *pii kanó* [t.], *puí kanó* [d.]. Na língua makú esse cesto-cargueiro é chamado *mãin* e o cipó de que é feito *dium* (fig. 40).

Com o mesmo material e a mesma técnica os Makú fazem uma peneira tigeliforme chamada *pá* em sua língua, *bahti* em tukâno e *o'é* em desâna. É outro objeto de troca intertribal usado para guardar linha de tucum, novelo e outras miudezas. Ao contrário dos grupos Tukâno e Baníwa, em que o trançado é trabalho masculino, as mulheres é que fazem os cestos entre os Makú. É preciso salientar que esses aturás e balaios makú duram uma eternidade, mesmo quando submergidos na água para pubar a mandioca.

Outro objeto trançado usado no processamento da mandioca é o abano em forma de coração feito da nervura da folha de tucum (*behtá ñó* [t.], *ka dëhka ñu* [d.]), segundo a técnica de trançado arqueado em diagonal. É usado tanto para avivar o fogo como para virar o beiju (fig. 39).

Para a defumação da pimenta, item igualmente importante na dieta dos índios rio-negrinos, empregam-se vários tipos de cestos. Koch-Grünberg (1910, II, 223, figs. 145-6) reproduz alguns desses *pjefferröeste* (torradores de pimenta). O da figura 145 é desconhecido dos Desâna. O cesto vasiforme da figura 146 é feito pelos Desâna com fasquias de cipó: *puíbo singá* [d.], *pii misin* [t.], que é uma matéria que os Makú empregam para fazer o aturá. Chama-se *biá tulumu* [d.], *biá tunuë*, [t.], ou seja, pimenta, cesto. Adquiri um desses cestos de um índio tariâna do povoado Domingos Sávio, próximo à Missão Salesiana de Iauareté. Ficou em dúvida quanto ao nome (*kaa-piaká* em tariâna?), mas disse destinar-se a guardar e defumar pimenta e também para coletar saúva (nº 142, col. Uaupés, fig. 42). Explicou que, quando as saúvas fêmeas levantam vôo, as mulheres as apanham com as mãos metendo-as nesse cesto. Torram umas e guardam outras para servirem de isca para peixe.

Nas casas de Uapuí, povoado hohódene, grupo Baníwa do rio Aiari, encontrei outro tipo de cesto defumador de pimenta, chamado em sua língua *tzeitu*. É feito de cipó (*dápi*) em trançado hexagonal e forrado com folha de sororoca (*deripé*), de banana (*parana pé*) ou de arumã (*puapuá pé*) (nº 79, col. rio Aiari).

Na aldeia desâna de São João, rio Tiquié, mandei trançar um cesto defumador de pimenta que Luiz Lana, seu artífice, então com 33 anos, denominou *biá momono* em tukâno e desâna. É colocado acima do fogão, num pequeno jirau pendente do teto, para que a pimenta verde que contém seque completamente. É confeccionado de pecíolo de folha de bacaba (*ñumu ké* em tukâno e desâna), com amarrilhos de cipó (*ñamá misin* [t.], *ñamá singá* [d.]). Lateralmente tem um esforço de rolete de madeira. As varetas de bacaba são presas entre si pelas extremidades e, em dois pontos do centro, com trançado torcido do referido cipó (nº 22, col. Tiquié, fig. 43).

De procedência Tuyúka é a *pamu siowa* que adquiri em São João, rio Tiquié (nº 7, col. Tiquié), comprada de um cesteiro do povoado Punyiá, alto Tiquié. É feita de arumã castanho-escuro, de talinhas muito finas (2 mm) e de malhas meio abertas, para joeirar. O trançado é em diagonal, 2/2, e o começo em "olho". Talas mais próximas umas às outras no centro do cesto, dividindo o campo decorativo em quatro por uma cruz. Acabamento com dois aros roliços de cipó, com as talas sobressalentes torcidas entre os aros (acabamento tipo "kayabi") amarrados com talinha de jacitara (fig. 44).

Uma vasta bibliografia sobre o cultivo da mandioca e o seu processamento entre caboclos e sertanejos de várias regiões do Brasil indica a origem indígena de todo o complexo. No que se refere à Amazônia, tomamos o testemunho de Wagley (1957), que estudou uma comunidade dessa região à qual deu o nome fictício de Itá para que seus informantes não fossem identificados. A respeito da farinha de Itá, diz esse autor:

> Os métodos da produção da farinha de mandioca (em Itá) são, em essência, os mesmos dos índios das tribos amazônicas. A parte mais trabalhosa é a remoção do líquido venenoso, que se faz de duas maneiras: na primeira, depois de se descascar o tubérculo, é o mesmo passado em um ralador de mão ou no caititu, ralo cilíndrico movido por dois volantes de tração manual. Depois extrai-se o suco dessa

DERIVADOS DA MANDIOCA

Em português	*Em tukâno do rio Tiquié*	*Em wanâna*	*Em baníwa*
Mandioca	*Ki*	*Ki*	*Kaini*
Maniva	*Dëhkë*	*Dëhkë*	*Kiniki*
Mandioca ralada	*Puti*	*Pëpari kuri*	*Daitanipé*
Mandioca puba ou mole	*Kibó*	*Këbukuri*	*Mohui*
Massa seca no tipiti	*Ëtabuke*		
Manicuera	*Ñohká*		*Kainiá*
Tapioca	*Wehtá*	*Wahté*	*Peeti*
Farinha seca	*Poká*		*Matsuka*
Farinha-d'água	*Kibó poká*		*Mohuida*
Farinha de tapioca pura	*Wehtá poká*	*Wahté poká*	*Peeti pé*
Farinha de massa ralada e tapioca	*Puti poká*	*Puhti poká*	*Matsuka pudjeteri*
Farinha de massa ralada e massa puba	*Kibó poká*		*Matsuka pudjeteri*
Beiju de tapioca pura	*Ahúwa sirákaro*	*Surukuri*	*Kaiu*
Beiju de tapioca pura e massa ralada	*Ahúwa putiró*		
Beiju de massa ralada sem passar no tipiti	*Kibó ahúwa*		
Beiju de massa ralada pura	*Ahúwa itapekaro*	*Pëpari kuri*	*Idaita nipëete*
Beiju de massa puba enformada em turi	*Ahún polá*		
Beiju de massa ralada e tapioca embrulhada em folha de bananeira	*Bábaro*		
Beiju de massa puba		*Këbó*	*Pudjeteri*
Beiju de massa puba e		*Këbukuri*	*Putxiatéri*
massa ralada para caxiri	*Péru ahúwa humkuri*	*Paiuruna utewa*	*Pazawara*
Mingau de tapioca	*Wehtá ñumuku*	*Wahté ñumuku*	*Peteá*
Mingau de farinha	*Poká ñumuku*	*Poká ñumuku*	*Matsuka pá*
Mingau de banana	*Hó kó*		*Paraná inain*
Mingau de tapioca e abacaxi	*Será ñohká*	*Saneko*	*Mawíro peei inain*
Mingau de bacaba	*Ñumu kó*		*Puperiá*
Manicuera com farinha	*Ñohká pokamera*		*Kainiá matsuka*
Manicuera com abacaxi	*Será ñohká*		*Mawíro Kainiá*
Chibé	*Poká peoké*	*Poká waióga*	*Chibé*
Chibé de beiju (caribé)		*Nahó waióri*	*Peteá*
Caxiri	*Péru*		*Padzawaru*
Caxiri com cará (de véspera)	*Kahtisé péru*	*Nahúkuri*	*Kainia áxi inain*
Caxiri com caldo de cana	*Anikó* (ou *tabaké*, de 12 dias)		
Caxiri com pupunha	*Ëné-kó*	*Ënleko*	*Piripiá*
Caxiri com cará (caxiri vivo ou do dia)	*Ñunúku peru*	*Ñahpinko*	*Kaririá*

polpa ralada. Uma cesta cilíndrica, chamada tipiti, usada pelos antigos aborígines, é ainda utilizada para esse fim. Coloca-se a polpa dentro desse tubo longo e flexível e, à medida que se estica o tipiti, o líquido vai escorrendo. Ou então remove-se o suco por meio de uma prensa, em forma de caixa, cuja tampa é empurrada por uma alavanca. Depois é extraído o suco, passa-se a massa por uma peneira a fim de separar as fibras e os grãos mais grossos. Finalmente, torra-se essa massa em uma grande chapa de cobre

A segunda maneira de se fazer farinha de mandioca difere no método de tratar o tubérculo. Este, em vez de ser ralado, é depositado em um riacho ou qualquer água corrente, durante cerca de quatro dias, até que fique *puba*, isto é, amolecido, quase podre. A casca é assim facilmente retirada, o suco extraído e a massa mole peneirada e torrada. [Wagley, 1957:102-3]

Resumindo: o instrumental cesteiro para o processamento da mandioca (ver Christine Hugh-Jones, 1979:175, fig. 23) compreende nove cestos e peneiras. Com ele são produzidos 29 pratos, sendo cinco espécies de farinhas, nove tipos de beiju, cinco qualidades de mingaus, quatro de bebidas não fermentadas e cinco de bebidas fermentadas. Pode-se afirmar que, em nenhuma outra área indígena, encontra-se essa multiplicidade de subprodutos extraídos da mandioca-brava. E tampouco, certamente, o elevado número de cultivares de mandioca.

5
TECNOLOGIA DA PESCA

A integração roça-caça observada por Darrell Posey (1986:175) entre os Kayapó repete-se na interação mata ciliar-pesca no rio Negro e seus afluentes. À semelhança da caça, que se alimenta dos brotos tenros que renascem depois de derrubada a mata para o cultivo, e mesmo dos produtos da roça e das capoeiras, o peixe se nutre, nos rios de águas pretas, basicamente, dos alimentos que a floresta ciliar lhe fornece: larvas de insetos e os próprios invertebrados, frutos, flores, folhas verdes, folhas e paus podres, bactérias, fungos e outros microrganismos.

Além de elementos terrestre-arbóreos, a dieta dos peixes das águas pretas inclui crustáceos, algas e outras plantas herbáceo-aquáticas, estágios juvenis de insetos e de peixes e detritos de toda ordem (Goulding et alii, 1988:85).

Referindo-se à estratégia preservacionista dos índios das águas pretas que, sabiamente, conservam a mata de beira-rio, escreve Chernela: "Estão conscientes do papel crucial desempenhado pela floresta ciliar na provisão de fontes alimentares que sustentam a população pesqueira. Enquanto os cientistas apenas recentemente reconheceram a importância da mata adjacente para a subsistência dos peixes, os Wanâna jamais permitiram sua derrubada, para evitar justamente o declínio da fauna pesqueira" (1986:241).

Caberia acrescentar, como reforço ao argumento de Chernela, que parte da orla fluvial dos rios de águas pretas é constituída de igapós, isto é, suas margens são periodicamente inundadas e não se prestam ao cultivo. Em compensação, são estes justamente os locais mais piscosos, porque neles se concentram os alimentos que a mata oferece aos peixes.

Um segundo argumento conservacionista evocado por Chernela em relação aos índios arapaso, do médio Uaupés, parece não se verificar no caso dos Desâna do médio Tiquié. Ou seja, a exploração apenas de 38% das frentes de rio disponíveis, ficando os 62% restantes sujeitos a tabus preservacionistas. Tais seriam os dezessete dos 29 tributários do Uaupés e todas as ilhas, com exceção de uma única (Chernela, 1986:52), tidas como áreas de piracema do aracu (*Leporinus* sp.). O mesmo ocorreria com algumas áreas de cabeceiras de igarapés.

As práticas conservacionistas dos Desâna da aldeia de São João, com uma população de 75 pessoas, restringem-se a capturar o peixe apenas para o próprio consumo e não para a venda. A área fluvial do médio rio Tiquié que cabe a essa aldeia — três voltas a jusante, na direção do povoado de Santo Antônio, e oito voltas a montante, na direção da Missão Salesiana Pari-Cachoeira — não é totalmente explorada por haver disponibilidade de fauna ictíica mais próximo à aldeia.

CLASSIFICAÇÃO DOS PEIXES SEGUNDO OS DESÂNA

À semelhança do que ocorre em toda a Amazônia, existe maior abundância de peixe por ocasião das vazantes. Durante as enchentes, quando a fauna aquática se espraia pelo igapó e se formam os paranás que o cortam, é mais difícil capturá-la.

Duas modalidades principais de pesca na região do médio rio Tiquié estão associadas à cheia (ou inverno) e à seca (ou verão). As pescarias de "verão" ocorrem quando do término das safras de certas frutas, tais como o ingá, no fim de janeiro, e a pupunha, em meados de março, quando deixa de chover até cerca de quinze dias.* Ocorre então a pesca com timbó, planta das famílias Leguminosae e Sapindaceae que intoxica os peixes, os quais vêm

(*) Ver no apêndice 1 a identificação científica dos peixes mencionados no texto.

à tona para respirar e são apanhados com puçás e peneiras. As tinguijadas se fazem cercando curvas de rios, igarapés e lagos com barragens (paris em língua geral), quando as águas estão no nível mais baixo.

A segunda modalidade de pesca é exercitada no "inverno", quando se pratica a chamada pescaria de daguirus. É o termo em língua geral, o tupi difundido pelos jesuítas no Amazonas, para designar a técnica de pescar com isca de daracubi (*bahparo* [t.] e [d.]), uma minhoca que quando há enchente sobe pelas árvores e se aloja nas orquídeas. Ambas as modalidades têm nome em desâna e tukâno. A primeira, referente às tinguijadas, chama-se *puabasé* [t.], *puabáli* [d.]. A segunda designa com o termo *akíno* [t.] e [d.] o coletivo dos peixes que, em língua geral, são chamados daguirus. Trata-se de várias espécies que se podem pescar à noite, nos igapós, com tocha ou lanterna e isca de minhoca: a daracubi.

Isso nos leva a outra categoria classificatória utilizada pelos Desâna para identificar a fauna ictiológica de seu território fluvial: a de peixes noturnos e peixes diurnos, critério também aplicado à fauna terrestre e avícola. São peixes noturnos, que comem a minhoca daracubi, ou seja, peixes daguirus e *akíno* ([t.] e [d.]), os seguintes: surubim, traíra, acará, mandi, cuiú-cuiú.[1] Também comem essa minhoca, sem ser noturnos, os peixes aracu e pacu. Traíra, surubim, mandi e cuiú-cuiú comem de noite e de dia.

Uma segunda classificação dos peixes discernida pelos Desâna é a que diz respeito à sua dieta alimentar. Existem peixes ictiófagos, como o aracu, que comem os de menor tamanho, e a traíra, que come também estes e os de sua própria espécie. Os daguirus, de modo geral, comem carne de outros peixes e também camarões, aranhas, minhocas, gafanhotos e todo tipo de inseto que cai na água.

O acará-grande e o *go'ngoamañ* [d.] não comem folha verde e sim folha podre que se acumula nos igapós e nos lagos. Há peixes que comem a erva caruru (*Mourera fluviatillis*), planta que cresce nas pedras de cachoeiras da qual se extraía antigamente o sal, chamada por isso *ehtamoá* (pedra, sal) em tukâno e desâna. Comem caruru somente o pacu e o aracu. O pacu grande tem seu habitat nos vãos da cachoeira. Não come carne de outro peixe.

Os peixes frugívoros, como o aracu, comem frutos, sementes e caroços de árvores de terra firme e principalmente de árvores do igapó. Os frutos mais comuns também utilizados como isca estão relacionados na tabela 2. A isca da palmeira *Astrocaryum jauary* é a preferida e é nos jauarizais espalhados ao longo dos igapós que se encontra o maior número de habitats de peixes.

Importante distinção classificatória dos peixes é a que diz respeito à sua reprodução. O critério utilizado é dar ênfase à concentração ou dispersão da postura dos ovos. Peixes que desovam em migração são classificados no grupo *tanini* ([d.] e [t.]), que significa: piracema. Os que põem ovos sem migrar, isto é, os peixes moradores do trecho do rio Tiquié explorado pelos índios Desâna de São João, são reunidos sob a designação genérica de *diu numu'ngi* [d.], *dia'më konsé* [t.], que poderia ser traduzido por: ovo encarreirado. Pertencem a essa categoria os tucunarés, acarás, jacundás e outros. Um terceiro grupo, de que faz parte a traíra, é chamado *diupiri* [d.], *diá kunsé* [t.], que significa: ovo deixado. Trata-se de peixes que desovam em locais escondidos, debaixo de grandes raízes de árvores.

Uma quarta categoria de peixe distingue-se pelo habitat em que está radicado: lago, rio e igarapé. Os peixes radicados em lago são endógenos, não migram. Pacu, por exemplo, ocorre tanto no rio como na cachoeira ou nos lagos, segundo as espécies. Tucunaré, acará, piabinha e jacundá dão principalmente em lagos: são peixes "moradores" não migrantes. Os aracus, dependendo das espécies, habitam nichos distintos, embora sejam migrantes, isto é, fazem piracema. Três espécies classificadas pelos Desâna, medindo 10 a 15 cm de comprimento, vivem no fundo dos rios, não vão aos igapós, e duas delas, uma das quais só se encontra no alto Tiquié, na Colômbia, vivem nos igapós. As três primeiras denominam-se em desâna *boleka ñahkin tulúm* (aracu, miçanga redonda), *boleka ñehkó* (racu, avô), *boleka koña'sãlum* (aracu, choro maracá); as duas últimas são chamadas *yuhkë boleka* (árvore, aracu), *yuhkë wai* (árvore, peixe). A espécie "árvore, aracu" só é encontrada no alto Tiquié.

Reconhece-se também uma distinção entre peixe que pula e o que apenas nada. O maior dentre os que pulam é o tucunaré, além do pirapucu e do matrinxã. O nome genérico dessa categoria de peixes puladores é *bulirá* [d.], *bupurá* [t.].

Os peixes são diferenciados, ainda, segundo o nível da água na qual trafegam, reconhecendo-se os que nadam no fundo, no meio ou mais na superfície. Ou então, em dois desses níveis, num deles de dia e em outro à noite. Transitam pelo fundo do rio arraias, piraíbas, surubins, cuiú-cuiús e aracus. No meio da água nadam os mandubés, as pirandiras, os pacus, as piranhas e os matrinxãs. Na superfície da água nadam os peixes como *wai buhuru* [d.], o *kurubisa* [t.], o *emovi* [d.] ou *umuvi* [t.] e outros.*

É bastante elaborada a nomenclatura de acidentes geográficos do sistema aquático discernida pelos grupos de língua tukâno, como se pode ver pela seguinte relação em desâna e tukâno:

1. cabeceira de rio: *dihpá* [d.], *po'té* [t.];
2. rio: *diá* [d.], *di'á* [t.];
3. desembocadura do rio: *piró* [d.], *pi'tó* [t.];
4. igarapé: *ma'ãn* [d.], *ma* [t.];
5. rio de tamanho médio: *kaburi* [d.], *kabusé* [t.];
6. a) paraná ou furo: braço de rio que corta uma volta unindo dois trechos do mesmo em linha reta: *iu'ri* [d.], *iuhti* [t.], também chamado *seté táli wererá* [d.], *weté iritá nikalo* [t.]; b) paraná de enchente de igapó, formado quando o rio está cheio, é também chamado *iu'ri* [d.], *iuhti* [t.];
7. lago: *dihtaru* [d.], *dihtara* [t.] (mesma designação para água parada);
8. enseada ou baía: *ka'ë* [d.], *kó* [t.]; ou, ainda, *beró* [d.], *betó* [t.];
9. chavascal, manguezal ou alagado, tais como o arumãzal, açaizal, buritizal: *talá* [d.], *tahtá* [t.];
10. beira-rio: *diá të'ló* [d.], *diá sumuté* [t.] (rio, beira);
11. correnteza: *dëhkotu'rali inlé* [d.], *ahkoto teáli ihilé* [t.] (a terra se estreita represando a água);
12. água movimentada: *dëhko tulua li* [d.] (água, força);

(*) Os apêndices 1 e 2 explicitam as características referidas numa amostragem de 109 peixes.

13. "ponta" ou espigão de pedra que avança sobre o rio; pode ser também um promontório de terra com árvores: *ño'ro* [d.] e [t.];

14. praia de areia: *emiporó* [d.], *muhkum'poró* [t.];

15. ilha: *nëngë'ngó* [d.], *nënkën'gó* [t.];

16. estirão ou reta à beira-rio: *iabu* [d.], *kusá* [t.];

17. igapó: parte da beira do rio que fica alagada durante as enchentes. Mesmo quando seco é denominado igapó. Distingue-se da beira-rio pela natureza da flora, tamanho e espécies de árvores: *diá-dëhko'é* [d.], *diá kwé* [t.].

A importância do igapó para a pesca pode ser avaliada pela precisão com que sua presença é mapeada no rio Tiquié. A partir do baixo Tiquié, ou seja, da desembocadura desse rio no Uaupés, encontram-se igapós nos seguintes locais: da Missão Salesiana até a cachoeira Tucano existe igapó; desse local até a aldeia Cunuri a terra firme chega até as margens do rio; volta a existir igapó de Cunuri até a localidade de Barreira; a terra firme intercala-se entre Barreira e a povoação de São José; a partir de São João, aldeia do Tolamãn Kenhíri, meu colaborador desâna; uma volta acima e outra abaixo não há igapó; daí por diante, subindo o rio, ele se estende até o igarapé Umari; a partir desse igarapé até a cachoeira de Caruru, isto é, passando a Missão Salesiana Pari-Cachoeira, a terra firme prolonga-se até a orla do rio; volta a existir igapó a partir da cachoeira de Caruru até abaixo do povoado de São Pedro; dá-se nova interrupção, voltando a dominar a terra firme até a fronteira com a Colômbia; o igapó faz-se presente novamente no território colombiano, avança de 50 a 300 m da margem do rio terra adentro; registra-se a presença de igapós também em trechos de percurso dos igarapés.

Ocorrem dentro dos igapós morros nos quais os animais se refugiam. São chamados *minini ioró* [d.], *minisé bupá* [t.]. Antigamente encontravam-se porcos-do-mato, caititus e veados nesses morros; hoje, apenas pacas, cutias e tatus.

Existe também uma nomenclatura dos ventos, embora, aparentemente, na concepção dos Desâna, não tenham qualquer relação com o sistema aquático. *Baliseró tearó* [d.], *simioni tearó* [t.] é o nome de um vento forte com nuvens pretas mas que traz pouca chuva. O nome deriva de "flauta sagrada espantando", como a que espantava antigamente as mulheres. Alegoricamente, o vento espanta a chuva. Outro vento é chamado *wahtín bota mirió* [d.], *wahtín boletoró* [t.], que significa o gênio da floresta *wahtín* que, não encontrando o caminho de volta à mata, faz o dia escurecer. Quando ocorre esse vento, o céu escurece, chove pouco e passa logo. Ventania com trovão chama-se "chuva dos *Diloá*". Segundo o mito, eles soltaram trovões para destruir a maloca dos *Koá yeá* (cabaças, pajés) (cf. Kumu & Kenhíri, 1980:188).

Finalmente, há uma ventania de verão que ocorre por volta das sete horas da noite e passa logo: chama-se *bohori koré* [d.], *këma dihporo* [t.], que pode ser traduzido por: verão, antes. Um único termo designa verão e seca (*boholi* [d.], *këma* [t.]) e uma só designação, *puibë* [d.], *poekë* [t.], significando: água grande, é atribuída a inverno e enchente.

As piracemas estão associadas ao desaparecimento no horizonte de certas constelações, identificadas pelos Desâna, as quais são acompanhadas de chuvas que recebem os mesmos nomes. A partir de novembro, quando se observa no poente a constelação *aña poleró beró* [d.] (jararaca, rabo, redondo), provavelmente a cauda do Escorpião[2] (fig. 45), ocorre a primeira piracema de aracus, mandis, pacus, surubins. Pela observação sabe-se onde os peixes fazem piracema. Os Desâna acreditam que eles não mudam de lugar desde a aurora dos tempos. O local é identificado pela presença de árvores ou arbustos em grande quantidade formando um ambiente fechado à beira-rio, já na entrada do igapó. Esse local chama-se *wahá'pulu* [d.] (*wahá* = nome do arbusto, *pulu* = cerrado).

O local de piracema no igapó tem as mesmas características, diferindo, contudo, as espécies arborícolas. Elas apresentam grandes raízes que se projetam para fora do solo, sendo chamadas, em desâna, *gahsiri wi'iu sari*, que pode ser traduzido por: casca, paricá, raízes. O nicho onde elas ocorrem, em cujo interior, já no igapó, os peixes pulam ao desovar, chama-se *tuni iuri* [d.], *tuni iuhti* [t.] (piracema, correnteza ou paraná).

Uma espécie de aracu chamado *boleka nihtin ierikë* [d.] faz piracema no igapó do rio e também no igapó do igarapé. Junto com ele desova, em novembro-dezembro, o pacu (*u'hu* [d.] e [t.]). Mas este põe ovos próximo a certas ilhas quando desaparece a citada constelação e surge a *pamo ngoá dëhká* [d.] (fêmur, osso, pedaço), a *ñahsin kamë* [d.] (camarão) e as três constelações da onça, todas em abril. Estas últimas são chamadas, em desâna, *yé disiká poaló* (onça, queixo, barba), provavelmente parte da Ursa Maior, *yé dëhpë puiró* (onça, corpo, enchente) e *yé poleró beró* (onça, rabo, redondo) (fig. 1).

A passagem de cardumes, não em desova, é identificada pela época do ano em que migram segundo o calendário das constelações. E também porque se observa maior turbulência na água. Em julho, quando reaparece a constelação *ñekan turu* (estrela, pedaço), provavelmente a constelação do Cisne, que surge pela primeira vez em maio, começam a subir o rio peixinhos minúsculos, chamados em língua geral pirá mirim (*imíka* [d.], *se'á* [t.]). Também nessa época, sobem cardumes de peixes maiores, como o surubim e o pacu, não em desova.

Os aracus, pacus, *go'ngoamãn*, matrinxãs, mandubés, mandis fazem mais de uma piracema, quer dizer, não soltam todos os ovos de uma só vez. Essas piracemas começam em janeiro, quando aparece a constelação *pamo ngoá dëhká* [d.] (tatu, osso, pedaço), e terminam em abril, quando desaparece a constelação: onça, rabo, redondo.

No território fluvial de cada aldeia existem locais de desova conhecidos e vigiados pelos habitantes. O aracu *wai ierimã* [d.] desova primeiro perto da aldeia de São João e, em seguida, junto à Missão Pari-Cachoeira durante a última constelação da onça: *yé poleró beró* [d.] (onça, rabo, redondo). Em três voltas do rio acima de São João, em direção à povoação de Bela Vista, existe um promontório onde faz piracema o pacu. E numa ilha próxima à comunidade São Paulo, acima da sede de Pari-Cachoeira, existe outro local onde esse peixe desova, chamado por isso *u'hu tuninó* [d.] (pacu, piracema).

TÉCNICAS DE PESCA

A técnica de captura de peixe varia segundo o nicho do sistema hídrico e a época do ano em que é efetuada. A pesca na beira do rio é feita à noite com facho, lanterna, puçá, jereré e azagaia e, a partir de 1979, com malhadeiras, então introduzidas à maneira de arrastão. Pescam-se os peixes que dormem junto à praia. Entre outros, arraia, pacu, cuiú-cuiú, piranha, matrinxã, pirandira, piaba e mandi.

No local onde existem pontas ou promontórios de pedra ou terra estende-se o espinhel. São locais que o peixe tem de contornar para vencer as curvas da subida do rio ou do igarapé. Pelo mesmo motivo, coloca-se o cacuri nesses promontórios, com o objetivo de capturar o peixe que sobe o rio contra a correnteza. O cacuri é um enorme cesto triangular com uma fenda na parte central que dá passagem ao peixe para o curral onde é capturado (fig. 47).

O jequi ou matapi com funil interno (*alubo* [d.], *bëhkawë* [t.]) (fig. 49) é colocado entre as pedras da cachoeira e também nos locais do igarapé onde o peixe desova. É preciso que haja água movimentada para que as armadilhas cumpram sua função. Nos lagos não se colocam armadilhas. Aí se pesca com anzol e isca, com arco e flecha e por meio de tinguijadas.

Existem cinco lagos no território fluvial de São João, isto é, no trecho do médio Tiquié pertencente a essa aldeia. Além dos lagos, existem dois igarapés grandes e cinco pequenos. Os grandes chamam-se Cucura e Cabari. Os pequenos são Açaí, Buraco da Traíra, Boto (o que atravessa a aldeia de São João), Jatobá e Grude. Neles existem peixinhos que só se consegue pescar com timbó. Em terra firme, no meio da mata, não existem lagos. Os do rio Tiquié, cercados de igapós, não se prestam à agricultura. Por isso não se estabeleceram comunidades junto aos lagos e sim nas margens do rio e dos igarapés. Acampa-se perto dos lagos, no verão, quando estão bem secos, para pescar.

Só se coloca isca — e somente a fruta da palmeira jauari — dentro das armadilhas cacuri e matapi com funil interno (jequi). A armadilha *eminó* [d.] e [t.] (fig. 48) é colocada sempre com isca à beira-rio, na margem dos igapós, paranás, onde haja correnteza.

Mas só é usada no tempo dos pirás mirins, quando o rio Tiquié está cheio, em junho, com isca de cupim ou formiga torrada, que esses peixinhos comem.

O caiá (*ge'a* [d.], *ewá* [t.]) (fig. 50) — a grande armadilha permanente colocada junto às cachoeiras — espera o peixe que vem descendo o rio e que tem de nadar pelos desvãos de água menos agitada das cachoeiras. Espera também o peixe que sobe o rio, o qual, para atravessar esses vãos, tem de vencer o obstáculo anteposto pelas esteiras e paus que compõem o caiá. Com isso, o peixe dá a volta e pula, caindo sobre as esteiras da armadilha. O caiá e o cacuri, ao que tudo indica, devem ter sido inventados pelos índios das águas pretas. Junto à cachoeira de Camanaus, em São Gabriel da Cachoeira, foi armado um caiá, certamente por descendentes de índios Tukâno ou Baré que aí vivem.

O matapi afunilado e de boca expandida (*tëli* [d.], *kasawë* [t.]) (fig. 52), que também parece ocorrer apenas nessa região, é colocado sem isca, sempre no igapó, quando o seu alagamento atinge certo nível. O local onde se coloca o *tëli* chama-se *tëlikali* [d.] e *kasakali* [t.] e é transmitido por herança de pai a filho. Tolamãn Kenhíri herdou dois deles: o primeiro, duas voltas acima de São João, em direção a Bela Vista, e o segundo, uma volta abaixo de São João, na direção de Santo Antônio. Estabeleceu dois outros, observando os paranás onde dava mais peixe. Esse tipo de matapi é cercado de uma barragem de folhas para que o peixe se direcione para a abertura do funil que o aprisiona. O *tëlikali* [d.] é inspecionado duas vezes ao dia na época da cheia. Ninguém retira o peixe da armadilha de outrem. Colocam-se muitas vezes seis a oito matapis num paraná do igapó até fechá-lo. No verão, quando a água desce de nível, só se coloca essa armadilha — uma só — no meio dos tocos de beira-rio, onde haja árvores podres.

As malhadeiras foram introduzidas no rio Tiquié em 1979. Elas não têm nomes, a exemplo da terminologia cabocla que as denominam segundo os peixes que capturam: jaraquizeira, mandubezeira etc. São distinguidas pela abertura das malhas: de um, dois, três e quatro dedos. A malhadeira de um dedo — colocada em posição vertical junto ao igapó, à beira-rio ou em um igarapé, de preferência onde haja um jauarizal — captura piabinhas (*amani selipi iuhkë* [d.]) e outros peixinhos miúdos (*wahpá*, *go'ngamãn* etc.) (fig. 53). Esses peixinhos são comidos na época das águas e usados como isca nas curtíssimas estiagens.

A malhadeira com malhas de dois dedos pega peixinhos do tamanho do cuiú-cuiú e outros. A de três dedos é usada para capturar pirarucus, jaraquis, aracus pequenos ou de tamanho médio. A malhadeira de quatro a cinco dedos de abertura das malhas é empregada para pegar aracus maiores e também para pacus pequenos (a cabeça é que fica presa entre as malhas), mandubés etc. A malhadeira tem que ter uma altura adequada para atingir os peixes que nadam nos três níveis da água: no fundo, no meio e junto à superfície. A malhadeira de oito dedos é fabricada pelos pescadores índios para pegar pacus grandes, piranhas grandes e às vezes surubins.

Na piracema do aracu *boleka ñihtin manikë* [d.], que ocorre em abril, anunciada pela chuva que coincide com o aparecimento da constelação *yé disiká poaló* [d.] (onça, queixo, barba), os índios que vivem junto à Missão Salesiana de Pari-Cachoeira estendem malhadeiras de até 30 m por 3,5 m de altura que, num movimento de arrastão, chegam a capturar trezentos aracus (fig. 54). Apesar disso, eles retornam no ano seguinte. Isso porque os alevinos são arrastados pela correnteza e se espalham pelos rios Tiquié, Uaupés e Negro, o que se comprova pelo fato de nunca haver sido pescado um aracu de menos de 30 cm nas águas do rio Tiquié. Ele só retorna a esse rio adulto.

A pesca com caniço e anzol continua em voga, apesar do uso generalizado da malhadeira, praticada intensamente de acordo com as condições hídricas. A isca mais importante é a minhoca daracubi dos igapós. Igualmente importante como isca é a minhoca chamada *diá hoa'mãn* [d.], *diá ahua* [t.]. Uma terceira espécie de minhoca utilizada como isca de peixe é a que vegeta ao lado das casas, nas aldeias: *iesé diá huá* [d.] e [t.] (porco, minhoca, isca).

Os frutos mais comumente usados como isca de peixe são os citados na tabela 2. Para atrair aracu, jacundá, traíra, *nimatë*, *dihpuritëro*, a isca mais adequada é o camarão. Grilos e gafanhotos (*i'ru* [d.] e [t.]) atraem o pacu e o matrinxã. A isca mais apropriada para atrair piaba é a maniuara, uma espécie de cupim, e também a larva da caba (*uhti* [d.], *uhti'á* [t.]). Essas iscas são colocadas na ponta do anzol.

Peixes maiores, como tucunaré, bicuda, surubim, *wewa*, são pegos com isca de peixinho *go'ngoamãn* [d.], *ohkona* [t.], que tem que ser colocado no anzol de forma tal que continue vivo, do contrário o peixe não é atraído pela isca. A captura é feita com bóia, antigamente de madeira leve, molongó (*eleo buli* [d.], *e'o bu* [t.]) ou o pecíolo do miriti, hoje com isopor colocado na outra ponta da linha. O pescador fica na canoa observando o movimento do isopor e levanta o anzol no momento em que sente que o peixe mordeu a isca (fig. 55).

Na opinião dos Desâna, nenhum dos implementos de pesca tradicionais caiu em desuso. Embora menos utilizados, depois da introdução das malhadeiras, permanecem como instrumentos alternativos para as quadras de penúria e para os índios que não podem comprar redes manufaturadas industrialmente (ver figs. 56 a 59). Ao contrário do que se supunha, a malhadeira não esgotou o estoque pesqueiro porque os alevinos passam por entre as malhas. Dano maior faziam as tinguijadas, tornadas menos freqüentes, desde a introdução e a difusão das malhadeiras.

A pesca com qualquer desses implementos para ser frutífera tem que se basear no conhecimento que os índios têm da biologia dos peixes. Por exemplo: sabem que, quando o rio está cheio, os peixes noturnos penetram nos igarapés em busca de comida, retornando ao rio pela madrugada. Por isso, nessas ocasiões, as malhadeiras são estendidas na boca dos igarapés para capturar os peixes, principalmente mandubés, quando retornam ao leito do rio. No território fluvial de São João elas são colocadas na desembocadura dos igarapés Cabari e Cucura.

Em 1994, deve ter sido introduzido um experimento de criação do peixe tambaqui em território desâna. O igarapé Boto, que atravessa a aldeia de São João, será fechado para formar um lago.

TABELA 2: PLANTAS DE IGAPÓ: ALIMENTO DE PEIXE*

Denominação vernacular científica	*Indígena*	*Uso: parte comestível da planta*
Palmaceae		
jauari *Astrocaryum jauary*	*diá behtá* [t.] *diá weré* [d.] (rio, tucum)	O peixe come a carne e dispersa o caroço.
Rubiaceae		
jenipapo-de-igapó *Genipa* cf. *americana*	*diawé* [d.] *diakoná* [t.]	O fruto cai na água e é comido aos pedaços por pacu, aracu, matrinxã, acará.
Bignoniaceae		
ipê-amarelo *Tabebuiua obscura*	*wahpó oli* [t.] *buhpu goli* [d.] (trovão, flor)	Peixes como pacu, aracu, piaba comem a flor do ipê que cresce em igapós de beira-rio e de igarapés.
Flacurtiaceae		
Lactia suaveolens	*wái biá* [t.] e [d.] (peixe, pimenta)	Quando amadurece, o fruto se abre e solta as sementes que os peixes (pacu, aracu, matrinxã e outros) comem e difundem.
Euphorbiaceae		
taquari *nitida*	*pahti dëhká* [t.] *pari dëhká* [d.]	O fruto espouca no galho da *Mabea,* árvore, solta a semente preta, que cai na água e bóia, sendo apanhada por aracu, pacu, matrinxã.
cunuri *Cunuria spruceana*	*nihtiá dieri dëhká* [t.] *nihtiá diride dëhká* [d.] (borboleta nihtiá)	Frutos parecidos aos da seringueira que os peixes frugívoros comem.
Voquisiaceae		
japurá *Erisma, japura*	*diabati* [t.] *diabali* [d.]	Peixes frugívoros comem as sementes.
Lacytidaceae		
Eschweilera sp.	*tohtó* [t.] *toló* [d.]	Comum em igapós de lagos e baías com concentrações de jauari. A semente libertada, quando aberta a cápsula do fruto, é comida por pacu, aracu, matrinxã e piranha.
Malpighiaceae		
murici *Byrsonima*	*muín* [t.] e [d.]	A frutinha vermelha do murici é usada como isca de aracu, pacu, matrinxã, mandi, pintado e outros peixes. Quando cai na água é comida por esses peixes.
seringueira (?)	*wahsó* [t.] *wahhsun* [d.]	Aracu, piranha e matrinxã entram nos igarapés para comer a semente do fruto dessa espécie de seringueira que dá nas elevações dos igapós e em terra firme.

(*) Coletadas em São João e identificadas no Instituto Nacional de Pesquisas da Amazônia (INPA).

O projeto é dos técnicos da Embrapa sediados em São Gabriel da Cachoeira, Amazonas.

O peixe é a principal fonte de proteína animal consumida pelos índios do alto rio Negro. É também a proteína preferida e a que exige mais tempo e talento criativo por parte dos homens. Ela é complementada pela caça, obtida principalmente pelo intercâmbio entre os grupos de língua tukâno (ribeirinhos) e os grupos interfluviais, Makú, mais bem adaptados à floresta. Nos meses de agosto e setembro, larvas de borboletas e coleópteros, bem como insetos comestíveis, abastecem prioritariamente a dieta protéica dos índios (cf. Ribeiro & Kenhíri, 1987). Atualmente, o charque e as latas de sardinha passaram a figurar na culinária indígena, assim como, na qualidade de recurso extremo, a carne de galinhas criadas no quintal. Nenhuma delas deslocou o peixe, com o qual os índios do rio têm uma identificação ideológica muito significativa.

Os locais preferidos para a pesca são as áreas de igapó onde crescem, entre outras plantas, a palmeira jauari (*Astrocaryum jauary*). Os peixes aracu, pacu e matrinxã, entre outros, dormem no jauarizal, mesmo depois de terminada a safra do fruto dessa palmeira, que vai de abril a maio. Os peixes comem a carne e espalham a semente do jauari, cuja localização está assinalada no mapa fluvial da aldeia São João, desenhado por Tolamãn Kenhíri. Outras árvores, de cujos frutos os peixes se alimentam e que também crescem no igapó, constam da tabela 2.

Com a queda do nível das águas, durante as curtas estiagens, como são os verões do ingá, da pupunha, da cucura e do umari (cf. Ribeiro & Kenhíri, 1987:28-9), os peixes se refugiam nas curvas do rio onde há maior correnteza e volume de água. Ou penetram à noite nos igarapés em busca de comida, como fazem alguns peixes noturnos, a exemplo do mandubé. Esses são outros locais, transmitidos de pais a filhos, nos quais se colocam armadilhas.

Havendo peixe, come-se três vezes ao dia, na forma de quinhapira (molho de pimenta com peixe miúdo), de mujeca (peixe engrossado com tapioca) e peixe moqueado, que eventualmente pode ser ensopado para render mais.

Um levantamento, efetuado durante 28 dias (entre 18 de dezembro de 1990 e 23 de janeiro de 1991), do produto trazido pelos integrantes masculinos de um grupo doméstico constituído por três pescadores adultos e um menino de doze anos, revelou os seguintes montantes: peso total de 84,6 kg, representando 899 unidades de 52 espécies de peixes segundo a classificação desâna. De 27 espécies, não identificadas por nomenclatura científica por não constarem do catálogo ilustrado de peixes levado ao campo, são oferecidas algumas características no apêndice 2. O peso total de captura dividido por 28 dias dá uma média diária de 3 kg, ou 600 g por pescador. Essa média equivale à que Beckerman (1989 ms) encontrou em levantamentos comparativos de vários autores, em diferentes épocas e localidades. A coleta, totalizando 56 pescarias, representou uma média de três horas e meia de atividade diária de cada pescador efetuada em duas etapas: a primeira, de madrugada, com duração aproximada de duas horas, e a segunda, ao cair a noite, com duração de uma hora e meia (ver tabela 3).

TABELA 3: FREQÜÊNCIA E IMPORTÂNCIA ECONÔMICA DOS PEIXES CAPTURADOS EM 56 PESCARIAS

Denominação vernacular	*Família*	*Número unidades*
Aracus (várias espécies)	Anostomidae	19
Acarás, jacundás, tucunarés	Ciclidae	21
Uburanas e jaraquis	Curimatidae	13
Mandubés	Ageneiosidae	24
Uéua	Characidae	11
Piranha	Serrasalmidae	7
Sardinhas	Characidae	50
Não identificados:		
Go'ngoamãn		72
Wahpá (parece piranha em miniatura)		20
	Total	237

A tabela 3 relaciona as principais espécies que compareceram no levantamento citado. Ela permite avaliar a ocorrência maior de determinados peixes no local e época citados. O principal implemento utilizado foi a malhadeira, sendo que os peixes miúdos, como sardinhas, *go'ngoamãn* e *wahpá*, foram pegos com isca de caba em anzol. O mandubé foi capturado quando o rio Tiquié estava cheio e esse peixe noturno ia alimentar-se no igarapé. Voltando ao leito do rio, foi atravancado pela malhadeira colocada na desembocadura do córrego.

Procedeu-se a uma única tinguijada, no período assinalado, na baía situada em frente à aldeia de São João. O nível da água era o mais baixo possível devido a uma estiagem de onze dias ocorrida durante o término da safra do ingá (*Ingá* sp.), ou seja, no "verão do ingá" (cf. Ribeiro & Kenhíri, 1987:28). Dessa pescaria participou também a aldeia de Santo Antônio e o produto não foi computado. Foi empregado timbó plantado na roça (*Tephrosia sinapu*), pisado com barro espalhado na baía.

Os Desâna acreditam que os *wái mahsá* [d.] e [t.] (peixe, gente), dos quais esses índios crêem descender, apoderaram-se da casa transformadora *wihum wi* (paricá, casa), onde vivia Ëmëkho mahsãn Boleka (universo, peixe aracu), o herói civilizador e ancestral maior dos Desâna (cf. Kumu & Kenhíri, 1980: 85). Esse local, assinalado por Tolamãn Kenhíri na viagem fluvial que fizemos de São Gabriel da Cachoeira até São João, sua aldeia, era um bom ponto de pesca. Por respeito aos *wái mahsá*, não se pescava aí antigamente.

Acreditava-se, também, que existe uma empatia que atrai o peixe ao pescador e a isca ao peixe. Inexistindo esse encantamento, não se pesca. A par disso, é preciso fazer uma invocação ou reza de encantamento para atrair o peixe. Ela é feita à mãe dos peixes *wái toa'tolé* [d.], *wái toa'të* [t.] (peixe, trocano). Ela dá de mamar aos peixes e cuida deles. À noite, levanta-se e bóia em cima da água. Se alguém a machuca, ela emite um choque elétrico como o poraquê. Ela rejeita as mulheres menstruadas. Castiga — mas não mata — o pescador que maltrata o peixe. A mãe dos peixes apresenta-se na forma de tronco ou galho de árvore que bóia na água, ou então como uma cobra de cerca de 4 m de comprimento.

O boto é um *wái mahsá* dos antigos, por isso não é morto nem comido pelos índios. Às vezes transforma-se em homem ou mulher para atrair jovens do sexo oposto. Prevê o futuro, a doença ou o nascimento de uma criança.

A pesca é mais difícil quando vige a constelação da jararaca, ou seja, do Escorpião. Ela come todos os peixes.

Acreditam os Desâna que no recesso da mata existem árvores onde se alojam peixes. Um índio chegou a ver, depois de chuvas prolongadas e do inchamento dos igarapés, a eclosão de peixes saídos do tronco de árvores. Crêem, também, que o gavião-tesoura transforma-se em peixe em certa fase de sua evolução. Reciprocamente, peixes transmudam-se em aves.

Acredita-se, finalmente, que no igarapé Buraco do Traíra existe uma "comunidade" desses peixes, sendo por isso a pesca proibida. Isso ainda ocorre no baixo Tiquié e no Uaupés, onde é mais comum o peixe traíra, principalmente em lagos e igarapezinhos. A proibição de pescá-lo fez com que, antigamente, houvesse grande quantidade desse peixe. As penalidades a que estavam sujeitos os que transgredissem a regra era serem acometidos de doenças.

ETNOICTIOLOGIA DESÂNA

O apêndice 1 sumaria informações que elucidam os princípios nos quais se baseia a etnoictiologia desâna. Foram coletadas, no terceiro período de campo (1990-1), à vista do *Catálogo de peixes comerciais do baixo rio Tocantins* (Santos et alii, 1985), que reproduz fotos coloridas de peixes amazônicos. Esse inventário oferece não só uma amostragem das espécies ictíicas conhecidas pelos Desâna e das existentes no trecho do rio Tiquié que habitam, como seu descortino quanto à identificação, nomenclatura, análise da dieta, habitats e hábitos dos peixes.

O apêndice 2 contém os mesmos dados, porém sem identificação segundo a nomenclatura científica, por não constarem as 27 espécies arroladas do catálogo acima referido. Em conjunto, são descritas 109 espécies de peixes. Goulding, Carvalho e Ferreira (1988:8) coletaram 450 espécies no baixo rio Negro e discriminaram 68 tipos de alimentos de que se nutrem (1988:9).

Os Desâna acreditam que cada trecho de rio tem sua fauna ictíica própria. O aracu, *boleka nihtin manikë*, por exemplo, só dá num trecho do rio Tiquié, nunca foi visto no mercado de Manaus.

Além do profundo conhecimento de seu território fluvial, os índios têm consciência da limitação do ecossistema em que estão assentados, no que se refere à pobreza do solo e à escassez de fauna. A capacidade de carga da região é definida em termos de fertilidade do solo e os recursos protéicos animais rarefeitos. Em função disso, como já observaram Reichel-Dolmatoff (1976) em relação aos Desâna da Colômbia e Kaj Ärhem (1976) no tocante aos Makúna, também da família lingüística tukâno daquele país, esses grupos produzem o suficiente para a sua subsistência, mas não produzem excedentes para não exaurir o meio ambiente. Esse modo de produção está sedimentado numa ideologia da reciprocidade entre o humano e o animal segundo a qual, para que os humanos subsistam, é preciso deixar vingar as outras formas de vida.

Apêndice 1: Peixes do rio Tiquié
identificados pelas fotos do
"Catálogo de peixes comerciais do baixo rio Tocantins"

Denominação		*Piracema*	*Caracterização dos peixes*			
Vernacular/ científica	Indígena tukâno [t.] desâna [d.]		De rio [r.] igarapé [i.] lago [l.]; praia [p.] ilha [il.]; igapó [ig.]	Diurno [d.] Noturno [n.]	Regime alimentar	Habitat fundo [f.] meio [m.] superf. [s.]
Potamoptrygonideae						
1. Arraia *Potamotrygon motoro*	*yái añá* [t.] *yé añá* [d.] = onça, arraia	–	[p.]	[d.] e [n.]	–	[f.]
2. Arraia *Potamotrygon hystrix*	*boré peañá* [t.] *bote puni añá* [d.] = embaúba, arraia	–	[p.]	[d.] e [n.]	–	[f.]
3. Arraia *Disoeus thayeri*	*abuli añá* [t.] e [d.] =?, arraia	–	[p.]	[d.] e [n.]	–	[f.]
Eletrophoridae						
4. Poraquê *Electrophorus electricus*	*sa'á* [t.] *sá* [d.] = dá choque	com traíra	[r.] e [i.]	[n.]	ictiófago	[s.]

Apteronotidae						
5. Ituí *Sternarchor-amphus mulleri*	*poá pá* [t.] *poá moná* [d.]	com mandi no igapó	[r.] [i.] e [l.]	[n.]	minhocas, principalmente a daracubi	[f.]
Sternopygidae						
6. Ituí *Sternopygus macrurus*	*bëhka seró* [t.] *poá nahsin kamé* [d.] = camarão	idem, idem	idem, idem	[n.]	idem, idem	[f.]
7. Ituí *Sternopygus obtusirostris*	*tuñu poaló* [t.] *muñu poáli* [d.] = bacarau, pena	idem, idem	idem, idem	?	idem, idem	[f.]
8. Ituí-terçado *Rhamphichthys namoratus*	*so'o* [t.] e [d.] = nariz comprido	com aracu no rio	[r.], entra no igarapé para comer	[n.]	minhocas, principalmente a daracubi	[f.]
Engraulidae						
9. Maiacá *Lycengraulis batesii*	*pinóh popiú* [t.] e [d.] = cobra, brinco	com pirarucu	[r.]	[n.]	idem, idem	[f.]
Ctenoluciidae						
10. Bicuda *Boulengerella ocellata*	*umúvi* [t.] *umóvi* [d.] = japu, peixe	na boca do lago às 7 h da noite;	[r.]	[d.]	ictiófago carnívoro	[m.]

Denominação		*Piracema*	*Caracterização dos peixes*			
Vernacular/ científica	Indígena tukâno [t.] desâna [d.]		De rio [r.] igarapé [i.] lago [l.]; praia [p.] ilha [il.]; igapó [ig.]	Diurno [d.] Noturno [n.]	Regime alimentar	Habitat fundo [f.] meio [m.] superf. [s.]
11. Bicuda *Boulengerella maculata*	*kurubiça* [t.] *wai buru* [d.] = peixe, sarabatana	à beira-rio pela manhã	[r.], [l.]	[d.]	ictiófago	[m.]
Erythrinidae						
12. Traíra *Hoplias malabaricus*	*doé* [t.] e [d.]	põe ovo sem migrar: morador	[l.], [i.]	[d.] e [n.]	ictiófago minhoca daracubi	[s.]
13. Jeju *Hoplerythrinus unitaeniatus*	*u'ñu* [t.] e [d.]	no igarapé, em cardume	[l.], [i.]	[d.]	minhoca daracubi	?
14. Jeju *Erythrinus* sp.	*u' ñu* [t.] e [d.]	idem, idem	idem, idem	[d.]	idem, idem	?
Curimatidae						
15. Ubarana *Anodus elongatus*	*ki'iwi* [t.] *ki'iwi më* [d.] = mandioca, peixe	?	[r.], [l.]	[d.]	carnívoro frutívoro	[f.], peixe que pula

Hemiodidae						
16. Jatuarana *Argonectes scapularis*	*ki'iwi* [t.] *ki'iwi më* [d.] = mandioca, peixe	?	idem, idem	[d.]	carnívoro frutívoro	[f.] peixe que pula
17. Jatuarana *Hemiodus unimaculatus*	idem, idem	?	idem, idem	[d.]	idem, idem	idem, idem
Anostomidae						
18. Aracu comum *Leporinus friderici*	*boté nihtin periti* [t.] *boleka nihtin ierikë* [d.]	no igapó às 4 h da tarde	[i.] grande	[d.]	onívoro: carne, daracubi, frutas	[f.]
19. Aracupinima *Leporinus affinis*	*boté iutë* [t.] e ou *ki kahseri wai ierimã* [d.]	no meio do rio	[i.] grande	[d.]	idem, idem	[f.]
20. Aracu-cabeça-gorda *Leporinus trifasciatus*	*wa má'wi* [t.] *má'wi* [d.]	no igapó do igarapé	[i.] (só dá no baixo Tiquié)	[d.]	idem, idem	[f.]
21. Aracu-piau *Laemolyta petiti*	*wasu'sãm suâm* [t.] *wai'u suanã* [d.] = queixo vermelho	?	[i.], [r.]	[d.]	idem, idem	[f.]

Denominação		Piracema	Caracterização dos peixes			
Vernacular/ científica	Indígena tukâno [t.] desâna [d.]		De rio [r.] igarapé [i.] lago [l.]; praia [p.] ilha [il.]; igapó [ig.]	Diurno [d.] Noturno [n.]	Regime alimentar	Habitat fundo [f.] meio [m.] superf. [s.]
Serrasalmidae						
22. Piranha *Serrasalmus eigenmanni*	*bë'ë* [t.] *mu'ñu* [d.]	põe ovos num cipó no igarapé à beira-rio	[i.], [r.]	[n.]	carnívoro	[m.]
23. Pacu *Mylesinus schomburgki*	*u'hu* [t.] e [t.]	desova em cardume no igapó do rio	[r.], [l.]	[d.]	carnívoro	[m.]
24. Pacu *Metynnis hypsauchen*	*masabári* [t.] e [d.]	?	[l.], [r.]	[d.]	carnívoro	[s.]
25. Pacu-dente-seco *Myleus pacu*	*u'hu* [t.] *bëhko'hu* [d.]	desova em cardume no igapó do rio	[r.], [l.]	[d.]	carnívoro	[s.]
26. Pacu-branco *Myleus* cf. *micans*	*mohsãn u'hu* [t.] e [d.] = urucu, pacu	idem, idem	idem, idem	[d.]	carnívoro	[s.]
27. Pacu-branco *Myleus* cf. *torquatus*	*u'hu* [t.] e [d.]	idem, idem	idem, idem	[d.]	carnívoro	[s.]

Characidae						
28. Uéua *Acestrorhynchus falcirostris*	*no'opi* [t.] *wahsenó* [d.]	no jauarizal: boca do lago 7 h da noite	[l.], [r.]	[d.]	icitiófago	[s.] peixe que pula
29. Uéua *Acestrorhynchus falcatus*	*mohsãn para periti* [t.] *mohsá para ierikë* [d.] = urucu, pintinhas	idem, idem	[i.]	[d.]	idem, idem	[s.]
30. Uéua *Acestrorhynchus microlepsis*	*omo pikoni* [t.] *womo pinguni* [d.]	idem, idem	[i.]	[d.]	idem, idem	[s.]
31. Peixe-cachorro *Hidrolycus scomberoides*	*ihé'um* [t.] *iehuá mãn* [d.]	no igapó do rio	[l.], [r.]	[d.]	idem, idem	[m.]
32. Icanga *Rhaphiodon gibbus*	*iehé poári* [t.] e [d.] = garça, penas	idem, idem	[r.]	[n.]	idem, idem	[m.]
33. Sardinha *Triportheus albus*	*waiti poaná* [t.] *wai kolé poaná* [d.]	no meio do rio com aracu *nihtin manikë* [d.]	[r.]	[d.]	minhoca, daracubi, insetos, larvas cabas	[s.]
34. Sardinha-comprida *Triportheus elongatus*	*wirári* [t.] e [d.]	idem, idem	[r.]	[d.]	idem, idem	[s.]

Denominação		*Piracema*	*Caracterização dos peixes*			
Vernacular/ científica	Indígena tukâno [t.] desâna [d.]		De rio [r.] igarapé [i.] lago [l.]; praia [p.] ilha [il.]; igapó [ig.]	Diurno [d.] Noturno [n.]	Regime alimentar	Habitat fundo [f.] meio [m.] superf. [s.]
35. Matrinxã *Brycon brevicauda*	*mi'owi* [t.] e [d.]	com pacu no igapó do rio	[r.]	[d.]	frutívoro, insetívoro	[s.] peixe que pula
Sciaenidae						
36. Pescada-branca *Plagioscion squamosissimus*	*ehtambum wi* [t.] e [d.] = quartzo, casa	?	[r.]	[d.] e [n.]	minhoca daracubi, camarão	[f.]
37. Pescada-branca *Plagioscion surinamensis*	*ehtambum wi* [t.] e [d.] = quartzo, casa	?	[r.]	[d.] e [n.]	idem, idem	[f.]
38. Corvina *Pachypops furcraeus*	idem, idem	?	[r.]	[d.] e [n..]	idem, idem	[f.]
Cichlidae						
39. Acará-açaí *Cichlasoma temporale*	*kai periti* [t.] *wani kai gobe-rikë* [d.] = massa de umari	desova individual sobre folhas	[i.]	[d.]	minhocas, insetos que caem na água	[s.]

40. Acará-piranga *Cichlasoma severum*	*mimatë* [t.] *nimé soló* [d.] = veneno, panela	desova individual sobre galhos	[l.]	[d.]	camarão	[m.]
41. Tucunaré-açu *Cichla ocellaris*	*wamë'bu* [t.] *më'bu* [d.] = umari, tucunaré	idem, idem	[l.]	[d.]	ictiófago	[s.] peixe que pula
42. Tucunaré-pinima *Cichla temensis*	*semé bu* [t.] e [t.] = paca, tucunaré	põe ovos nos galhos; cuida dos alevinos; transporta-os na boca.	[l.], enseadas	[d.]	ictiófago camarão	[s.]
43. Acará *Aequidens duopunctatus*	*wa'ni* [t.] e [d.]	desova individual sobre folhas	[l.], enseadas	[d.]	ictiófago camarão	[s.]
44. Jacundá *Crenicichla johanna*	*mëhá wi* [t.] *mëhá diamë* [d.] = jacundá, vermelho	põe ovos nos troncos podres do rio	[r.], [l.], [i.]	[d.]	ictiófago camarão minhoca daracubi	[s.]
45. Jacundá *Crenicichla lugubris*	*puti më'há* [t.] *aunsun më'há* [d.] = massa de mandioca, jacundá	desova nos troncos podres do rio, lago, igarapé, onde estiver	[l.], [i.]	[d.]	ictiófago camarão	[s.] junto a troncos podres

Denominação		*Piracema*	*Caracterização dos peixes*			
Vernacular/ científica	Indígena tukâno [t.] desâna [d.]		De rio [r.] igarapé [i.] lago [l.]; praia [p.] ilha [il.]; igapó [ig.]	Diurno [d.] Noturno [n.]	Regime alimentar	Habitat fundo [f.] meio [m.] superf. [s.]
46. Jacundá *Crenicichla strigata*	*wái poná* [t.] e [d.] = peixe, descendente	idem, idem em cardumes	[r.], [l.], [i.]	[d.]	idem, idem	nada na [s.], descansa [f.]
47. Acaratinga *Geophagus surinamensis*	*wahapin kuero* [t.], *wani bolero* [d.] = remo rachado	desova individual em praias e baías	baía, lago aberto	[d.]	folhas podres	[f.], mas na beira do rio
48. Cará-bicudo *Geophagus jurupari*	*bëhpó* [t.] *buhpu* [d.] = trovão	dentro da baía	baía, lago aberto	[d.]	folhas podres, minhocas	[s.]
Doradidae						
49. Bacu *Platydoras costatus*	*uhtu* [t.] *u'lu* [d.]	(nunca viu esses peixes desovarem)	[p.] das baías	[d.] e [n.]	paus podres, minhocas	[f.] dia, [s.] de noite
50. Cuiú-cuiú *Pseudodoras niger*	*diá bëhka* [t.] *diá mënga* [d.]	idem, idem	idem, idem	[d.] e [n.]	idem, idem	[s.]

34. *Wahtínkeo* [t.]: tipiti nº 46, col. Uaupés.

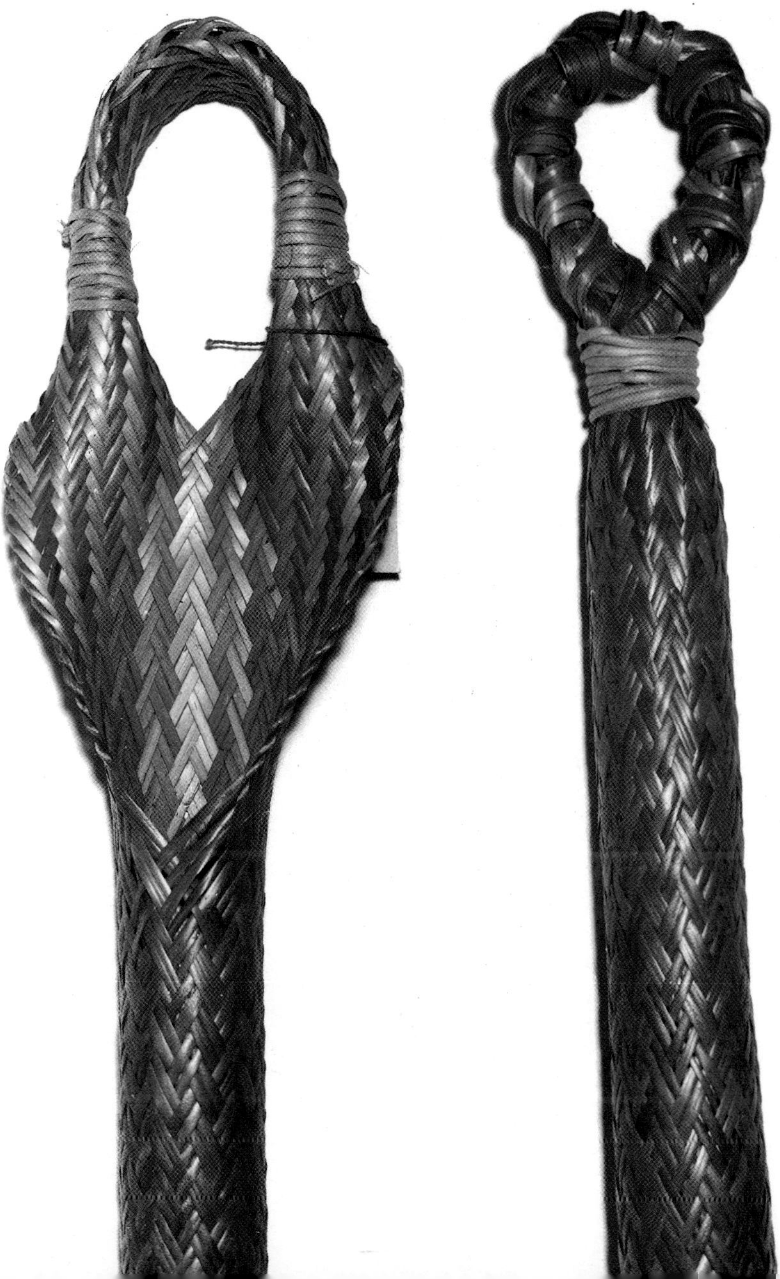

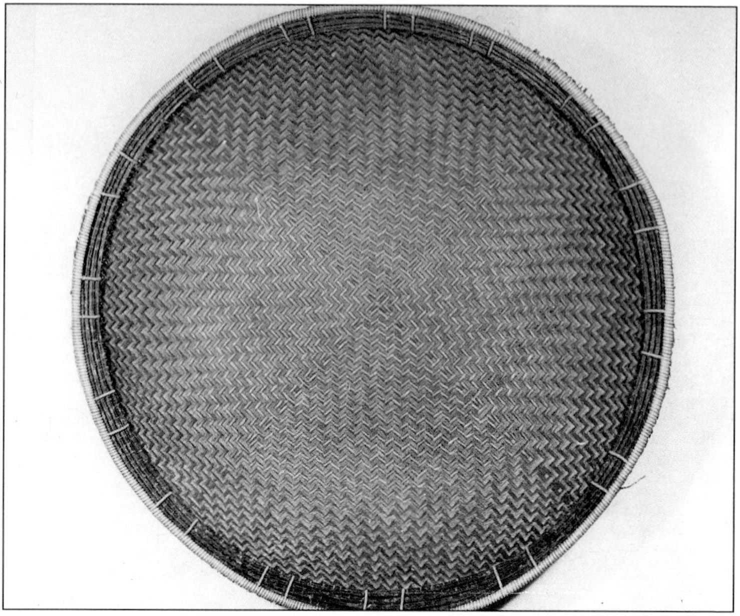

35. *Bahti* [t.]. Apá funda para guardar polpa de mandioca e outros usos. Col. Museu Nacional, n.º 43, rio Aiari.

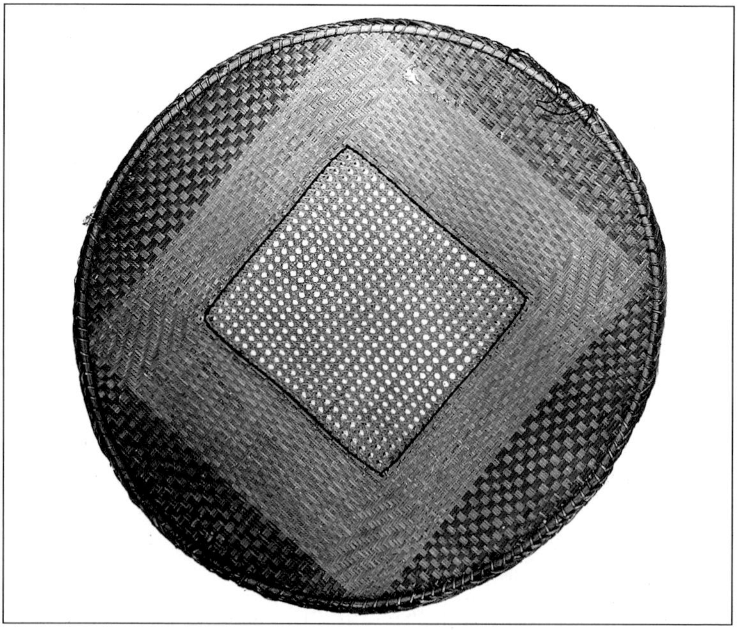

36. Urupema (*dupiti*) [d.]. Col. rio Aiari, nº 42.

37. *Bahtiaka* [d.]. Apá pequena para colocar beiju.
Nº 2, col. rio Uaupés. Abaixo: a mesma peça vista do lado interno.

38. *Urutu* de uso doméstico, *kamawa* [b.]. Nº 40, col. rio Aiari.

39. Abano (*wenino*). Nº 15, trançados, rio Uaupés.

40. Aturá (*pii* em makú). Nº 16, col. rio Tiquié.

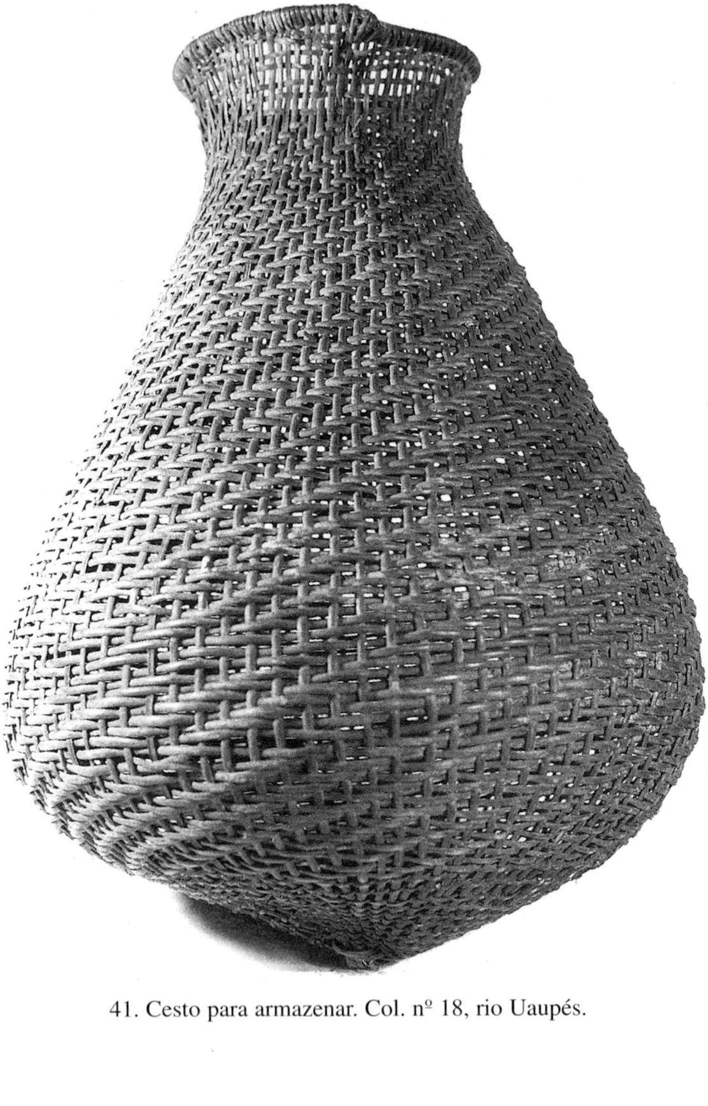

41. Cesto para armazenar. Col. nº 18, rio Uaupés.

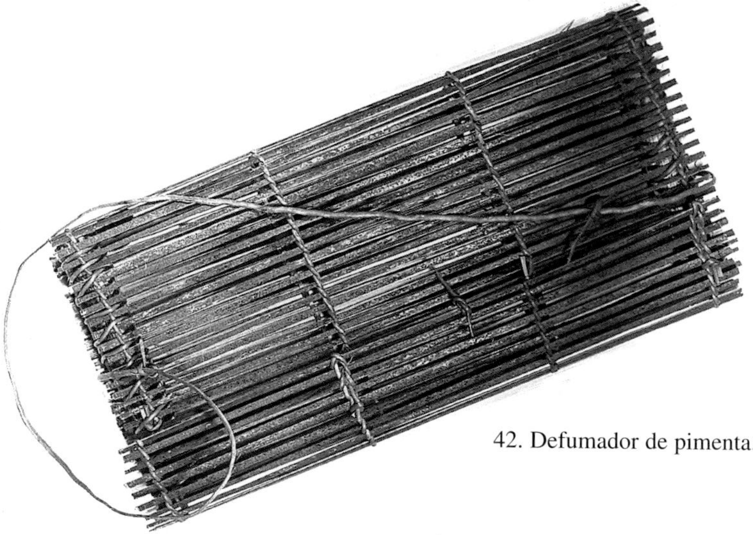

42. Defumador de pimenta.

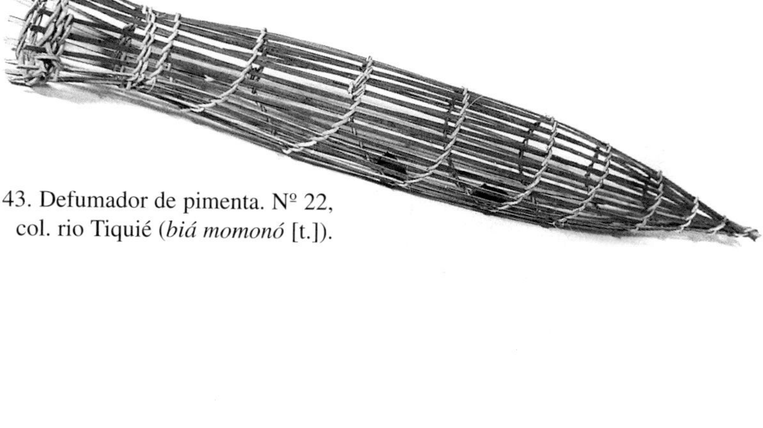

43. Defumador de pimenta. Nº 22,
col. rio Tiquié (*biá momonó* [t.]).

44. Coadeira para frutas (*pamu siowa* [t.]). Nº 7, col. rio Tiquié.

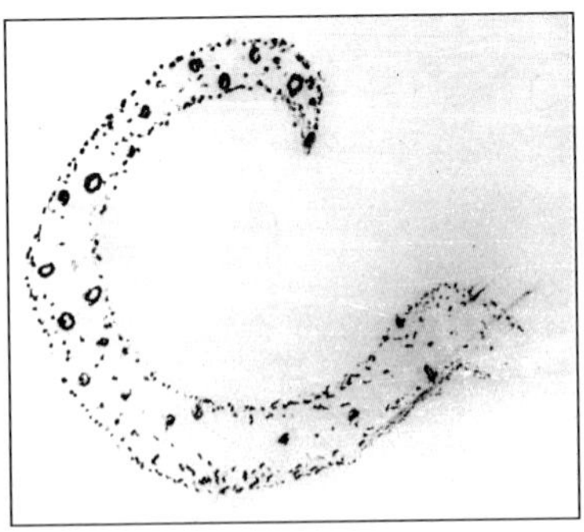

45. *Aña poleró beró* [d.]: provavelmente cauda do Escorpião.

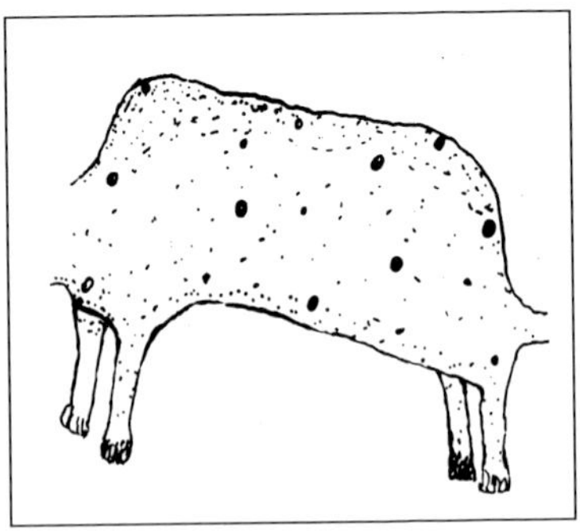

46. *Yé poleró beró*: onça, rabo redondo.

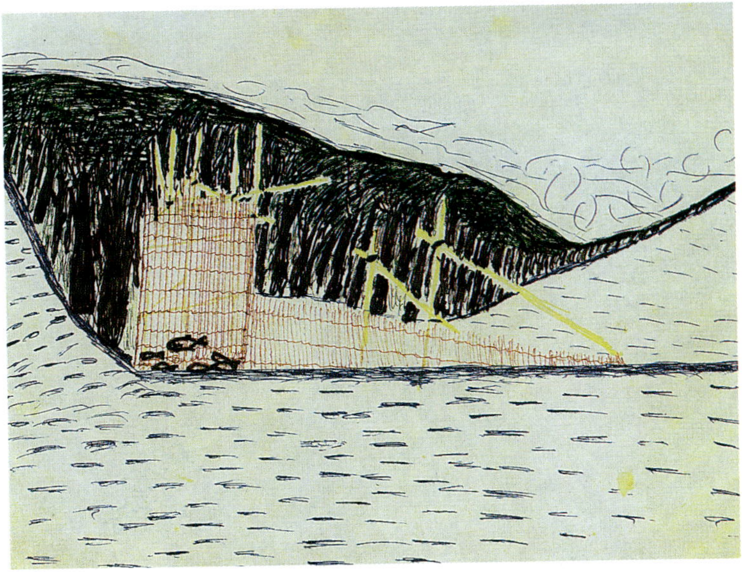

47. Cacuri (*wairó* [d.]) colocado num promontório de terra, à beira-rio, com a abertura a favor da corrente.

48. *Eminó* [d.]: armadilha com isca de formiga torrada para atrair peixe mirim.

49. Jequi (ou matapi de funil interno) colocado onde o peixe desova.

50. Caiá, rio Uaupés.

51. Desenho esquemático do caiá da cachoeira de Iauareté feito por um aluno da Missão Salesiana.

52. Matapi (*kasawë* [t.]) colocado com isca.

53. Jauarizal (*Astrocaryum jauary*) de beira-rio onde se coloca uma malhadeira para pegar os peixes que comem o fruto dessa palmeira.

54. Piracema de duas espécies de aracu.

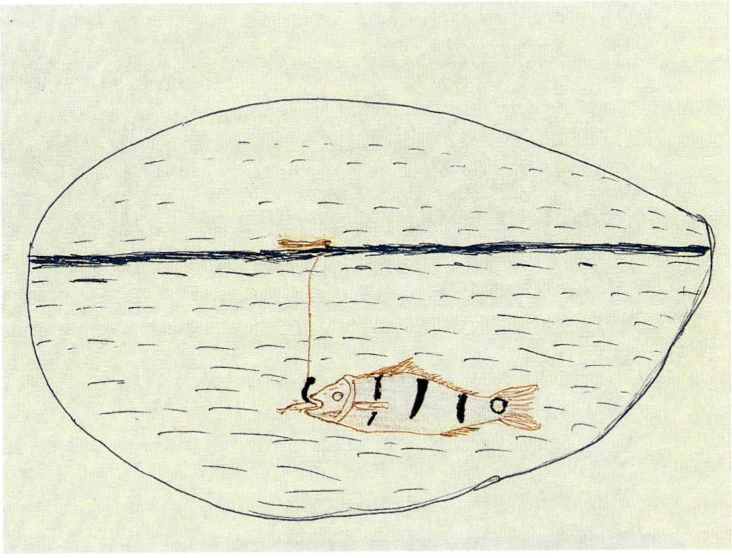

55. Pesca em lago ou baía com isca de peixinho vivo.
Principalmente para a captura de tucunaré.

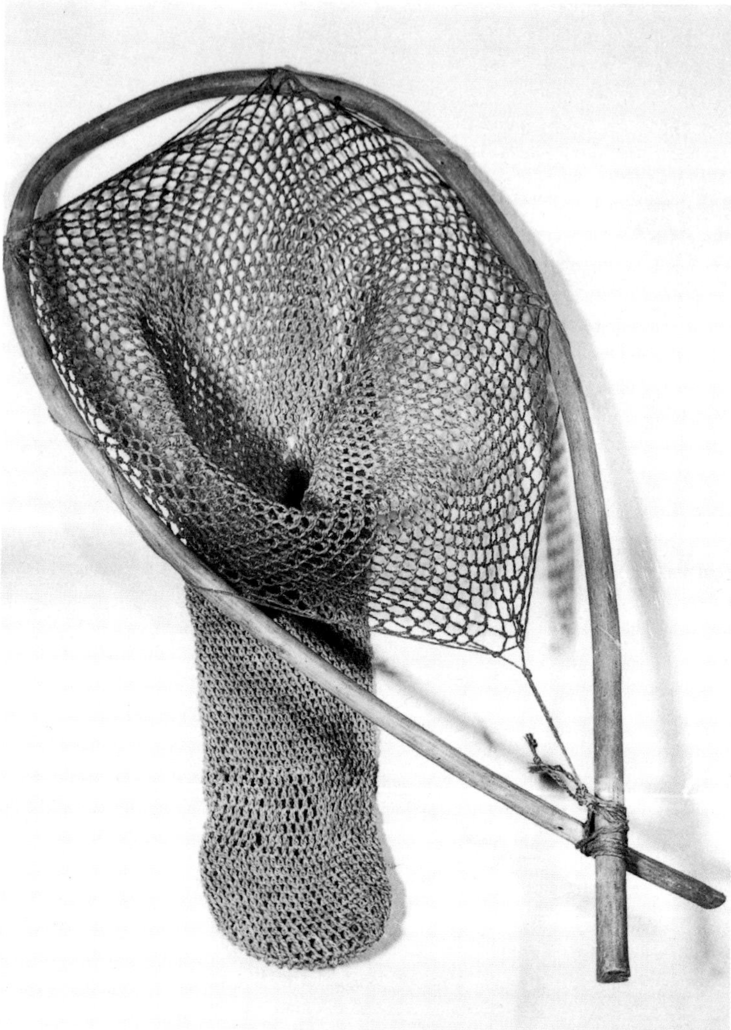

56. Puçá pequeno, *wehekë sutiró* [t.], rio Tiquié. Nº 14, Museu Nacional, B. G. Ribeiro.

57. (*ao lado*) Puçá grande, *wehekë* [t.], rio Uaupés. Nº 57, Museu Nacional.

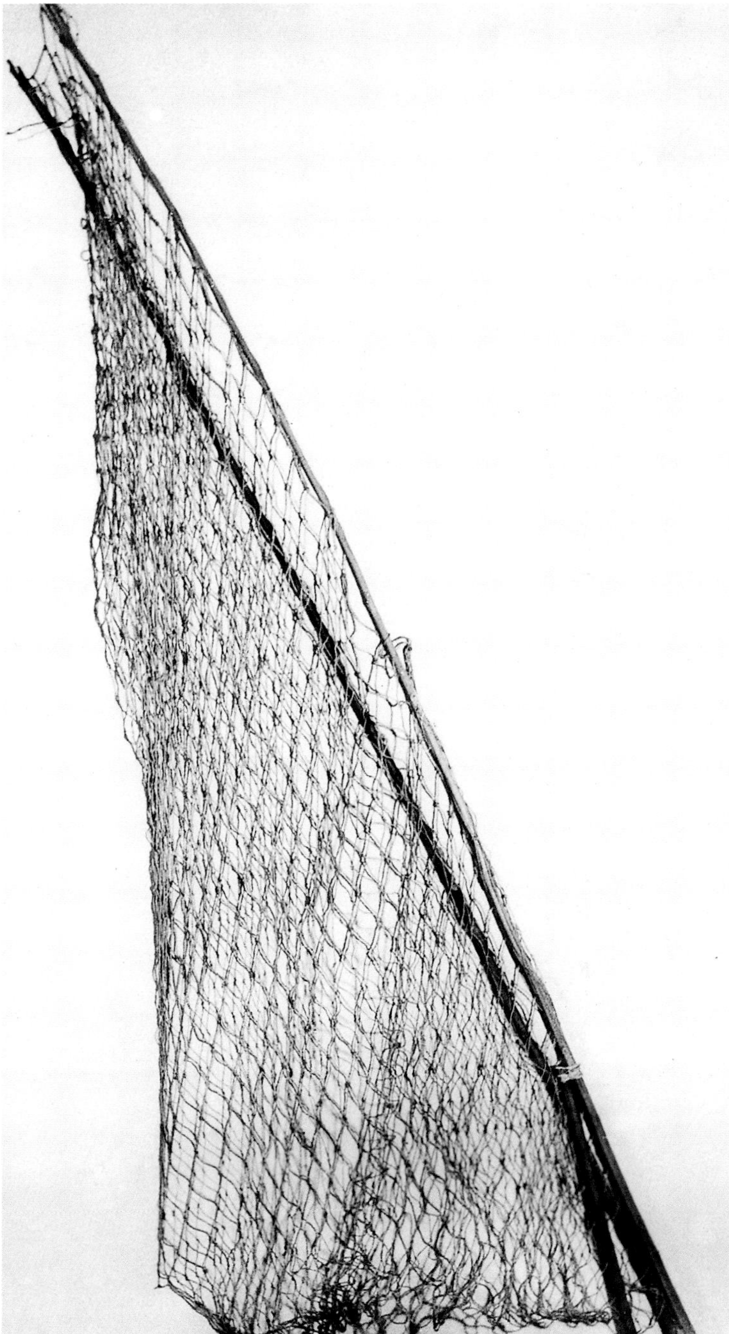

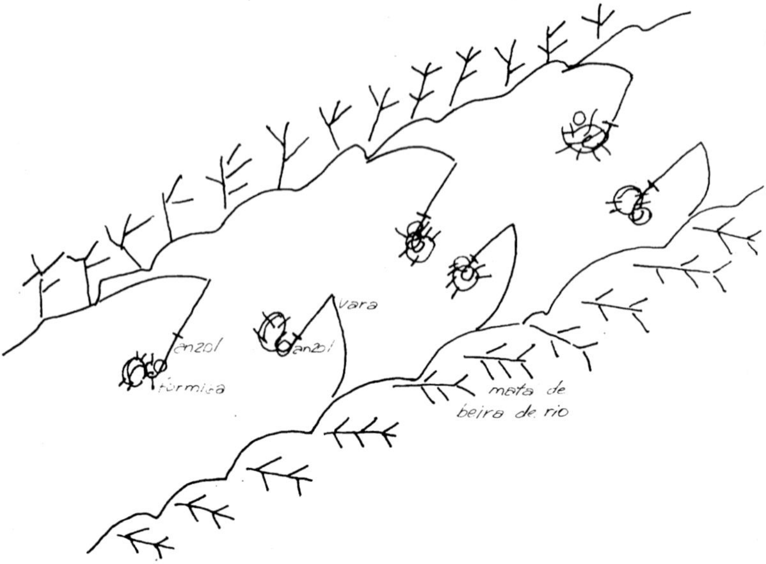

58. Armadilha de pesca com anzóis: *huese poké* [t.].

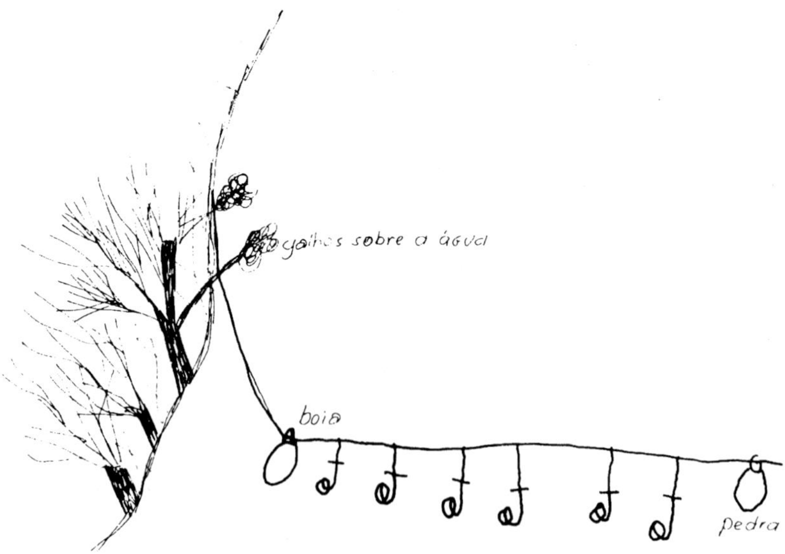

59. Armadilha com anzóis: espinhel (*manduireka* [b.]).

51. Bacu *Pterodoras granulosus*	*wahsó petoro* [t.] *wahsun peró* [d.] = fruto de seringueira, casca	idem, idem	beira de rio; lagos no verão	[d.]	minhoca daracubi, insetos que caem na água	[f.]
52. Botinho *Hassar wilderi*	*diá bëhka* [t.] *diá mënga* [d.]	idem, idem	[r.]	[n.]	paus podres, minhocas	[s.]
53. Botinho *Hassar* sp.	*cuiu-cuiu* [t.] e [d.]	idem, idem	[r.]	[n.]	idem, idem	[s.]
54. Mandi-serra *Leptodoras acipenserinus*	*diá bëhka* [t.] *diá mënga* [d.]	idem, idem	[r.]	[d.] e [n.]	idem, idem	[s.]
55. Botinho *Doras* cf. *lipophthalmus*	*cuiu-cuiu* [t.] e [d.]	?	[r.]	[n.]	idem, idem	[s.]
56. Tamoatá *Hoplosternum thoracatum*	*bëhkea wi* [t.] *mengá sibá* [d.]	desova individual em cima das folhas	[i.]	[d.]	folhas podres, minhocas	[s.]
Loricariidae						
57. Acari-bodó *Pterygoplichthys* sp.	*ia'ká* [t.] e [d.]	põe ovos nos buracos de tabatinga nas encostas dos rios	[r.]	[d.]	pau podre e folha podre	[f.]
58. Acari *Pseudacanthicus spinosus*	*ia'ká* [t.] e [d.]	idem, idem	[r.]	[d.]	idem, idem	[f.]

Denominação		*Piracema*	*Caracterização dos peixes*			
Vernacular/ científica	Indígena tukâno [t.] desâna [d.]		De rio [r.] igarapé [i.] lago [l.]; praia [p.] ilha [il.]; igapó [ig.]	Diurno [d.] Noturno [n.]	Regime alimentar	Habitat fundo [f.] meio [m.] superf. [s.]
59. Acari-pirara *Pseudacanthicus* sp.	*ia'ká* [t.] e [d.]	?	vive junto às pedras da cachoeira	[d.]	erva de caruru (?)	?
60. Acari-de-pedra *Panaque nigrolineatus*	*ia'ká pamu* [t.] e [d.] = acari, tatu	desova no oco de paus podres	beira de lago	[d.]	pau podre e folha podre	[f.]
61. Acari-de-pedra *Panaque* sp.	*ia'ká* [t.] e [d.]	idem, idem	idem, idem	[d.]	idem, idem	[f.]
62. Acari-de-raia *Hypostomus* cf. *emarginatus*	*ia'ká* [t.] e [d.]	idem, idem	idem, idem	[d.]	idem, idem	[f.]
63. Acari-bodó *Hypostomus plecostomus*	*ia'ká* [t.] e [d.]	idem, idem	idem, idem	[d.]	idem, idem	[f.]
64. Acari *Hemiancistrus niveatus*	*ia'ká* [t.] e [d.]	idem, idem	idem, idem	[d.]	idem, idem	[f.]

65. Acari *Hemiancistrus* sp.	*ia'ká* [t.] e [d.]	idem, idem	idem, idem	[d.]	idem, idem	[f.]
66. Jotoxi *Loricaria* sp.	*wi'i wahson* [t.] *papealo wahson mihi* [d.]	desova nos galhos e cipós na superfície da água	[r.], [i.]	[d.]	idem, idem	[f.]
67. Jotoxi *Pseudoloricaria punctata*	*di'i wahson pi* [t.] *mata wahson mihi* [d.]	desova em cima de folha	baía	[d.]	folha podre	[f.]
68. Jotoxi *Loricariichthys mudirostris*	*wi'i wahson pi* [t.] *mata wahson mihi* [d.]	põe ovo em cima de folha	baía	[d.]	idem, idem	[f.]
Hypophthalmidae						
69. Mandubé *Ageneiosus brevifilis*	*wái siporó* [t.] *wái supuru* [d.]	com o aracu *nihtin manikë* no estirão do rio	estirão do rio	[n.]	ictiófago, camarão, sarapó, minhoca daracubi	[m.]
70. Ximbé *Ageneiosus dentatus*	*wai siporó* [t.] *wai supuru* [d.]	idem, idem	idem, idem	[n.]	idem, idem	[m.]
Pimelodidae						
71. Braço-de-moça *Surubim lima*	*oleró wahká* [t.] *wai pë wahká* [d.] = peixe, espinho	idem, idem	[r.]	[d.] e [n.]	idem, idem	[m.]

Denominação		Piracema	Caracterização dos peixes			
Vernacular/ científica	Indígena tukâno [t.] desâna [d.]		De rio [r.] igarapé [i.] lago [l.]; praia [p.] ilha [il.]; igapó [ig.]	Diurno [d.] Noturno [n.]	Regime alimentar	Habitat fundo [f.] meio [m.] superf. [s.]
72. Pirarara *Phractocephalus hemiliopterus*	*mahá wi* [t.] *mahá wi më* [d.] = arara, casa	?	[r.]	[d.] e [n.]	ictiófago, caranguejo	[f.]
73. Jaú *Paulicea lutkeni*	*saí pohtá* [t.] *saí polalu* [d.] =?, espinho	com *wahpá* (10 cm compr.) na correnteza do igapó às 6 h da tarde	[r.]	[n.]	ictiófago, camarão, minhoca daracubi	[m.]
74. Piraíba *Brachyplatystoma filamentosum*	*mon* [t.] e [d.]	?	[r.]	[d.] e [n.]	ictiófago	[f.]
75. Surubim *Pseudo-platystoma fasciatum*	*oleró* [t.] *wái pë* [d.] = *peixe, pai*	com aracu *hihtin manikë* no estirão do rio	[r.]	[d.] e [n.]	ictiófago	[f.]
76. Mandi *Pimelodella cristata*	*bëhsë* [t.] *sikamë* [d.]	no *wahapulu* (amontoado de troncos) à beira-rio	[r.]	[d.] e [n.]	paus podres, minhocas	[f.]

77. Mandi *Pimelodus blochii*	*ihkin* [t.] *ñahkun tiamë* [d.]	idem, idem	[r.]	[d.] e [n.]	ictiófago, minhoca daracubi	[f.]
78. Pirá-tocandira *Platynematichthys notatus*	*mihpin puni wii* [t.], *mihin puni wi* [d.] = açaí, folha, casa	?	[r.]	?	?	?
Auchenipteridae						
79. Mandi-peruano *Auchenipterus nuchalis*	*wái siporó pohtá* [t.] *wái siporó polá* [d.] = peixe, espinho	com aracu *nihtin manikë* no estirão do rio	[r.]	[d.]	ictiófago camarão, sarapó, minhoca daracubi	[m.]
80.? *Tocantinsia piresi*	*piró seró* [t.] *puni seró* [d.]	?	oco do pau à beira-rio ou no igapó	[n.]	carnívoro: minhocas, insetos	[s.] dorme no [f.]
81. Cachorro-do-padre *Parauchenipterus galeatus*	*piró seró* [t.] *puni seró* [d.]	?	idem, idem	?	idem, idem	[s.]

Apêndice 2: Peixes do rio Tiquié sem identificação científica

Denominação		*Piracema*	*Caracterização dos peixes*			
Vernacular/ científica	Indígena tukâno [t.] desâna [d.]		De rio [r.] igarapé [i.] lago [l.]; praia [p.] ilha [il.]; igapó [ig.]	Diurno [d.] Noturno [n.]	Regime alimentar	Habitat fundo [f.] meio [m.] superf. [s.]
82. Aracu 30 cm compr.	*nihtin maniti* [t.] *nihtin manikë* [d.]	no meio do rio das 7 h às 11 h da noite	[r.]	[d.]	onívoro: carne, daracubi, frutas	[f.]
83. Aracu 30 cm	*wái ietë* [t.] e ou *ki kahseri wái* [t.] *wái ierinë* [d.] = peixe listado e ou casca de mandioca, peixe	no estirão do rio. Indício: barulho do cardume	[r.]	[d.]	onívoro	[f.]
84. Aracu 10 cm	*boté pé* [t.] *boleka yé* [d.] = aracu, curtinho	?	[r.], [i.]	[d.]	onívoro: fruta do japurá	[f.]
85. Aracu 15 cm	*betó ñahken turu* [t.] *boleka ñahkin tulúm* [d.] = aracu, miçanga, redonda	?	[r.], [i.]	[d.]	onívoro	[f.]

86. Pirandira 30 a 50 cm	*iehé hum* [t.] *iehoá mãn* [d.]	no *wahapulu* (mata fechada à beira-rio) junto com aracu *nihtin erikë*	[r.] e grandes lagos do baixo Tiquié	[n.]	ictiófago	[m.]
87. Pirapucu 15 cm compr.	*ñohson wi* [t.] *ñahsin wi* [d.] = ave tucano, casa	no jauarizal da baía	[l.], baía	[d.]	ictiófago	[s.], peixe que pula
88. Sardinha 7 cm compr.	*moáh'stike* [t.] *amani'silirigi* [d.] = cheiro desagradável	no meio do rio com aracu *nihtin ierikë*	[r.]	[d.]	folha verde, flor, folha podre, caba, mosquitos	à noite dormem espalhados nos galhos; de dia se juntam cardumes
89. Piranha 10 cm compr.	*punli marabë* [t.] *pumara muñó* [d.] =?, piranha	põe ovos nas raízes de árvores	[r.], [i.]	[d.] e à [n.] com luar	ictiófago, fruta *toló* [d.]	[m.] e [f.] (de noite dorme na praia)
90. Piranha	*ahun bë* [t.] *alun muñu* [d.] = beiju, piranha	desova em cima do cipó (em cardume)	[r.], [i.], [l.]	[d.] e [n.] noite de luar	ictiófago	[m.]
91. Mandi 10 cm compr.	*ihki'un* [t.] *ñahkuntia më* [d.]	na correnteza estreita do igapó	[r.], [ig.]	[d.]	minhoca daracubi, peixe, camarão	[f.]

Denominação		*Piracema*	*Caracterização dos peixes*			
Vernacular/ científica	Indígena tukâno [t.] desâna [d.]		De rio [r.] igarapé [i.] lago [l.]; praia [p.] ilha [il.]; igapó [ig.]	Diurno [d.] Noturno [n.]	Regime alimentar	Habitat fundo [f.] meio [m.] superf. [s.]
92. Piabinha 10 cm	*meni peri hë* [t.] *me'reieri iohamãn* [d.] = ingá, caroço, piaba	?	[r.], [i.], mas principalmente de lago	[d.]	insetos que caem na água (cupim, caba), minhoca e camarão	[f.], em cardume
93. Sarapó (17 cm) peixinho-isca para mandubé	*dihké* [t.] *dihki* [d.]	?	[i.]	[d.]	insetos, minhoca, folha podre	[s.]
94. Traíra (10 cm)	*doé piñó* [t.] e [d.] = traíra, pedacinho	desova em folhas debaixo das raízes	[l.] e [i.]	[d.]	insetos, gafanhotos, minhocas	[f.], peixe que pula
95. Camarão isca de mandubé 2 cm	*dahsiá* [t.] *nahsin'ká* [d.]	?	[i.]	[d.]	insetos, minhoca, caba, cupim, folha podre	[s.]
96.? 20 cm compr.	*bupi* [t.] e [d.]	junto com aracu *nihtin ierikë* no estirão do rio e no igapó	[r.], [i.], [l.]	[d.]	folha verde, flor, folha podre, caba, mosquitos	[f.], (cardumes de 10 a 15 peixes)

97.? parece sardinha 10 cm compr.	*buhtu'wé* [t.] *buruê* d.]	na entrada de baías e lagos	[l.], baías	[d.]	folha podre, daracubi, outras minhocas	[f.] (convivem em cardumes)
98.? idem 10 cm comp.	*ahkoanã* [t.] *go'ngoamã* [d.]	idem, idem	idem, idem	[d.]	folha podre, areia; não pode ser pego com isca	[f.]
99.?	*iohãn* [t.] *sioha'më* [d.]	na desembocadura do igarapé	[i.]	[d.] e [n.]	insetos que caem na água, cabas	[s.]
100.? chatinho e redondo como piranha	*wahpá* [t.] e [d.]	às 6 h da tarde na correnteza do igapó, juntamente com o jaú (ver nº 73)	[r.], [l.]	[d.]	idem, idem	[s.], em cardume
101.? (10 cm)	*ichán* [t.] *icha më* [d.]	na desembocadura do igarapezinho	[i.]	[d.]	gafanhoto, caba e insetos que caem na água	[m.] e [s.], em cardume de 3 a 5 peixinhos
102.? (10 cm)	*wái u'ni* [t.] *wái io'muí* [d.]	em igapó e cachoeira	[r.]	[d.]	minhoca, japurá do igapó	[f.]
103.? (12 cm)	*kiwei* [t.] *kiwei'mé* [d.] = mandioca, peixe	?	[r.], [l.]	[d.]	idem, idem	[s.], [m.] [f.], em cardumes
104.? (10 cm)	*seá pahkã* [t.] *seá paramãn* [d.]	à noite junto com o peixinho *wеré mãn* [d.] (nº 109)	[r.]	[d.]	caba, gafanhoto, minhoca daracubi	[m.]

Denominação		*Piracema*	*Caracterização dos peixes*			
Vernacular/ científica	Indígena tukâno [t.] desâna [d.]		De rio [r.] igarapé [i.] lago [l.]; praia [p.] ilha [il.]; igapó [ig.]	Diurno [d.] Noturno [n.]	Regime alimentar	Habitat fundo [f.] meio [m.] superf. [s.]
105.? (tamanho médio)	*seró siti* [t.] *diá mëngá* [d.]	?	[r.]	[d.]	minhoca, folha podre, areia	[f.]
106.? (20 cm)	*bihpani* [t.] *bihpa-liamãn* [d.]	no igapó junto com o aracu *boleka nihtin ierikë* [d.]	[r.], [l.]	[d.]	insetos, minhoca, caba, cupim, folha podre	[s.]
107.? (12 cm)	*põn'ro* [t.] e [d.]	?	[r.], [i.], baía	[d.]	idem, idem	[s.]
108.? (7 cm)	*bëhsa* [t.] *siká* [d.]	com aracu *boleka nihtin ierikë* [d.]	[r.], [i.]	[d.]	idem, idem	[f.], em cardume
109.? (10 cm)	*wére'n* [t.] *weré mãn* [d.]	à beira-rio junto com *seá paramãn* [d.] (nº 104)	[i.]	[d.]	idem, idem	[m.] e [s.]

6
ETNOBOTÂNICA DESÂNA
Plantas artesanais

O inventário de plantas silvestres ou cultivadas apresentado neste capítulo foi obtido em pesquisa de campo realizada entre novembro de 1985 e fevereiro de 1986 junto aos índios Desâna. As exsicatas preparadas por meu colaborador indígena, Tolamãn Kenhíri, foram identificadas cientificamente por práticos botânicos (mateiros) do Instituto Nacional de Pesquisas da Amazônia (INPA). O elenco compreende diversas espécies vegetais empregadas pelos Desâna na construção de casas, canoas, artefatos cesteiros e têxteis, implementos de caça e pesca, para o processamento da mandioca, objetos rituais e co-ingredientes vegetais na produção e ornamentação da cerâmica.

Além do modo de utilização de cada planta são oferecidas informações sobre zonas ecológicas (igapó, manguezal, caatinga, terra firme), o tipo de solo (arenoso, argiloso ou barrento) em que vingam, se se trata de plantas heliófilas ou umbrófilas, bem como outros dados que revelam os conhecimentos pedológicos e botânicos dos Desâna, segundo sua própria classificação e taxinomia.

São quase inexistentes — à exceção talvez de Roth (1924) — os estudos sobre plantas utilizadas pelos índios da floresta tropical nas suas manufaturas. O que existe são dados dispersos nas monografias etnográficas que, no capítulo das manufaturas ou tecnologias, mencionam, eventualmente, as matérias-primas empregadas e sua identificação científica. A importância desse material natural só tem sido apreciada recentemente pelos etnobiólogos. No caso dos índios Kayapó, por exemplo, verifica-se que transplantam para clareiras na floresta, áreas selecionadas no cerrado ou margens das trilhas espécies vegetais para uso artesanal, medicinal e alimentar, que passam a ser "ilhas de recursos" de que se servem nas suas andanças (Posey, 1986:177-84). Procedimento semelhante é registrado entre os Bora, do Peru. Em suas capoeiras foram identificadas 43 plantas utilizadas para a construção, para a lenha e para manufaturas (Denevan & Treacy, 1990, tabela 2-14, pp. 86-104).

Um inventário efetuado por Carneiro (1986:52) em 1/6 de acre (= 674, 5 m^2) de floresta no território Kuikúro, do Parque Indígena do Xingu, revelou a identificação nativa de 187 árvores, com exclusão das palmeiras. Algumas dessas árvores não foram identificadas quanto a seu uso e nenhuma delas por seu nome científico. Das 132 identificadas quanto a seu emprego, 48 são usadas para confeccionar artefatos, construir casas e embarcações. Algumas delas destinam-se, além desse, a outros fins, tais como: pintar o corpo, uso cerimonial, xamanístico e mágico, uso medicinal, como lenha e para fabricar sabão. Levantamento da mesma índole foi efetuado entre os Chácobo, grupo pano da Bolívia. Verificou-se que os índios utilizam 95% das árvores de uma área selecionada para estudo medindo um hectare, das quais 25% (68 espécies) são empregadas para a confecção de artesanatos e a construção de casas (Broom, 1989:82, 92).

A classificação e nomenclatura da flora e fauna pelos Makiritare e Karimã, da Venezuela, estudadas por Civrieux (1973), apesar de exaustivas, não discriminam as plantas utilizadas na cultura material. O arrolamento feito por Fuentes (1980) entre os Yanomâmi, também da Venezuela, oferece essa informação para algumas das espécies por ele coletadas. Na coluna referente ao uso dessas plantas, rotulada como "tecnologia", discriminam-se 57 espécies; na de "ornamentos e corantes", dezessete.

No *Dicionário do artesanato indígena*, Ribeiro (1988) oferece informações sobre as matérias-primas utilizadas na confecção de artefatos pelos índios do Brasil, a maioria de proveniência vegetal. São mencionados 276 nomes vernaculares e científicos distribuídos pelas nove categorias de objetos em que é enquadrado o equipamento de ação sobre a natureza para o provimento da subsistência e o conjunto de adornos pessoais e objetos rituais destinados a atividades supérfluas à subsistência. As referidas categorias são: cerâmica, trançados, cordões e tecidos, adornos plumários, adornos de materiais ecléticos, indumentária e toucador, instrumentos musicais e de sinalização, armas, utensílios e implementos de madeira e outros materiais, objetos rituais, mágicos e lúdicos.

O trabalho de William Balée (1993) é dos mais completos sobre etnobotânica amazônica. Baseia-se em dez anos de trabalho de campo entre os Kaapor e outros grupos tupi-guarani: Araweté, Asuriní, Guajá e Tembé. A respeito dos nomes indígenas de plantas e o seu uso, Balée (1993:271-309) indica os nomes científicos, nomes tribais, sua tradução e o modo como são usados. Sobre atividades específicas, segue-se uma lista de nomes científicos (1993:310-32) classificados por fontes primárias de alimentação, secundárias, artesanais, medicinais etc. As listas ecológicas e sua divisão ocupam quase a metade do livro (pp. 225 a 362), considerando que o volume tem 222 laudas de texto. Para esses apêndices contribuíram os botânicos e zoólogos a quem Balée agradece (pp. xxi-xxiii).

O presente levantamento foi efetuado junto a um *sib* desâna do rio Tiquié. Meu colaborador indígena, que fez a coleta e forneceu os dados descritivos das espécies, é um informante invulgar. Com efeito, Tolamãn Kenhíri trabalhou durante quatro meses no Instituto Nacional de Pesquisas da Amazônia (INPA) com o zoólogo Warwick E. Kerr e o botânico Pedro Ivo Soares Braga. Nessa oportunidade, aprendeu a distinguir os diversos biótopos da região em que vive, coletar plantas e preparar exsicatas, bem como preencher a ficha de coleta de espécies vegetais organizada pelo INPA e utilizada nesta pesquisa. Assim se explica seu interesse pelo tema e a clareza de suas informações.

Nem todas as plantas mencionadas no presente inventário puderam ser identificadas botanicamente devido à dificuldade de coletar flores e frutos ou em virtude da falta de material comparativo no herbário do INPA. Nesse caso, mencionam-se apenas as denominações em língua indígena correntes na área: o desâna (língua do informante), o tukâno (língua franca também falada por ele), nheengatu ou língua geral, introduzida na Amazônia pelos missionários no início da colonização e ainda em voga, principalmente para nomear elementos da natureza e da cultura material; e, finalmente, a designação vulgar em português, quando conhecida por Kenhíri. Sempre que é citada esta última, oferece-se, tentativamente, como sugestão, a família, gênero e, às vezes, a espécie da respectiva nomenclatura botânica. Para isso, foram mostradas ao colaborador indígena obras ilustradas de sistemática botânica, no campo e em Manaus, que indicam equivalências entre nomes vulgares e científicos. Não obstante a margem de erro que tal identificação implica, julguei útil registrá-la.

Verificar-se-á, no rol que se segue, que, em alguns casos, os Desâna atribuem rótulos específicos a plantas que o prático botânico, à vista das exsicatas, identificou como sendo de um mesmo gênero e espécie. Mantive esses registros como uma demonstração de que a taxinomia desâna não coincide com a nossa. Mesmo porque a finalidade do trabalho é indicar as plantas mais em uso nas manufaturas indígenas do alto rio Negro, sem a preocupação de precisar, com exatidão, a taxinomia botânica.

As plantas manufatureiras e para a construção coletadas por Tolamãn Kenhíri, as identificadas botanicamente no INPA por Luiz Fernandes Coelho e na bibliografia por Kenhíri, bem como aquelas relacionadas apenas por seus nomes tribais são a seguir descritas na seguinte ordem: cipós, enviras, marantáceas e gramíneas, palmeiras, madeiras, breu e mordentes, pigmentos, co-ingredientes vegetais da cerâmica, miscelânea (ver tabela 4).

A discriminação acima citada obedece à classificação desâna que, muitas vezes, engloba distintas categorias de plantas, como, por exemplo, arbustos classificados com cipós. A designação, no cabeçalho de cada ficha, é identificada por *d.*, para a nomenclatura em língua desâna, *t.* para o tukâno, *p.* para o português e *lg* para língua geral. Depois de cada verbete é indicado "INPA herb." para os espécimes cujas exsicatas deram entrada no herbário dessa instituição. Encerra o trabalho um glossário de termos regionais — a maioria em língua geral — referentes principalmente a utensílios nos quais se empregam as matérias-primas relacionadas.

TABELA 4: MATÉRIAS-PRIMAS PARA O ARTESANATO E O SEU MODO DE USO

	Nº. de espécimes do inventário	*Artefatos trançados e tecidos*	*Construção, canoas, armas*	*Objetos cerimoniais, lúdicos e de toucador*	*Co-ingre-dientes vegetais da cerâmica. Equipamento doméstico*
Cipós	11	×	×	–	–
Enviras (entrecasca de árvore)	07	×	–	×	–
Marantáceas e gramíneas	06	×	–	×	×
Palmeiras	12	×	×	×	×
Madeiras (árvores e arbustos)	18	–	–	–	–
Breu	1	–	×	×	–
Mordentes	5	×	–	×	×
Pigmentos	4	×	×	×	–
Co-ingre-dientes vegetais da cerâmica	5	–	–	–	×
Miscelânea	4	×	×	×	×
TOTAL	73	–	–	–	–

CIPÓS

"Nome comum a qualquer planta trepadeira ou sarmentosa que se apóia, entrelaça ou pende de árvores" (Silva et alii, 1977:68).

1. Dugu dá [*d.*], *duhku dá* [*t.*]
Ocotea sp. cf. O. boissieriana (*Meissm*) *Mez* (*Lauraceae*)

Arbusto classificado como "cipó" pelos Desâna. Cresce em terra firme arenosa e argilosa, nos igapós, morros e capoeiras. É heliófilo atingindo 4 m de altura por 2 cm de diâmetro. Dessa trepadeira são extraídos os talos para os amarrilhos dos aros de contorno com que é feito o acabamento de artefatos trançados tais como: cumatás, urutus e peneiras. Do caule jovem, mais fino, faz-se também o aro que circunda esses cestos, bem como os anéis internos dos cilindros da armadilha de pesca *imíno* [d.] e [t.]. (INPA herb.)

2. Puí singá [*d.*], *pii misin* [*t.*]
(*cesto-cargueiro aturá*), *cipó titica* [*p.*]
Heteropsis aff. spruceana Schott (*Araceae*)

Cipó-trepadeira de terra firme arenosa e argilosa, heliófilo, com casca verde escura e manchas amarelas. Adere a árvores de até 50 m de altura, tendo 1 cm de diâmetro. Essa epífita é a matéria-prima empregada pelos índios Makú para fazer seus aturás e peneiras. Esquenta-se o cipó acima do fogo para branquear o alburno. Descasca-se e se parte a madeira em duas metades que constituem as fasquias do trançado torcido (*twined*) desses cestos. É também usado para amarrar as ripas e os esteios da casa na falta do cipó mais apropriado que é o *ñamá singá* [d.]. Esse cipó era fasquiado para a venda, até 1980, empregado para fazer vassouras. Tornou-se raro, por isso, no rio Tiquié. (INPA herb.)

3. Ñamá singá [*d.*], *ñamá misin* [*t.*] (*veado, cipó*), *cipó titica* [*p.*]
Heteropsis aff. spruceana Schott (*Araceae*)

Epífita que se enrosca em árvores de até 50 m de altura. Tem 5 cm de diâmetro, casca verde-amarronzada, alburno branco e dá em solo argiloso ou arenoso de terra firme. Utiliza-se a madeira com a casca para entramar as varetas do pari, do cacuri e do caiá, os três últimos, armadilhas de pesca permanentes. Emprega-se também para amarrar as ripas e esteios na construção das casas. (INPA herb.)

4. Omá singá perolikëri [d.], omá misin petoli'tisé [t.] (rã, cipó, casca dura), cipó titica [p.] Heteropsis aff. spruceana Schott (Araceae)

Cipó-trepadeira que se enrosca em árvores de até 20 m de altura. Mede 5 cm de diâmetro e cresce no igapó. Emprega-se esse cipó sem descascar por meio da torção de duas unidades (trançado torcido) a fim de juntar as varetas de dois tipos de armadilhas de pesca ou matapis: a chamada *tëli* [d.], *kasawë* [t.] e a *muhípu abëtëli* [d.], *muhípu kasawë* [t.], esta última usada com vara e disparador. Às vezes se emprega na amarração do madeirame da casa, embora esse não seja o cipó mais apropriado e sim o *ñamá singá* [d.]. (INPA herb.)

5. Golo dá [d.], kohto dá [t.], cipó ambé-açu [p.] Philodendron imbe Schott (Araceae)

Epífita de terra firme argilosa e arenosa de casca marrom espinhosa, isto é, com brotos, que se enrosca em árvores de até 50 m de altura. O diâmetro do cipó é de 2 cm, sendo a madeira utilizada, depois de descascada, para fazer os aros de contorno (cinco ao todo) da apá grande: *wëhë kulu* [d.], *wëhë bahti* [t.] (arumã, apá). A resina alaranjada desse cipó acrescida à raspa da madeira, cozidas em água morna, tem emprego medicinal: para curar ferida de arraia (subclasse dos seláquios). (INPA herb.)

6. Neon dá [d.] e [t.] Philodendron sp. (Araceae)

Trepadeira encontrada em área de caatinga de canarana e manguezal. Adere a árvores de até 20 m de altura. Seu diâmetro é de 1 cm e é utilizada para entramar as varetas da armadilha de pesca jequi: *alubo* [d.], *bëhkawë* [t.]. Para isso o alburno é raspado e partido longitudinalmente em duas metades. (INPA herb.)

7. Omá singá ninini [*d.*], *omá misin kabisé* [*t.*]
(*rã, cipó,?*), *cipó ambé do igapó* [*p.*]
Philodendron scabrum Krause (*Araceae*)

Cipó-trepadeira com milímetros de espessura. A casca é marrom, o alburno branco e as folhas verdes. Dá em igapó. Depois de descascado é usado para amarrar entre si, segundo a técnica de trançado torcido, as varetas da armadilha de pesca imíno [d.] e [t.]. (INPA herb.)

8. Mahá pingoni dá [*d.*], *mahá pihkoni dá* [*t.*]
(*arara, rabo, cipó*), *rabo-de-arara* [*p.*]
Norantea guianensis Aubl. (*Marcgraviaceae*)

Arbusto classificado como cipó pelos Desâna. Dá em terra firme atingindo 10 m de altura e tendo 2 cm de diâmetro. É descascado e vergado enquanto verde, deixado para secar ao sol por alguns dias e empregado para fazer os aros de contorno da apá grande (*wëhë kulú* [d.]). É também empregado como medida da circunferência da apá e para firmar, na face externa, as pontas do trançado antes de virá-las. (INPA herb.)

9. Alubomun dá [*d.*], *béhkamun* [*t.*]
(*armadilha de pesca alubo, cipó*)
Connarus sp. (*Conaraceae*)

Classificado como cipó pelos Desâna. Dá em igapó e se enrosca em árvores de até 5 m de altura. Seu diâmetro é de 2 cm e contém um pouco de resina vermelha sob a casca. É utilizado, depois de descascado, para formar o aro interno da armadilha de pesca jequi: *alubo* [d.], *bëhkawë* [t.]. Da mesma liana faz-se o aro para sujeitar a alavanca do tipiti.

10. Waberó singá [*d.*], *pohó misin dá* [*t.*] (*escudo trançado, cipó*)

Cipó-trepadeira (sem identificação botânica) que dá em terra firme barrenta e também em igapó. Dividido em duas calhas serve para firmar, interna e externamente, a extremidade trançada da borda do cesto vasiforme urutu. Antigamente, seu emprego mais notório era na confecção do escudo cerimonial *waberó* [d.]. O cipó era chamuscado no fogo e imerso n'água para soltar a casca e para esbranquiçar o alburno. O caule roliço era empregado para os aros e suas fasquias para os amarrilhos. A manufatura desse artefato cerimonial, hoje em desuso, era especialidade dos Desâna, embora outros grupos pudessem produzi-lo, mas em pequenas quantidades, a juízo do *baiá* [d.], mestre do canto e do cerimonial. (INPA herb.)

11. Kela buhuli dá [d.], etá Busuli dá [t.]

Cipó-trepadeira, segundo a classificação desâna, não identificado botanicamente. Dá em terra firme e também em igapó. Dele se faz a roda que enlaça o poste onde se coloca a alavanca que estira o tipiti usado para extrair o ácido hidrociânico da mandioca-brava (*Manihot esculenta* Cranz). É também empregado na construção da armadilha de pesca jequi (*alubo* [d.]), mais precisamente, dos aros que contornam internamente as varetas.

ENVIRAS

"Embira ou Envira ou Envieira — Nome genérico dado às árvores cuja parte interna da casca é fibrosa e utilizada para cordas e ligaduras" (Le Cointe, 1947:176).

1. Wahsuburu [d.], wahso kë [t.], tururi [p.]
Brosimum sp. (2) (*Moraceae*)

Árvore de terra firme, solo argiloso e arenoso, heliófila, que quando madura alcança 20 m de altura por 60 cm de diâmetro. A casca é marrom, alburno branco, entrecasca vermelha, frutos creme-amarronzados. Utiliza-se a entrecasca para fazer o "pano" das máscaras e as tipóias para carregar crianças. Para isso, o tronco é decepado. Raspada a casca, é batido com martelo até soltar a entrecasca do alburno. Esta é tirada como uma luva, lavada no rio e estendida ao sol para secar. Utiliza-se esse líber para guardar pimenta moqueada e fazer saquinhos para os pós de carajuru (*Arrabidaea chica*) e de ipadu (*Erythroxylum coca*).

2. Puí kanó [d.], pii kanó [t.] (aturá, alça), envireira [p.] Guatteria sp. (Anonaceae)

Desse arbusto de 3 m de altura por 4 cm de diâmetro os índios Makú extraem a entrecasca para fazer a alça dos seus cestos-cargueiros (aturás). Planta umbrófila, dá em terra arenosa e argilosa. A fibra de que se faz a alça é muito resistente, podendo agüentar carga de até 60 kg. Ao se arrancar a entrecasca do alburno, a casca se desprende. É também empregada para fazer a roda para subir nas árvores.

3. Wahsuburo mé [d.], wahsó ke dá [t.], tururi [p.]

Árvore-trepadeira que alcança grande altura à procura do sol: 60 cm de diâmetro. Cresce em terra firme arenosa e na chamada *omá diá* [d.], que só existe, no rio Tiquié, perto de Pari-Cachoeira. Não dá em terra firme barrenta. Cresce também em capoeira. Da entrecasca branco-amarelada faz-se o avental de dança, de uso masculino, decorado com padrões tracejados em vermelho (de carajuru = *Arrabidaea chica*), negro de *konlan* [d.] (*Rubiaceae*) e amarelo de tabatinga, uma espécie de barro.

4. Tala pi'ae [d.], tahta pi'ae [t.]

Arbusto de 3 m de altura por 3 cm de diâmetro de que se extrai a entrecasca para fazer a alça do cesto-cargueiro. Dá em manguezal junto a concentrações de açaí (*Euterpe oleracea*) e miriti (*Mauritia vinifera*). Dura menos que o líber das plantas acima citadas.

5. Eono dihpubu [d.], eono buhú [t.] (jaburu, cabeça)

Árvore de tamanho mediano que, quando madura, atinge 6 m de altura por 20 cm de diâmetro. Cresce na capoeira. A entrecasca é usada como alça de aturá e só é tirada de árvore pequena, sendo considerada de qualidade inferior. O alburno de árvore madura é utilizado para fazer os travessões das casas.

6. Tavari [*d.*] *e* [*t.*]

Entrecasca de um arbusto de que se fazia a franja da saia da máscara. Era tecida com fios de pêlo de macaco e usada pelo iniciador dos rapazes no rito de passagem para a adolescência. Não podia ser vista pelas mulheres e pelos meninos não iniciados.

7. Tolo bié [*d.*], *tohtó biaé* [*t.*]

Da entrecasca desse arbusto, que cresce em igapó, faz-se a corda para o arco.

MARANTÁCEAS E GRAMÍNEAS

Famílias de plantas monocotiledôneas. O colmo, libertado da medula porosa, é laminado em finas talas usadas na confecção dos trançados.

1. Moaveru wehë [*d.*], *nehtéro wehë* [*t.*]
(*sapinho que canta à noite, arumã*), *arumã* [*p.*]
Ischnosiphon ovatus Koern (*Marantaceae*)

Planta de porte arbustivo que dá em terra firme argilosa e arenosa junto aos igarapés onde há bastante sombra. Alcança a altura de 3 m por 1 cm de diâmetro. É a matéria-prima mais importante para todos os artefatos cesteiros dos índios do alto rio Negro ligados ao processamento da mandioca-brava: cumatás, tipitis, apás, peneiras. Para esses usos, o arumã não é descascado, exceto para trançar peneiras. O colmo é partido em oito; descarta-se o miolo poroso, utilizando-se apenas a película externa reduzida a finas talas. Os Desâna e Tukâno distinguem cinco espécies de arumã, sendo o *moaveru wehë* [d.] tido como o mais durável. A folha é verde por fora e amarela por dentro. (INPA herb.)

2. Ausun wehé [*d.*], *puti wehé* [*t.*]
(*massa de mandioca, arumã*), *arumã* [*p.*]
Ischnosiphon sp. (*Marantaceae*)

Arbusto umbrófilo que cresce em locais úmidos da terra firme. As folhas, verdes em ambas as faces, são usadas para forrar os paneiros e como envoltórios diversos. Quando se deseja pintar o arumã, raspa-se o colmo por inteiro. Tinge-se com fuligem de tacho ou panela de barro que é fixada com mordentes das seguintes plantas: *kwakou* [d.], *yëlë* [d.], *pamãn* [d.] e *mahá menemu* [d.] (ver Mordentes). (INPA herb.)

3. Wai wehlu [*d.*], *wé katu* [*t.*] (*peixe, arumã*), *arumã canela* [*p.*]
Ischnosiphon gracilis (*Rudge*) *Koern* (*Marantaceae*)

Arbusto que os Desâna não consideram apto para o trançado senão para o acabamento de cestos. Dá em terra firme (argilosa, arenosa e humosa) em região sombria de montanha e capoeira. Alcança 3 m de altura por 2 cm de diâmetro. Utiliza-se o colmo laminado para fazer os amarrilhos com que se prendem as pontas sobressalentes do trançado da cumatá aos dois aros de contorno. (INPA herb.)

4. Poing'aná [*d.*], *ioaná* [*t.*], *capim rabo-de-raposa* [*p.*]
Andropogon bicornis L. (*Gramineae*)

Erva heliófila que cresce em capoeira alcançando 1,5 m de altura por 1 cm de diâmetro. A flor é muito leve e voa com o vento. Utiliza-se parte do caule poroso com a casca para introduzir nele os dentes do pente: espinhos da palmeira de paxiúba (*Socratea exhorriza*). A casca, reduzida a lâminas, fixa os dentes do pente com fio de croatá (*Bromelia morreniana*) untado de breu (*Protium* sp.). Outro emprego é dado a essa erva: alisar as asas, na parte interna, das caçarolas de barro, antes do cozimento. (INPA herb.)

5. Buiri ngaré [*d.*], *buesé anë* [*t.*]

Taquara cultivada na roça: usa-se a haste para fazer flecha. (Provavelmente: *Guadua* sp.).

6. Talosu [*d.*], *wë'o* [*t.*]

Taboca muito fina com que se fazem as flautas de Pã: carriço (em língua geral), *talosu bali* [d.], *wë'o pali* [t.]. A matéria-prima mais apropriada provém dos Yepá-mahsá da Colômbia. Da mesma taboca se faz a flauta *teneriru* [d.], *tenepë* [t.].

PALMEIRAS

"Denominação comum a todas as espécies pertencentes à família Palmae" (Silva et alii, 1977;154).

1. Buhú pum [*d.*], *pehé puni* [*t.*], *paxiubinha* [*p.*]
Iriartella setigera (*Mart.*) *H. Wendl* (*Palmae*)

Palmeira de terra firme, solo arenoso, umbrosa. Alcança 4 m de altura, quando madura, e 2 a 3 cm de diâmetro. O caule é lascado em varetas que são usadas para a construção de barragens cacuris. É empregada também para fazer as varetas do suporte em forma de ampulheta da cuia e da panela (*saninó* [d.] e [t.]). Do caule inteiro faz-se a flauta japurutu chamada *vuhu dihpáru* [d.], *buhpu pë* [t.], bem como as flautas sagradas proibidas de serem vistas pelas mulheres. E, ainda, o corpo da sarabatana dos índios Makú. Para isso, partem o tronco, raspam a medula de cada metade e voltam a uni-las com breu (*Protium* sp.) e entaniçá-las com a casca do cipó ambé-açu (*Philodendron imbe* Schott — *Araceae*).

2. Omá Porá [*d.*], *omá Pohtá* [*t.*] (*rã, espinho*), *marajá* [*p.*]
Bactris sp. (*Palmae*)

Palmeira-trepadeira de igapó, umbrófila, de casca verde-amarronzada e alburno branco. O caule é fasquiado em ripas usadas para construir as varetas da armadilha de pesca matapi (*tëli* [d.], *kasawë* [t.]). A folha mede 83 cm. Essas varinhas são unidas entre si por trançado torcido de fasquias de cipó titica (*Heteropsis* aff. *spruceana*). (INPA herb.)

3. Poã malá singá [d.], wai'tu dá [t.] (peixe, cipó), jacitara [p.]
Desmoncus polyacanthos Mart. (Palmae)

Palmeira-trepadeira de igapó, umbrófila, de casca marrom, alburno poroso e frutos vermelhos, alcançando até 40 m de altura por 1 cm de diâmetro. O caule é reduzido a lâminas bem finas para amarrar o acabamento das apás: grande, *wehë kulu* = arumã, balaio; pequena, *ahun sani kulu* = beiju, colocar, balaio [d.]. Lascado em talas mais grossas, o caule serve para amarrar o acabamento da cumatá e da peneira. (INPA herb.)

4. Ñumu pagá [d.], ñumu pahká [t.], patauá [p.]
Jessenia bataua (Mart.) Burret (Palmae)

Dá em terra firme (argilosa e arenosa) e em igapó à margem de igarapés. Mede cerca de 10 m de altura por 15 cm de diâmetro. O pecíolo da folha é laminado em tiras que servem para fazer as varetas da armadilha de pesca jequi (*alubo* [d.], *bëhkawë* [t.]). Das folhas constroem-se tapiris provisórios quando em viagem. O fruto cozido em água morna dá excelente refresco. (INPA herb.)

5. Ñumu'ió [d.], ñumu maká [t.], bacaba verdadeira [p.]
Oenocarpus bacaba Mart. (Palmae)

Essa palmeira cresce principalmente em capoeira e em terra firme arenosa. Do pecíolo da folha extraem-se varetas para construir o jequi (*alubo* [d.], *bëhkawë* [t.]). Emprega-se a folha para cobrir a cumeeira da casa com entreforro de folha de bananeira.

6. Ñumu'ngu [d.], ñuahta'ngó [t.], paxiúba [p.]
Socratea exorrhiza (Mart.) H. Wendl. (Palmae)

Ocorre em terra firme argilosa, mais que na arenosa, e também nos igapós e manguezais. Utiliza-se o espique, que é delgado, para fazer as varetas das armadilhas de pesca cacuri e caiá, bem como as ripas para a construção das casas. As flautas sagradas proibidas de serem vistas pelas mulheres são feitas com o cerne dessa palmeira. Dos espinhos das raízes aéreas são feitos os dardos das sarabatanas e os dentes dos pentes.

7. Ñahpó dihká [*d.*], *pusen* [*t.*], *caraná* [*p.*]
Mauritia huebneri Burret (*Palmae*)

Essa palmeira dá em grandes concentrações em terras de caatinga: no baixo Tiquié é encontrada no povoado de Cunuri; no alto Tiquié, perto da fronteira com a Colômbia e, no rio Uaupés, junto ao povoado Caruru. Sementes plantadas nas caatingas junto a São João não vingaram. A folha flabeliforme trançada dessa palmeira é utilizada para a cobertura das casas. É a mais apropriada para isso, chegando a durar dez anos. A partir de então, o teto tem que ser continuamente reparado.

8. Engá puni [*d.*], *inki puni* [*t.*], *inajá* [*p.*]
Maximiliana martiana Karst (*Palmae*)

Cresce principalmente nas capoeiras. O fruto, carnoso, e a amêndoa são comestíveis. Da folha trançada faziam-se, antigamente, portas, divisórias e paredes da maloca.

9. N'é [*d.*], *né'é* [*t.*], *miriti* [*p.*]
Mauritia flexuosa L. (*Palmae*)

Essa palmeira cresce em grandes concentrações nos manguezais, nas cabeceiras dos igarapés e em outros lugares úmidos. É plantada na roça e nas aldeias. A polpa do fruto, que dá em enormes cachos, é muito apreciada. Da folha madura trançam-se esteiras em forma de leques para as crianças sentarem. A fibra, extraída do broto (ou prefoliação), era fiada e tecida pelos homens para fazer a rede de dormir, conhecida regionalmente como "rede de trinta fios" = *né'é pum* [d.] e [t.].

10. Ñohka porá [*d.*], *ñahka puni* [*t.*], *tucumã verdadeiro* [*p.*]
Astrocaryum aculeatum G. F. W. Meyer (*Palmae*)

Palmeira que cresce em capoeira. Utiliza-se a fibra do olho (folha nova) para fazer a linha com que se tecem as redes de pesca (puçá e jereré), redes de dormir, bem como as cordas para suspendê-las.

Retirada a seda, isto é, a fibra para fiar cordas, a palha fica inútil para trançado, exceto a nervura da folha, que se utiliza para trançar o abanador: *wenéno* [d.], *wenino* [t.]. Para preparar a linha, a fibra é calentada no moquém, imersa n'água e, finalmente, seca ao sol.

11. Muim soán [*d.*] *e* [*t.*] *ou uhbí* [*t.*]
(*palmeira, vermelha*), *ubim bravo* [*p.*]
Geonoma deversa (*Polt.*) *Kunth* (*Palmae*)

Palmeira de terra firme (argilosa e arenosa) e de capoeira de 4 m de altura por 4 cm de diâmetro, semi-umbrófila. As folhas são utilizadas para a cobertura do teto das casas.

12. Behé pum [*d.*], *pehé puni* [*t.*]

Palmeira de terra firme do tipo argiloso que alcança 15 m de altura por 20 cm de diâmetro. É difícil de encontrar por estar muito dispersa. A coleta foi feita no igarapé Cucura. As folhas pinuladas, de cerca de 3 m de comprimento, são utilizadas para a cobertura das casas, depois de trançadas.

MADEIRAS

1. Ahpin moá [*d.*], *patu moá* [*t.*] (*ipadu, sal*), *imbaúba* [*p.*]
Cecropia sp. (*Moraceae*)

Árvore de terra firme argilosa e arenosa e também de região montanhosa, de 7 m de altura por 20 cm de diâmetro. Do lenho se faziam bancos de até 6 m de comprimento e os bastões de ritmo (*baiá mohó* [d.]). A casca dessa árvore era usada para construir o frontispício das malocas, às vezes pintado. Ainda hoje emprega-se essa mesma casca para vedar o triângulo frontal das casas que se estende das janelas até o teto. A folha seca da imbaúba que, com o pecíolo, alcança cerca de 2 m de comprimento, é reduzida a cinzas e moída no pilão junto com a folha de coca (ou ipadu, em língua geral: *Erythroxylum coca*). (INPA herb.)

2. *Oyó buli* [*d.*], *po'ogë* [*t.*], *molongó* [*p.*]
Malouetia furfuracea Benth ex Muell (*Apocynaceae*)

Arbusto de igapó, umbrífero, alcançando até 5 m de altura por 60 cm de diâmetro, com vários usos artesanais: quando o caule é fino, faz-se uma varinha para mexer o mingau; do caule grosso fazem-se bancos comuns para as crianças brincarem. Do lenho, muito leve, fazia-se antigamente o carimbo para a pintura corporal. (INPA herb.)

3. *Mëhpëni* [*d.*] [*t.*], *ripeiro* [*p.*]
Eschweilera sp. (*Lecythidaceae*)

Árvore de terra firme (solo arenoso e argiloso), heliófila, de casca marrom com manchas verdes, alburno branco, frutos verdes, medindo cerca de 10 m de altura por 40 cm de diâmetro. O tronco é cortado em ripas muito finas para iluminação e para pesca à noite. Talas dessa madeira, chamada turi em língua geral, são utilizadas para formar o aro de acabamento do cesto urutu: *wëhë puíbo* [d.], *wëhë pii* [t.] (arumã, balaio). Antigamente ripas dessa madeira eram empregadas na construção das malocas e, hoje em dia, para o gradeado do pau-a-pique. (INPA herb.)

4. *Buhpu goholi* [*d.*], *bëhpó oli* [*t.*] (*?, desenho*), *pau-d'arco* [*p.*] *Tecoma sp.* (*Bignoniaceae*)

Árvore de grande porte — até 20 m de altura por 40 cm de diâmetro — que dá em terra firme argilosa e muito pouco na do tipo arenoso. É de primeira qualidade para fazer arco e só é empregada para esse fim.

5. *Wabé pu* [*d.*], *kom pu* [*t.*], *louro-itaúba* [*p.*]
Mezilaurus itauba (*Meissn.*) *Taubert ex mez* (*Lauraceae*)

Árvore de grande porte (12 m de altura por 80 cm de diâmetro), da mata de terra firme (solo argiloso ou arenoso). Do tronco escavava-se o trocano (*toatolé* [d.], *toatë* [t.]), sinalizador que transmite mensagens a longas distâncias, e também canoas (*gahsilu* [d.], *iuhkësë* [t.]), ambos especialidades de certas tribos. A mesma madeira é empregada para fazer o pilão comum (*pomono* [d.], *pomoá* [t.]). E, na falta da muirapiranga (*Leguminosae cesalpinoideae dohtou* [d.]), a forquilha porta-cigarro (*oleó yabu* [d.]).

6. Saviri [d.], savikë [t.], pau-amarelo [p.]
Euxylophora paraensis Hub. (*Rutaceae*)

Árvore de grande porte de terra firme. Do tronco esculpe-se o remo (*weha bu* [d.], *waha pi* [t.]).

7. Dohtou [d.], ohton [t.], pau-brasil [p.]
Eperua sp. (*Leguminosae cesalpinoideae*)

Do lenho avermelhado dessa espécie de "pau-brasil" faz-se o pilão e a mão do pilão para socar o ipadu. Da mesma madeira era feito o enfeite de dança em forma de enxó recamado de penas (*yohóka dëhpë* [d.], *si'on iahpu* [t.]). E, por último, a forquilha porta-cigarro (*oleó yabu* [d.]), esta última, alternativamente, de pau-amarelo (ver: *saviri* [d.]).

8. Wahsá'ngo [d.], étañimi [t.], sorva [p.]
Couma macrocarpa Barb. Rodr. (*Apocynaceae*)

Do tronco dessa árvore, que fornece látex abundante, é talhado o banco, cuja confecção é monopólio dos grupos Tukâno propriamente ditos.

9. Bihpisa [d.], suhpísa [t.], acariquara [p.]
Minquartia guianensis Aubl. (*Olacaceae*)

Árvore de grande porte, comum na mata de terra firme. O tronco cavado como se fora uma escultura é utilizado para fazer as pilastras das casas.

10. Bolepu [d.], poté puni [t.] (?, folha), imbaúba [p.]
Cecropia sp. (?) *Porouma sp.* (?) (*Moraceae*)

Árvore de 5 m de altura por 20 cm de diâmetro que dá em capoeira de terra argilosa mais do que na de terra arenosa. Do caule jovem faz-se a flauta chamada mavaku em língua geral: *bolepun dëhkali* [d.], *boté puni dëhkáli* [t.]. Tocada como flauta reta, dá mais sons distintos do que quando tocada como flauta transversa. (INPA herb.)

11. Aúnu [d.], ahun pë [t.], "molongó verdadeiro" (pau-balsa? [p.]) Ochroma sp. (Bombacaceae)

Madeira leve de que se faz o bastão de ritmo. Na falta desta madeira utiliza-se o *ahpin moá* [d.] (ver nº 1). Provém de uma árvore de terra firme argilosa, de 5 m de altura por 15 cm de diâmetro, que só se encontra na aldeia de São Miguel, baixo rio Tiquié. (INPA herb.)

12. Oyó di [d.], ohsó di [t.]

Árvore de 5 m de altura por 12 cm de diâmetro. Cresce em igapós e capoeiras. A madeira é empregada na construção das casas, principalmente no preparo dos caibros. O látex tem uso medicinal dermatológico.

13. Weheli sanli [d.], wehenke sankë [t.]

Subarbusto de 3 m de altura por 2 cm de diâmetro. Cresce em igapós e terra firme argilosa e arenosa. O caule, fino e branco, é empregado para fazer o aro do puçá (rede de pesca). A raspa do alburno tem emprego medicinal: contra dor de dente. Os Desâna consideram esta planta da família do ingá.

14. Kim gahsili [d.] e [t.] (mandioca, casca)

Arbusto de capoeira, de 5 m de altura por 15 cm de diâmetro, cuja madeira é empregada para a construção dos caibros e travessões das casas. É a mais procurada para esse fim no rio Tiquié.

15. Pë'gë [d.] e [t.]

Árvore de capoeira que exsuda um látex escuro e alcança 6 a 7 m de altura por 40 cm de diâmetro. O fruto é comestível depois de cozido em água morna e a madeira utilizada para fazer os travessões das casas.

16. Weheri wahsun [d.], wehése wahsoni [t.]

Subarbusto medindo cerca de 4 m de altura por 2 cm de diâmetro. Ocorre comumente em terreno de caatinga de canarana e também em terra firme arenosa e argilosa. É umbrófilo e utilizado como caniço para a pesca e para armar o contorno da rede de pesca jereré: *weheri* [d.], *wehekë* [t.].

17. Puikano ñiri [d.], puikano ñikë [t.]

Arbusto de terra firme (argilosa e arenosa), umbroso, que atinge 4 m de altura por 5 cm de diâmetro. Descasca-se o caule e emprega-se o lenho para construir o tripé (*ñamá* [d.] e [t.] = veado) que é armação para suspender a cumatá, cesto usado para extrair a manicuera da massa ralada da mandioca. A trava do tripé é de uma tabuinha de cerne da palmeira paxiúba (*Socratea exhorriza*). O lenho desse arbusto, muito leve mas resistente, é também utilizado para fazer o jirau dentro das casas.

18. Iabu tëli [d.], kumé ianpuri [t.] (machado, cabo)

Do lenho dessa árvore era feita a ponta serrilhada do único tipo de flecha confeccionado pelos Desâna. Terminava com gancho de ferro para pescar.

BREU

"Denominação comum a várias espécies de Burseraceae arbóreas produtoras de resina que, coagulada no tronco da árvore, constitui o *breu*" (Silva et alii, 1977:38).

Komépi [*d.*], *ohpë* [*t.*], *breu-branco* [*p.*]
Protium sp. (*Burseraceae*)

Árvore de igapó ou manguezal (local onde haja concentração de miriti e açaí) que alcança 25 m de altura por 60 cm de diâmetro e exsuda uma resina de cor escura quando se faz uma incisão na entrecasca. Essa resina é empregada para calafetar canoas, para a iluminação das antigas malocas, para uso ritual (reza com breu) e para untar o fio de croatá (*iohó* [d.] e [t.], *Bromelia morreniana* [Regel] Mez) usado no acabamento da apá e, antigamente, para crochetear os adornos dos membros de mais alta hierarquia. Para calafetar canoas, a resina é fervida e aplicada enquanto quente. (INPA herb.)

MORDENTES

"Qualquer substância que, combinada com um corante, serve para fixar as cores em pintura ou tinturaria" (*Dicionário Aurélio*).

1. Pamãn [d.] e [t.], tinteira [p.]
Miconia regelli Cogn. (Melastomaceae)

Árvore de capoeira (solo argiloso ou arenoso) de 7 m de altura por 20 cm de diâmetro, cuja entrecasca exsuda uma resina vermelha semelhante à espécie denominada *kwakou* [d.]. É utilizada para laquear o interior das cuias (cucurbitáceas) e como mordente que fixa a fuligem para tingir as talas do arumã (*Ischnosiphon* sp.) usadas para os trançados. (INPA herb.)

2. Kwakou [d.], wahako [t.] (provavelmente: cumaté [p.])
Provavelmente: Myrcia sp.

Árvore de terra firme, heliófila, que dá em solo argiloso e arenoso e também em capoeira, alcançando 20 m de altura por 60 cm de diâmetro. Expele uma resina branca, que é tirada da entrecasca e misturada com água, dando uma solução oleosa e pegajosa. Com esse líquido, passado na fuligem da panela, tingem-se as talas de arumã na confecção de trançados bicolores. A mesma solução é embebida num pano e passada seguidas vezes na superfície interna da cuia (casca de cuieira, *Crescentia cujete* L.,

Bignoniaceae). Para isso a cuia é lixada com folha lixeira (*wihsun pum* [d.], *wihson puni* [t.]) ou, na falta desta, com fibra sem fiar de tucumã (*Astrocaryum tucuma* Mart.): *ñohkaporá* [d.], *ñahkaponi* [t.]. Depois se emborca a cuia durante seis dias sobre folha de mandioca podre (*kipu* [d.] e [t.]) para enegrecê-la e laqueá-la. (INPA herb.)

3. Mahá menemu [d.], mahá mené'o [t.], ingá-de-fogo [p.]
Inga heterophylla Willd (Leguminosae mimosoideae)

Árvore de terra firme (argilosa e arenosa) e também de capoeira velha. Atinge 8 m de altura por 18 cm de diâmetro. O fruto é comestível e a entrecasca solta uma resina vermelha com a qual se faz uma bucha que é passada na fuligem de panela de barro e depois no colmo raspado do arumã (*Ischnosiphon* sp.) para tingi-lo de negro. É nativa, não cultivada.

4. Wahsã'ngo [d.], etañimi [t.], sorvinha [p.], iwidzulia [b.]
Couma utilis (mart.) M. Arg. (Apocynaceae)

A par de produto para a venda, principalmente no rio Içana, a resina da sorvinha é utilizada pelos índios Baníwa para calafetar os orifícios produzidos pela endentação do ralador de mandioca com lascas de quartzo, especialidade das tribos dessa família lingüística. É empregada pelos mesmos índios como solvente de tabatingas (*boré* [d.], *ewë* [t.], *kuti* [b.]) na pintura ornamental da parte não endentada do ralo, bem como na decoração da cerâmica. E por todos os grupos dos afluentes do alto rio Negro na ornamentação do pote onde se guardava a bebida alucinógena caapi (*Banisteriopsis caapi*) (*gahpi të* [d.], *kahpi të* [t.]). Dissolvidas na água, as tabatingas coloridas — branca, amarela e vermelha — são empregadas hoje para pintar o reboco das casas de taipa. O látex da sorvinha é ainda o mordente do urucu (*Bixa orellana* L.), do carajuru (*Arrabidaea chica* HBK) e da fuligem na pintura do tururi (entrecasca de árvore) usado na confecção de máscaras e aventais de dança. Com látex da sorvinha é pintado o banco, especialidade e monopólio artesanal dos índios Tukâno. A seiva é misturada ao barro (tuiuca em língua geral; *ma'ata* [d.], *di'i* [t.]), enegrecendo; com ela se pinta, no assento do banco, previamente empoado com pó vermelho de carajuru, os desenhos característicos.

5. *Yélé* [*d.*], *yulé* [*t.*]

Árvore de igapó, heliófila, medindo cerca de 12 m de altura por 20 cm de diâmetro, da qual emerge látex amarronzado. Com as raspas da entrecasca embebida desse látex faz-se uma bucha que é passada na fuligem da panela de barro ou do forno de ferro para assar farinha, fixando-se a cor negra. Esse corante é empregado para tingir os caules do arumã (*Ischnosiphon* sp.) descascado, antes de parti-lo em lâminas, para fazer trançados com desenhos bicolores. (INPA herb.)

PIGMENTOS

1. *Ngunuñá dá* [*d.*], *enoñá* [*t.*], *cipó-cruz* (*ou carajuru*) [*p.*]
Arrabidaea chica Verl. (*Bigoniaceae*)

Planta tintória cultivada nas roças e aldeias. Dá em terra firme arenosa e argilosa atingindo 5 m de altura por 1 cm de diâmetro. Para preparar a tinta deixa-se secar as folhas — cerca de quatro paneiros como os de farinha — durante quatro dias. Coloca-se numa panela de barro (as de alumínio não servem), machuca-se bem a folha e se cozinha o dia inteiro. Depois de esfriar, jogam-se as folhas fora e deixa-se o pó assentar no fundo da panela, retirando-se a água depurada com uma cuia. Fica uma massa mole que é recolhida com a mão. Metida num pano é deixada à beira do fogo para ir secando devagar. Depois é posta ao sol para acabar de secar por mais um dia. De cada paneiro de folha de carajuru extrai-se um saquinho de pó desse pigmento vermelho-tijolo.

No rio Tiquié o preparo do carajuru é especialidade dos índios Bará. É utilizado na pintura facial e corporal; na do banco *kumonó* [t.], monopólio dos Tukâno; na ornamentação das máscaras e dos aventais de entrecasca de árvore e na do pote em que se serve a bebida alucinógena caapi (*Banisteriopsis caapi*). O pó de carajuru tem também emprego cerimonial e religioso, como quando é misturado ao paricá (*Piptadenia* sp.), uma espécie de rapé que se cheira durante os rituais, bem como emprego medicinal. É usado, finalmente, para colorir o laço — fio que liga o disparador — das armadilhas de aves. (INPA herb.)

2. Weheri kanó ñimu nindá [*d.*] *e* [*t.*], *cipó-cruz* (*ou carajuru*) [*p.*]
Arrabidaea chica Verl. (*Bignoniaceae*)

Subarbusto heliófilo plantado junto às casas (solo argiloso ou arenoso). Mede 2 m de altura por 1 cm de diâmetro. As folhas ficam vermelhas quando secam. Para extrair o pigmento, mastiga-se a folha verde e se aplica imediatamente sobre a linha de tucum (*Astrocaryum tucuma*). Em contato com o ar adquire um colorido vermelho-escuro, indelével. Essa tinta é usada pelos Desâna para disfarçar o fio do caniço de pesca e também para colorir, com o mesmo fim, a rede de pesca puçá, bem como o fio que liga a mola e o disparador das armadilhas de caça ao mutum (*Crax* sp.), inhambu (*Tinamus* sp.), jacu (da família dos cracídeos), jacamim (*Psophia* sp.) e outras aves que buscam comida no chão. (INPA herb.)

3. Mohsá [*d.*] *e* [*t.*], *urucu* [*p.*]
Bixa orellana L. (*Bixaceae*)

O urucu é plantado na aldeia. Usado para tingir o cipó rabo-de-arara (*Norantea guianensis*) que compõe o acabamento, em cinco voltas, da apá grande. Para isso extrai-se o pó da semente do urucu e com ele se besunta o cipó que é posto ao sol para secar. Dissolvido na água, o pó do urucu é também empregado para tingir as talas ornamentais de peneiras (*sibulu* [d.], *siowa* [t.]), cuja confecção, na divisão do trabalho artesanal no alto rio Negro, cabe aos Wanâna. Com a intensificação da produção de artefatos cesteiros para a venda, passou-se a utilizar amplamente tanto o urucu como o carajuru para tingir de vermelho as talas do arumã (*Ischnosiphon* sp.), tornando os cestos mais atrativos para o mercado externo.

4.Konlãn [*d.*], *wé'é e/ou wé'é pé* [*t.*]
(*?*) (*Rubiaceae*)

Subarbusto umbroso de terra firme (arenosa, argilosa), de 2 a 3 m de altura. "Planta dos antigos", cultivada por eles nas roças para a pintura corporal. As folhas eram cozidas, resultando uma tinta negro-esverdeada que, quando passada no corpo, adquiria uma tonalidade negro-escura. Foi por isso confundida por vários autores com jenipapo. Segundo C. Hugh-Jones (1979:153) trata-se provavelmente de uma planta da família das Rubiáceas. A pintura se fazia com carimbo de molongó (*lonlãn tonlãni dënká* = tinta, passar, carimbo) sobre a pele tingida previamente de vermelho de carajuru (*Arrabidaea achica*). Às vezes os jovens pintavam também os cabelos com essa tinta para torná-los mais negros.

CO-INGREDIENTES VEGETAIS PARA A CONFECÇÃO E ORNAMENTAÇÃO DA CERÂMICA

1. Ñá [*d.*], *ña'a* [*t.*], *pinó-pinó* [*l.g.*],
cansanção e/ou urtiga brava [*p.*]
Urera caracasana (*Jacq.*) *Griseb* (*Urticaceae*)

Subarbusto plantado junto às casas. Mede 2 m de altura por 4 cm de diâmetro. Sua utilização principal é medicinal (contra dor no corpo e dor de cabeça) e xamanística (para a reza *bariri* [d.], *bahsesé* [t.]). É também empregado como antiplástico para a cerâmica: as folhas são imersas na água e o sumo, extraído manualmente, é adicionado à argila amassada junto com a cinza da casca do caraipé (*Licania* sp.). (INPA herb.)

2. Nohagá [*d.*] *e* [*t.*] *caraipé* [*p.*]
Licania octandra (*Hoff. ex R & S*) *Ktze.* (*Chrysobalanaceae*)

Árvore de terra firme (solo argiloso e arenoso), de casca marrom, alburno branco, folha verde redonda e pequena, heliófila, medindo 15 m de altura por 15 cm de diâmetro (quase não tem cerne). A casca dura e arenosa dessa árvore é queimada até calcinar. À cinza, reduzida a pó, adiciona-se o sumo de cansanção (*Urera* sp.) e argila. Segundo Prance (1972:142), "a entrecasca da árvore caripé (*Licania octandra*), membro da família Chrysobalanaceae, é rica em grãos de sílica (areia), sendo comumente usada para endurecer o barro da cerâmica". (INPA herb.)

3. Abé puni [*d.*], *muhípu puni* [*t.*] (*sol, folha*), *louro* [*p.*]
Ocotea sp. cf. O. argyrophylla Ducke (*Lauraceae*)

Arbusto umbrífero de terra firme (solo arenoso e argiloso), de 3 m de altura e 2 cm de diâmetro, casca marrom, folhas verdes na face externa e amarelas na interna, usadas como antiplástico para fazer cerâmica. As folhas são imersas na água e espremidas para extrair o sumo que é adicionado à argila e à cinza da casca do caraipé (*Licania* sp.). (INPA herb.)

4. Dihti [*d.*] *e* [*t.*] (*cogumelo*), *cupiúba* [*p.*]
Goupia glabra Aubl. (*Celastraceae*)

Árvore de terra firme, solo argiloso e arenoso, heliófila, de 10 m de altura por 40 cm de diâmetro quando madura, casca branquicenta, alburno branco, cerne marrom, cálice branco, frutos vermelhos. Floresce em outubro e dá sementes em fevereiro. Na manufatura da cerâmica, a cinza do tronco e da casca é utilizada com duas finalidades. A primeira, na queima de vasilhame, a segunda, na decoração, segundo a técnica de "pintura em negativo" (*negative painting*). Para isso, mistura-se essa cinza branca ao sumo da folha do cubiu (*Solanum sessiliflorum*) dissolvido em um pouco d'água. Umedece-se a parte a ser pintada com saliva e se aplica a mistura citada formando desenhos. Em seguida, coloca-se a peça sobre um trempe para o esfumaçamento. Essa operação leva duas a três horas. Esfriada a cerâmica e lavada, a parte "pintada" readquire a cor natural do barro. Contrasta, dessa forma, com o negro da fuligem que reveste todo o restante da superfície. A isso chamamos "pintura em negativo". (INPA herb.)

5. *Ehtoka* [*d.*], *ehtoá* [*t.*], *cubiu* [*p.*]
Solanum sessiliflorum Dun. (*Solanaceae*)

Arbusto heliófilo cultivado na aldeia. Mede 1 m de altura por 2 cm de diâmetro. Casca e folhas verdes, frutos comestíveis alaranjados. O sumo das folhas é co-ingrediente na ornamentação "em negativo" do vasilhame. Misturado à cinza da casca da cupiúba (*Goupia glabra* sp.) conforme uma "tinta" que é passada em várias demãos na parte que se deseja decorar. Esfumaçada e lavada a vasilha, os desenhos assim "pintados" se distinguem pelo vazio claro sobre o fundo escuro. (INPA herb.)

MISCELÂNEA

1. *Iohó* [*d.*] *e* [*t.*], *croatá* [*p.*]
Bromelia morreniana (*Regel.*) *Mez* (*Bromeliaceae*)

Planta herbácea plantada na roça. Utiliza-se a linha torcida e passada no breu (*Protium* sp.) para fazer o acabamento da apá: a amarração dos arcos de cipó que contornam esses cestos tigeliformes de crivo fino. Antigamente, com linha da mesma fibra, eram confeccionados vários tipos de adornos. (INPA herb.)

2. *Kuasulo* [*d.*], *wahatolo* [*t.*], *cuieira* [*p.*]
Crescentia cujete L. (*Bignoniaceae*)

Cultivada na roça e na aldeia. Da casca dura e resistente faz-se a cuia. Para isso, parte-se ao meio o fruto, que é deixado para secar até que possam ser tiradas as sementes e o miolo com uma colher. As duas metades são expostas ao sol por vários dias e lixadas constantemente com folha lixeira (*wihsum pum* [d.], *wuihson puni* [t.]) e, na falta destas, com fibra não fiada de tucum. São então besuntadas durante três dias com resina da entrecasca de tinteira (*Miconia* sp.) ou de outra árvore (*kwakou* [d.]) não identificada botanicamente, provavelmente *Myrcia* sp. (Musaceae). Depois de cada demão de resina, as cuias voltam a ser expostas ao sol. Finalmente, são emborcadas sobre folha podre de mandioca (conhece-se pelo cheiro) e deixadas para "pubar" durante seis dias. Então, de vermelho-sangue a resina se transforma em laqueado negro-brilhante.

3. Néngé mahá oho pun [*d.*], *nëhkë kansé ho poni* [*t.*], *sororoca* [*p.*]
Ravenala guyanensis Petersen (*Musaceae*)

Espécie de bananeira brava que cresce em capoeira e em terra firme argilosa. Usa-se a folha para forrar o paneiro no qual se coloca a mandioca para pubar. Quando a folha é grande cobre-se com ela a carga durante as viagens em canoa ou se montam abrigos provisórios (tapiris).

4. Poé [*d.*], *puhpiá* [*t.*], *ucuquirana* [*p.*]
Chrysophyllum balata (*Ducke*) *Baehni* (*Sapotaceae*)

O fruto é comestível e do caroço se costuma fazer uma flauta para distrair crianças e adolescentes.

Concentrando-se nossa linha de pesquisa em tecnoeconomia ou etnotecnologia, ou seja, no equipamento indígena de ação sobre a natureza mediante o qual o índio atua sobre o meio ambiente para prover sua subsistência, deixamos de proceder à análise etnotaxonômica de sua nomenclatura botânica. Isto é, deixamos de investigar a lógica das categorias fonéticas e dos significados semânticos que os índios lhes atribuem, bem como os critérios que empregam para agrupar e nomear as espécies vegetais úteis. Em outras palavras, deixamos de estudar os princípios segundo os quais os Desâna organizam o seu mundo vegetal, retendo na sua taxonomia o que consideram pertinente e rejeitando o insignificante. Essa análise da classificação e taxonomia nativas focalizando diferentes tribos foi feita por Civrieux (1973), Fuentes (1980), Berlin et alii (1983) e, principalmente, Balée (1993).

Entretanto, uma análise preliminar e superficial indica que, em inúmeros casos, a designação da matéria-prima provém do nome do artefato no qual ela é empregada. É o caso do cipó titica usado para confeccionar o cesto-cargueiro dos índios Makú e por isso chamado *puí singá* [d.], *pii misin* [t.] (cesto-cargueiro, cipó).

A envira de que se faz a alça para carregar o cesto-cargueiro é chamada, segundo o mesmo princípio, *puí kanó* [d.] (cesto-cargueiro, alça).

A mesma lógica se verifica no caso da designação de outra planta classificada como epífita chamada *waberó singá* [d.] (escudo trançado, cipó). É utilizada, como o nome indica, na construção desse objeto cerimonial e que teria sido também de defesa pessoal. Contudo, a designação em tukâno — *pohó misin dá* — desse mesmo cipó remete ao nome de uma ave, o surucuá, do gênero *Trogon*. A atribuição do nome escudo pelos Desâna à matéria-prima de que é feito talvez se explique por ser a fabricação desse artefato monopólio dessa tribo. É o caso, ainda, da matéria-prima utilizada para fazer o aro interno da armadilha de pesca jequi, que tanto em desâna quanto em tukâno recebe o nome dessa armadilha: *alubo* [d.], *bëhkawë* [t.] seguido do sufixo *mun* e da palavra *dá*, que significa: cipó. O mesmo raciocínio preside a designação de alguns artefatos a exemplo da apá, cesto tigeliforme a cujo nome é incorporada a matéria-prima de que é feito: *wëhë kulu* [d.] *wëhë bahti* [t.] (arumã, apá).

Esses poucos exemplos revelam a importância da matéria-prima na classificação de um objeto e, inversamente, o valor do objeto correspondente na categorização da nomenclatura da planta. Não se pode generalizar essa regra, mas afirmar que, por meio das *coisas que têm nomes*, se pode decifrar o código das nomenclaturas indígenas.

Posfácio
O SABOR DO SABER INDÍGENA

A Amazônia brasileira ocupa 52% do território nacional e se divide em dois macroecossistemas principais: a *várzea* e a *terra firme*. A várzea, que se estende ao longo dos rios de águas brancas, tais como o Amazonas, o Solimões, o Purus e outros, representa apenas 2% do total. É a porção mais fértil, porque é alagada anualmente e adubada pelos sedimentos que descem da cordilheira dos Andes. A terra firme, região interiorana não alagadiça, cobrindo 90% da área, é revestida por densa cobertura vegetal assentada, porém, em solos pobres. Apesar de sua extensão, a Amazônia brasileira abrigava 10,8% da população nacional, em 1990, montante este triplicado nas últimas décadas. A integração territorial, cultural e humana da Amazônia com o resto do país se tornou orgânica graças às comunicações diretas estabelecidas a partir da construção de Brasília e o amplo surto migratório iniciado nos anos 70.

Foi sempre devastador o modelo de exploração efetivado pelo branco na Amazônia. O primeiro modelo foi o sistema de sesmarias, instituído em 1627. Seguiu-se o de capitanias hereditárias. A base econômica era a coleta de produtos nativos, as chamadas "drogas do sertão" (cacau, salsaparrilha, urucu, cravo, canela, anil, sementes, raízes aromáticas, puxuri e baunilha), bem como a fabricação de farinha, tanto de mandioca quanto de peixe (piracuí). Além das atividades extrativistas, implantam-se no Maranhão e Grão-Pará engenhos de açúcar para o abastecimento local e para exportação. A essas atividades entregavam-se, além das autoridades coloniais, as missões religiosas, usando mão-de-obra indígena e de *tapuios* — índios genéricos, destribalizados da Amazônia.

Deveu-se aos *tapuios* a revolta nativista conhecida como Cabanagem (dos que viviam em cabanas) e que durou de 1834 a 1839. Sua principal reivindicação era a libertação da Amazônia da opressão branca, constituída, na época, de não mais do que mil pessoas. Os cabanos tomaram Belém, Vila da Barra (Manaus) e os principais rios amazônicos.

Dominada a Cabanagem, inicia-se, em 1840, a exploração da seringa. Essa resina elástica era conhecida e usada pelos índios para todo tipo de impermeabilização. A *Hevea brasiliensis*, cuja única fonte provedora era a Amazônia, tem seu auge entre 1840 e 1920, para a indústria de pneus, como isolante elétrico etc. Nessa época, foram trazidas do Nordeste para a Amazônia de 300 a 500 mil pessoas. Manaus e Belém tornaram-se capitais aristocráticas. O colapso do ciclo da borracha ocorre quando sementes são transplantadas e brotam no Oriente. Segue-se um período de estagnação em que a população volta para as atividades de subsistência. Talvez tenha sido das melhores épocas para a população amazônica. Durante a Segunda Guerra Mundial volta a haver a exploração da borracha. O Japão se apodera das reservas do Oriente e os Estados Unidos passam a financiar a borracha brasileira.

Nova frente de expansão sobre a Amazônia intensifica-se a partir de 1965. Em 1967, a Zona Franca é criada em Manaus. Sua população cresce vertiginosamente: de 312 mil habitantes, em 1970, para 633 mil em 1980, concentrando-se 44% da população do estado na capital. Em 1985 a população subiu a 809 mil, calculando-se que alcance mais de 1,5 milhão em nossos dias.

O levantamento aerofotogramétrico do projeto Radam revela a existência de grandes reservas minerais (ouro, prata, cassiterita, manganês etc.) que atraem poderosas companhias e garimpeiros avulsos. O modelo da expansão tem características inovadoras se comparado ao que sucedeu ao longo da história: ao extrativismo animal — predação de peixes-bois, jacarés, tartarugas e felinos — soma-se a exploração madeireira, principalmente de mogno, e mineradora, que devasta a floresta e polui os rios, e a subseqüente implantação de imensos latifúndios agropecuários lastreados sobre uma infra-estrutura de estradas e hidroelétricas custeadas pelo Estado.

A partir de 1970, a exploração da Amazônia pela população branca volta a ser devastadora e destinada ao mercado externo, ao contrário do modelo de auto-subsistência do índio e do caboclo. Vejamos alguns exemplos. William Balée (1988:52) considera as chamadas "terras pretas dos índios" artificiais, como as que se encontram na área de Santarém, no Pará. Elas resultaram da acumulação nos quintais das aldeias de grupos históricos e pré-históricos de abundante material orgânico. Os índios do rio Negro, a exemplo dos Wanâna, vivendo em terras do tipo podzol e latosol, extremamente ácidas, "proíbem o deflorestamento das margens do rio, visto como parte do sistema aquático reservado como alimento pertencente ao peixe" (Chernela, 1993:90). Os índios complementam sua dieta protéica com larvas de borboletas, coleópteros, térmites e saúvas, cuja maturação para o consumo é regida, segundo os Desâna, pelo aparecimento de determinadas constelações e precipitações pluviométricas que as acompanham.

Dados quantitativos referentes ao consumo de proteína animal são oferecidos por William Balée ao analisar as estratégias de caça dos índios Kaapor. Segundo os cálculos de Balée (1984: 223), "[...] se a floresta é definida mais estreitamente, excluindo os igarapés, a percentagem de peso animal recolhida da floresta é, verdadeiramente, 29,3%". Para corroborar essa afirmativa, o autor recorre ao testemunho de Olga Linares (1976). De acordo com seus estudos efetuados no Panamá, essa autora aventa a hipótese de que a caça nas roças seria um substituto à criação de animais em tempos pré-históricos na América tropical (ibidem:213).

Estudos recentes (McDonald, 1977; Ross, 1978) admitem que os tabus alimentares comuns a inúmeras tribos se destinam à conservação de recursos de fauna escassos, como os da terra firme da Amazônia. E que os grupos que têm sensibilidade ecológica preferem suprir sua dieta protéica com a caça a pequenos animais em vez de grandes. Não só por serem mais abundantes nos ecossistemas tropicais, mas por se reproduzirem mais rapidamente e serem mais fáceis de caçar. A quebra de tabus alimentares destinados à defesa da caça faz incidir malefícios e doenças sobre os seus transgressores. Noções conservacionistas desta ordem foram transmitidas aos caboclos e sertanejos. Tal é o panema, condição que acomete o caçador, coletor ou pescador que exaure as espécies silvestres da flora e da fauna. É rigorosamente punido pelo "dono dos bichos" tornando-se empanemado: infeliz, azarado, imprestável.

Além dessas crenças, as marcas genéticas da raiz indígena se apresentam, com maior força, na população cabocla, palavra derivada de *ca'a boc*: proveniente do mato, em tupi gramatizado pelos jesuítas (Galvão, 1976; Wagley, 1988).

Da maior relevância são igualmente os estudos de artes gráficas indígenas, seja as produzidas em suportes tradicionais, como a cerâmica, o trançado, os tecidos e, com maior ênfase, na própria pele, seja os chamados "desenhos espontâneos" coletados por antropólogos em trabalho de campo. Esses desenhos em papel, alguns dos quais são aqui expostos, têm grande viabilidade de se desenvolver no futuro, até mesmo em tela, gravura ou madeira, como os dos índios canadenses, norte-americanos e outros.

Os povos pré-letrados, tais como os índios, os negros e orientais, passaram os parâmetros de sua arte à arte moderna, no início deste século. Para isso contribuiu a sensibilidade de Picasso, Gauguin, Van Gogh e outros que superaram a atitude desmerecedora da arte primitiva por parte dos próprios etnólogos. Da mesma forma, medir, contar, classificar ou dar nomes a fatos, lugares e coisas seria o que D'Ambrósio (1993:9) chama de etnomatemática. Outro caráter étnico, indígena ou negro, tomado recentemente pelo branco: as pinturas fácio-corporais usadas por moças e rapazes em suas manifestações de alegria ou de protesto. E a prática de ter filhos de cócoras.

A divisão de trabalho entre homens e mulheres, moços e velhos; a forma como a terra, o sistema aquático e o produto eram distribuídos; a correção e a posse de bens durante a vida e após a morte foram eqüânime e democraticamente observados desde os primeiros cronistas. Também o foi um padrão institucionalizado de chefia. E, ainda, a paixão e obediência pela liberdade pessoal e tribal (Catharino, 1995).

O território tribal das águas pretas não está demarcado. Mas a "ONG Amigos da Terra Internacional vem montando transmissores de rádio nas aldeias Tikuna, do alto Solimões, e ainda este semestre estende seu programa aos índios do alto rio Negro (AM). Com rádios autorizados pelo Dentel, os índios mantêm comunicação com a Funai e a Polícia Federal, denunciando invasões de terra, roubo de madeira e até mesmo surto de doenças como cólera e malária" (*Jornal do Brasil*, 2/3/1995). Providências dessa ordem são tomadas, também, pelas associações tribais.

Pouco se falou sobre a contribuição pré-colombiana à horticultura e plantas cultivadas. Os índios nos ensinaram a fazer pequenas roças, separadas umas das outras, e a deixar um espaço vazio para reflorestar a capoeira. Esta também servia para alimentar bichos do mato, como porcos, pacas, antas. A maioria dos etnólogos não sabe que o tomate e o girassol, além de outras dezenas de plantas, são americanos. Que a batata-inglesa devia chamar-se batata-andina, segundo sua origem.

A cultura do amazônida, da várzea ou da terra firme, reflete e espelha a cultura indígena: na arquitetura vegetal da casa-maloca, no equipamento doméstico, nos utensílios de cozinhar e comer, no manejo dos recursos naturais e nas técnicas agrícolas, no uso e processamento da mandioca, base de sua dieta alimentar, na culinária, na medicina preventiva e curativa, no extrativismo florestal de gomas, resinas, óleos, madeiras, embiras, cipós e essências oloríferas, no manejo da fauna sem depredá-la, ensejando, pelo contrário, sua multiplicação pela interação roça-caça.

A vocação da Amazônia é a biodiversidade, a policultura em pequenas glebas, à maneira indígena, produtos florestais amazônicos, artesanato e o ecoturismo. São imensas as potencialidades da floresta na medida em que fora manejada inteligentemente. Existem 1500 árvores aproveitáveis e só são exploradas cinco ou seis. As florestas tropicais, que ocupavam 20% da superfície da Terra, hoje ocupam 7% apenas, metade das quais (57%) encontra-se na Amazônia. A cada dez anos desaparece uma floresta equivalente em área ao Peru (1,28 milhão de quilômetros quadrados), e no ano 2080 não haverá mais florestas tropicais no planeta. As reservas de biodiversidade são os territórios indígenas, porque aí se conservam ecossistemas inteiros. E o ecoturismo e o artesanato, se bem administrados, são indústrias rentáveis.

Como se vê, além de desenvolver conhecimentos acerca da biologia amazônica, índios e caboclos criaram mecanismos de autocontenção para protegê-la e preservá-la. Não se trata de arcaísmos ou de sobrevivências obsoletas. O atrasado, o retrógrado é, por exemplo, transformar em capim a floresta amazônica. Quando se considera que uma roça de um hectare é capaz de alimentar por um ano uma família indígena, ou de seringueiros e castanheiros, e que uma rês necessita de três hectares de pasto plantado para fornecer 30 kg de carne no mesmo período, verifica-se o absurdo da substituição da mata por pastagens. Mais ainda, por sacrificar castanheiras, seringueiras, mogno, madeiras de lei e outras espécies vegetais preciosas e por destinar-se a carne de gado ao mercado externo. Este é o sabor do saber indígena. Ou nas palavras da "Declaração de Belém", 1992: "A preservação da biodiversidade — o mais rico patrimônio da floresta tropical — é essencial para o futuro da civilização no planeta, tal como a preservação da diversidade cultural nas relações entre povos, nações e Estados".

GLOSSÁRIO DE TERMOS REGIONAIS AMAZÔNICOS

ACANGATARA Enfeite de cabeça, diadema de penas coloridas.

APÁ Cesto tigeliforme semelhante à meia calota ou meia esfera, de crivo fechado, empregado como recipiente, como coador de líquidos e para servir alimentos sólidos.

ARARAIUA Árvore de terra firme da qual se retira a madeira para confeccionar ralos.

ARUMÃ (*Ischnosiphon* sp.) Marantácea. Principal matéria-prima para artefatos cesteiros.

ATURÁ Cesto-cargueiro esférico, paneiriforme, provido de alça para cingir a testa e levar nas costas.

AZAGAIA Lança curta de arremesso.

BAIÁ Dançarino-cantor.

BALAIO Cesto-recipiente ou cargueiro, semelhante à gamela, com borda alargada e diâmetro proporcional ao da base.

BEIJU Espécie de panqueca feita de massa de mandioca ou de tapioca.

BREU Denominação comum a várias espécies de burseráceas arbóreas, produtoras de resina.

CAAPI Bebida extraída do cipó *Banisteria caapi*. Infusão de casca previamente socada num pilão especial, mal diluída em um pouco de água.

CAATINGA DE CANARANA Biomassa alta, rica em epífitas, com "muitas espécies endêmicas capazes de viver em solo de areia pura e lavada [...] impraticável para a agricultura" (Braga, 1979:58). Não confundir com as caatingas do Nordeste. A canarana (*Paniculum spectabile*) é comumente usada como ração de gado.

CABARI Arbusto pequeno da mata.

CACURI Armadilha de pesca na forma de grande cesto triangular, com abertura no centro. Fincado nas margens de rios, lagos ou igarapés, é uma espécie de curral de peixes.

CAIÁ Armadilha de pesca formada por diversas esteiras colocadas nas corredeiras das cachoeiras.

CAITITU Ralador formado por um cilindro de metal com dentes movido por motor a gasolina.

CAMUTI Panela de barro.

CANDERA Utensílio que peneira a massa de mandioca para fazer farinha.

CAPOEIRA Terreno revestido de mata secundária onde já foi plantada uma roça ou mais sucessiva ou alternadamente.

CARAIURU Pó usado para pintura corporal, de artefatos rituais e bancos.

CARAJURU (*Arrabidaea chica*) Tinta vermelho-tijolo extraída das folhas dessa planta. Da família das bignoniáceas.

CARAUÁ Bromeliácea cuja fibra é utilizada para o amarrilho do acabamento de cestos ou de pontas de flechas.

CARIBÉ Massa puba, beiju.

CARRIÇO Flauta de Pã, constituída de uma série de tubos, comumente de taquara, reunidos para formar um todo, produzindo, cada qual, um som diferente.

CAXIRI Bebida fermentada de qualquer espécie de fécula, mas, de preferência, de farinha de mandioca.

CEROL Pasta de cera de abelha e fuligem com que se unta o fio para endurecê-lo.

CHIBÉ Bebida consumida depois das refeições e durante as viagens. Mistura-se farinha de mandioca com água fria.

COIVARA Antigas roças reutilizadas depois de algum tempo.

CUIA Casca da fruta de cuieira, própria para servir de tigela.

CUMATÁ (uaupés) Cesto-coador em forma de tigela rasa e avantajada. É usado para extrair a manicuera (ácido hidrociânico) da polpa da mandioca amarga.

CUMATI (*Myrcia atramentifera*) Mordente, fixador do vermelho do urucu e do carajuru.

CURADÁ Beiju de tapioca pura, usado no ritual de iniciação feminina.

CURARE Veneno usado pelos índios para embeber os dardos de sarabatana ou pontas de flechas.

DABUCURI Festa intertribal para o intercâmbio de bens.

DAGUIRUS Pescarias de inverno.

DESCORTICAR Fragmentar o colmo das marantáceas, gramíneas ou o pecíolo da folha nova da palmeira buriti para libertar a parte esponjosa interna e desmembrar a epiderme em lâminas ou talas.

EMINÓ Armadilha de pesca com isca de formiga torrada para atrair peixe mirim.

ENXÓ Implemento de cabo curto em forma de forquilha.

FASQUIAS Ripas finas de cipós ou de embiras.

FOLÍOLOS Filamentos partidos longitudinalmente do broto ou da folha madura da palmeira. A essa parte preparada da planta costuma-se chamar palha. Sinônimos: tiras, pínulas e flabelos.

FORMIGA DA NOITE Tradução literal de *ñami mengá* [d.]: noite, formiga. Inseto não identificado, comestível, que costuma sair à noite ou de madrugada.

IGAPÓ Trecho da floresta amazônica que fica alagado durante as enchentes dos rios de águas pretas e águas claras. O termo é usado, por alguns autores, para denotar áreas permanentemente inundáveis.

IGARAPÉ Rio pequeno.

IMBAÚBA Árvore da família Moraceae de cuja entrecasca se retira fibra para tecer.

INGÁ (*Ingá* sp.) Da família das leguminosas. A seiva da entrecasca é usada como mordente para fixar a cor.

IPADU Designação em língua geral de um arbusto cultivado pelos índios do alto rio Negro para uso ritual (da família *Erythroxylaceae*).

JAMAXIM (panacu) Cesto-cargueiro de três lados, fundo plano e alça para cingir a testa ou carregar nos ombros como mochila. É usado para transportar produtos da roça e da mata, para a locomoção da rede e outros pertences durante as viagens.

JAPURUTU Flauta feita do caule de jupati, de dois a três palmos de comprimento, acabado do lado contrário da embocadura por um alongamento em forma de trompa, feito de um tecido de arumã.

JEQUI Armadilha de pesca em forma de cesto cilíndrico afunilado, tendo um funil suplementar interno que impede a saída do peixe. Também conhecida como nassa.

JEQUITIBÁ (*Carimiana estrillensis*) Árvore da família *Lecitidaceae* cuja entrecasca exsuda uma seiva vermelha usada na tintura dos cestos pelos índios Kayabí.

JERERÉ Rede de pesca cônica, de mais de um metro de comprimento, provida de um círculo de madeira no bocal e de um cabo.

JURUPARI Flauta sagrada usada pelos irmãos menores.

KUMU (xamã, pajé) Membro do grupo que tem atribuições de cura e o conhecimento da ciência.

LÍBER (tapa) Entrecasca de árvore empregada na confecção de indumentária cotidiana e, sobretudo, para dança ritual, para fazer painéis decorativos nas divisórias das malocas e nos aventais pintados masculinos. Ver *tururi*.

LÍNGUA GERAL Também chamada nheengatu: língua boa. Tupi modificado pelos jesuítas e por eles introduzido na Amazônia, no século XVII, para servir como veículo de comunicação nas aldeias missionárias. Estendido por toda a área, foi suplantado pelo português no século XIX.

MACAXEIRA Mandioca-doce.

MACEGA Erva daninha que cresce em terrenos cultivados.

MANGABEIRA (*Harnicornia speciosa*) Árvore da família Apocinaceae que produz um látex usado como mordente para fixar o negro da fuligem pelos índios do alto Xingu.

MANICUERA Sumo extraído da mandioca-brava ralada que, evaporado ao fogo, perde o veneno (ácido hidrociânico), podendo ser consumido.

MANIUARA Rainha de uma espécie de cupim amarelo, que sai em abundância dos buracos de algumas árvores, depois da chuva, em certas épocas do ano. Família Termitidae, gênero *Cornitermes*.

MANIVA (*Manihot utilissima*) Planta de raiz de onde se extrai a farinha de mandioca, a tapioca, a manicuera, o tucupi etc.

MARACÁ Chocalho feito de uma cabaça vazia, enfiada num pau e cheia de pedrinhas ou de frutas duras.

MARANTÁCEAS Família de plantas de colmo liso e alto próprio para trabalhos de entrançamento.

MASSOCA Feita de massa puba misturada com massa ralada. Depois de passar no tipiti, é posta a secar no moquém armado sempre em cima do fogo.

MATAPI Armadilha de pesca do tipo covo, oblonga, com abertura ampla no bocal e estreita no resto do corpo, terminando em funil.

MAVAKU Flauta.

MOQUEADO Alimento (peixe, carne etc.) assado numa grelha de varas de madeira, chamada moquém em nheengatu, sob a qual se acende o fogo.

MORDENTE Substância vegetal que, combinada com um corante, fixa as cores na pintura de cerâmica ou em qualquer outro suporte.

MUIRAPIRANGA Pau-brasil.

MUJECA Iguaria feita de peixe cozido cujo caldo é engrossado com farinha de mandioca.

OCARINA Instrumento de sopro em cerâmica.

PANEIRO Cesto-recipiente e/ou cargueiro, vasiforme, usado geralmente para armazenar ou transportar farinha de mandioca. O conteúdo é de cerca de 10 kg.

PANEMA Feitiço, azar na pesca ou na caça.

PARANÁ Braço de rio ou canal de ligação entre dois igarapés.

PARI Esteira de varetas de madeira dispostas paralelamente uma às outras e unidas entre si por trançado torcido (*twined*) de fasquias de cipó. O pari (ou caniçada) é fincado no leito de pequenos rios (igarapés) ou lagos, servindo de barragem para atravancar os peixes, principalmente nas pescarias com timbó (planta de efeitos narcotizantes da família das leguminosas e sapindáceas).

PARICÁ Pó extraído da fruta do paricazeiro, torrada e socada, para ser aspirado pelas narinas por meio de um implemento especial, feito de ossos de pernas de aves, ou para ser insuflado, reciprocamente, quando tomado em cerimônia.

PENEIRA Cesto platiforme, isto é, raso, em forma de prato, circular, retangular ou quadrado. Apresenta-se de crivo aberto, na parte central, ou com as talas relativamente afastadas para cernir a farinha.

PIRACEMA Do tupi *pira'sem* (sair peixe). Cardumes de peixes que, em certas épocas do ano, sobem os rios e igarapés para desovar.

PIRACUÍ Farinha de peixe. O peixe, depois de moqueado, é socado no pilão, reduzido a pó, peneirado, para ser posto em paneiros forrados de folha de arumã e ser guardado no fumeiro.

PUBA Diz-se da mandioca-brava amolecida e fermentada na água.

PUÇÁ Pequena rede de pesca cônica tecida, com um círculo de madeira na abertura. Usada para apanhar peixes pequenos envenenados com timbó.

PUPUNHA Fruta de uma palmeira largamente cultivada, muito oleosa e nutriente, que se come cozida. No Uaupés, fazem com essa fruta uma bebida fermentada.

QUINHAPIRA Do tupi: *quinha* (pimenta) e *pira* (peixe). Caldo de peixe apimentado no qual se embebe o beiju.

RALO Utensílio constituído de uma tábua endentada com fragmentos de quartzo ou sílex usado para ralar mandioca.

ROÇA Campo de cultivo.

SARABATANA Propulsor de pequenas setas envenenadas com curare.

SAÚVA Espécie de formiga do gênero *Atta*.

SIB Clã.

SORVA Madeira para construir canoas escavadas a fogo.

SORVINHA Resina para calafetar orifícios (baníwa).

TABATINGA Argila branca e de outras cores que, quando dissolvida na água, serve de engobo ou para a decoração pintada de objetos cerâmicos ou de outras categorias.

TANAJURA Designação dada às fêmeas ou rainhas dos insetos himenópteros, família dos Formicédeos, especialmente os do gênero *Atta*.

TAPIOCA Polvilho decantado da massa ralada da mandioca amarga (*Manihot esculenta* Crantz).

TAPIRI Abrigo provisório; geralmente cobertura de folha de palmeira em meia-água, isto é, telhado de um só pano.

TAPUIO Designação dada aos índios destribalizados e deculturados da Amazônia.

TAUARI Entrecasca de uma espécie de Curetaria que serve de mortalha para cigarro.

TEPECUÁ Utensílio em forma de abano empregado para virar o beiju na assadeira.

TERÇADO Facão grande.

TERRA FIRME Designação dada na Amazônia à porção não inundável do terreno durante as cheias dos rios e que corresponde a quase 98% da região.

TIMBÓ Planta da família das sapotáceas (*Derris* sp., *Paulinia* sp.) que envenena o peixe fazendo-o subir à tona, onde é apanhado com puçá ou arco e flechas. O mesmo que tingui.

TINGUIJADA Pescaria em que se emprega o tingui ou o timbó.

TIPITI Cesto cilíndrico provido de duas alças para estendê-lo e extrair, dessa forma, da polpa de mandioca-brava ralada nele introduzida, o veneno (ácido hidrociânico) que contém.

TORRADOR Forno.

TRIPÉ Peça composta de três varas de madeira que se entrecruzam na vertical, e uma tábua disposta na horizontal na qual se apóia o cumatá. Dessa forma se extrai a manicuera.

TROCANO Instrumento musical escavado em tronco de madeira compacto ou oco, caracterizado por uma fenda longitudinal de tamanho variável, onde se produz o som.

TUAVI Esteirinha usada pelos grupos xinguanos em lugar do tipiti para comprimir a massa ralada da mandioca-brava e filtrar o ácido hidrociânico.

TUCUPI Ácido hidrociânico venenoso extraído da mandioca-brava.

TUIUCA Indivíduo dos Tuyúka, de língua tukâno, do rio Tiquié. Nome dado à pasta de cerâmica de boa qualidade.

TUPEMA Esteira trançada.

TURI Espécie de madeira ignífera usada para iluminação (*Licania* sp.).

TURURI Designação dada na Amazônia ao líber ou à tapa, isto é, à entrecasca de árvores dos gêneros *Ficus*, *Brosimum* e *Sterculia*, com que se fazem estopas para diversos fins.

TUXAUA Chefe político da aldeia ou povoado, cuja investidura é hereditária.

URUCU Árvore cultivada de cujo fruto se retira um corante vermelho, quando maduro, e amarelo, quando verde, de largo emprego na tinturaria de fios e outros fins.

URUPEMA Peneira de malhas não muito largas, especialmente destinada a filtrar a massa de mandioca antes de esta ir para o forno.

URUTU Cesto paneiriforme no alto rio Negro feito principalmente para o mercado externo.

VÁRZEA Faixa de terra fértil, à beira-rio, na planície amazônica.

WAHTIN [d.] e [t.] Sobrenatural antropomorfo que habita a floresta.

NOTAS

Introdução

A ÁREA CULTURAL DO ALTO NO NEGRO (pp. 17-29)

(1) Difundido e gramaticado pelos missionários, o nheengatu ou língua geral — o tupi da Amazônia — é uma deformação do tupi-guarani, idioma dos grupos tupinambá que ocupavam a costa durante a descoberta e de outros tupi interioranos. O tupi dominou várias regiões do Brasil nos primeiros séculos da colonização, sendo paulatinamente substituído pelo português, como vem ocorrendo agora na região do rio Negro.

(2) Resumos históricos sobre a ocupação de toda a área do rio Negro, a partir do século XVII, podem ser consultados em Bruzzi (1962), Galvão (1959), Goldman (1948), onde se encontram citações das fontes primárias, e mais recentemente, em Chernela (1993: 17-43).

Nos últimos anos foram realizados diversos estudos monográficos ou temáticos de tribos desse território brasileiro e colombiano. Tivemos notícia dos seguintes: de Stephen e Christine Hugh-Jones sobre os Barasâna; Jean Jackson, sobre os Bará, Pierre Jacopin sobre os Yukúna; Patrice Bidou sobre os Tatuyo, Kaj Ärhem sobre os Makúna, Dominique Buchillet sobre os Desâna, Janet Chernela sobre os Wanâno, William Murray Vincent sobre os Tukâno do rio Papuri, Aloísio Cabalzar Filho sobre os Tuyúka (todos grupos tukâno). E ademais, de Peter Silverwood-Cope e Howard Reid sobre os Makú (da Colômbia e do Brasil), Robin Wright sobre os Hohódene e Márcio Meira sobre os Warekêna.

(3) Os índios com quem estive em contato durante as três viagens realizadas à região se identificavam segundo a tribo a que diziam pertencer. Stephen Hugh-Jones, que estudou os Barasâna do Pirá-paraná, afluente da parte colombiana do alto Uaupés, acha que "neste contexto, a noção de tribo como um grupo social fechado não tem valor, porque cada unidade, de cerca de duzentos a mil indivíduos, participa de um sistema social *open-ended,* caracterizado por uma generalizada semelhança cultural" (1977:205). Para esse autor, "a sociedade indígena (dessa região) é constituída de uma série de grupos exógamos, cada qual falando uma língua diferente, unidos por laços de casamento" (ibidem).

(4) Meus informantes — tukâno, desâna e hohódene —, assim como os de Sorensen, afirmam que a exogamia "[...] é expressa por uma fórmula segundo a qual o indivíduo não se casa dentro do seu próprio grupo de tribo e língua porque estaria casando-se com uma irmã ou irmão" (1974:80). Goldman (1963:136), referindo-se aos Kubéwa do rio Cuduiari, afluente do Uaupés em território colombiano, grupo por ele estudado em três etapas desde 1939, afirma que nessa tribo a exogamia tanto é tribal quanto de *sib* filiado a uma fratria distinta à do parceiro casadoiro. Entre os Kubéwa, Goldman distingue três fratrias.

(5) Hoje em dia, essas categorias em destaque na estrutura social foram substituídas pelas de: catequista, animadores da produção artesanal, do trabalho nas roças comunitárias (cujo produto é usado para a venda) e, ainda, a do professor índio, que é proveniente, muitas vezes, de outra tribo, não daquela onde ensina. Todos eles são prepostos dos missionários e agentes da mudança aculturativa.

(6) Sobre as confusões em torno do personagem jurupari, da mitologia tupinambá, por efeito de desinformação de autores como Barbosa Rodrigues e outros, e por sua identificação no Brasil todo como equivalente ao diabo cristão, ver Egon Schaden (1959:149 et passim). Ver, também, a excelente nota explicativa sobre o termo *jurupari*, bem como o mapa de distribuição do culto de jurupari, em Stephen Hugh-Jones (1979:4-13).

(7) Refere-se a uma das sessenta e tantas casas transformadoras subfluviais, onde a humanidade foi sendo gerada no âmago de uma cobra-canoa, até emergir à superfície. Cada tribo, ou conjunto de tribos, tem seus próprios locais de saída e casas transformadoras com nomes e significados distintos.

(8) Considerada de grande importância para a segurança nacional, por dar acesso à fronteira com a Colômbia, Guianas e Peru, a Perimetral Norte, planejada em l973 e com a construção interrompida, terá um percurso de 4 mil quilômetros. Seu traçado atravessa o "rio Negro em Içana e em São Gabriel, toma depois o rumo sudoeste, passa pelos interflúvios Japurá-Içá e Içá-Solimões, serve às localidades de Tabatinga e Benjamin Constant, situadas nas margens deste rio, continua pelo vale do Javari e depois embica para o vale do Purus, entroncando-se com a Transamazônica em Cruzeiro do Sul" (IBGE, 1 977:290-l).

Primeira parte
A VIDA SOCIAL

1. *A ESTRUTURA SOCIAL* (pp. 33-54)

(1) Angá ñengani ponlãn comparece com a designação de Umúsin bohsó tali buhali (japu, acutiuaia que atravessa) em *Antes o mundo não existia* (cf. Kumu & Kenhíri, 1980:93).

(2) O capítulo VI de *Antes o mundo não existia* oferece um relato detalhado dessa migração e da origem do clã Tolamãn Kenhíri de São João, no rio Tiquié (cf. Kumu & Kenhíri, 1980:101-5).

2. *O SISTEMA DE TROCAS* (pp. 55-102)

(1) Embora ainda vigente, esse sistema opera de maneira frouxa.

(2) Ilustrações de como funcionam essas armadilhas são encontradas em Koch-Grünberg (1910, I:figs. 125-6, 127). A taxonomia desâna nomeia cada uma de suas partes componentes: a mola chama-se *weli wahsun* e *weli beró*, o semicírculo enterrado no solo; *weli dëphpë* é o nome da varinha atravessada que prende o disparador; este último é chamado *weli tabu*, sendo preso a uma linha tingida de vermelho de caraiuru para disfarçá-la.

(3) Normalmente, ao visitante é oferecido beiju e quinhapira, acompanhados de chibé.

(4) Wayára e Neéroa vivem na Colômbia. Koripáko é um grupo baníwa.

(5) A dos Desâna está explicitada metaforicamente num trecho do mito "A estória dos Diloá, os quais ensinaram seu 'avô', Siruli yé (cumatá, pajé), a trançar cestos com desenhos". Ver adiante a citação de Kumu & Kenhíri (1980:179-80 e fig. 48).

(6) Cf. "A história de Guelamun yé, detentor das flautas sagradas, e do primeiro cataclismo do fogo", in Kumu & Kenhíri (1980: 127-32). Neste relato os autores não fazem referência a essa máscara. Existe um exemplar no Museu Luigi Pigorini, de Roma, trazido pelo pe. Giuseppe Coppi (ver Zevi et alii, 1983).

(7) Silverwood-Cope (1975:97) menciona o bambu para as flautas carriços entre as matérias-primas oferecidas pelos Makú no sistema de trocas com os índios do rio.

(8) As dimensões do banco tukâno variam, segundo o pe. Alcionílio Bruzzi, de 30 a 40 cm, a 120 a 150 cm (1962:187).

(9) Sobre o simbolismo do banco tukâno, ver Reichel-Dolmatoff (1968:83-5). Em outros trabalhos (1978, 1982) registra o desenho como uma interação entre a religião e a estética.

(10) *Dzemápu* em baníwa, *oleó iabu* (cigarro, forquilha porta-cigarro) em desâna, *utika iahpu* em tukâno.

(11) A forquilha porta-cigarro é o tema de um trabalho devido a Otto Zerries (1965) em que o autor enfatiza o formato do banco nela esculpido. Ver também W. M. Vincent (1986).

(12) Ver "Etnobotânica desâna".

(13) Esses pigmentos só passaram a ser empregados na cestaria depois de sua comercialização para o mercado externo, iniciada em 1972. Apenas a urupema (*seowa* [t.], *sibulu* [d.]) apresenta, tradicionalmente no centro, uma cruz de talas tingidas de urucu.

(14) Segundo o pe. Bruzzi, "não há, presentemente, marcas que caracterizam as tribos como insinuam os primeiros exploradores. Observam-se os mesmos desenhos nas várias tribos" (1962:294).

(15) Cabe assinalar que, a partir de 1985, quando se inicia o "ciclo do ouro" no rio Tiquié, deixou-se de produzir cestos para a venda, uma vez que a maioria dos homens se entregou à garimpagem do ouro. Uma nova fase artesanal está por vir.

(16) Ëmëkho sulan Panlãmin é o herói civilizador tukâno que, juntamente com o ancestral maior dos Desâna Ëmëkho mahsãn Boléka (universo, pessoa, peixe aracu), faz a longa viagem na cobra-canoa ou canoa transformadora onde, a partir de enfeites masculinos e femininos, é criada e amadurecida a humanidade que vem à tona na cachoeira de Ipanoré (cf. Kumu & Kenhíri, 1980). As palavras indígenas constantes desse texto são em língua desâna, a dos autores.

(17) Ver ilustração de Luiz Lana, 1980, fig. 48.

(18) O pe. Bruzzi (1962:330) informa que "Ao louco dizem *wax-ti dohonökö*, isto é, estragado por *wax-ti*. A tuberculose chamam *wax-ti poári*, cabelos de *wax-ti*". Agrega o missionário salesiano que o radical *wax* aparece ainda na palavra *waxsó-ro* (funda herniária ou encacho). Quanto à palavra *jurupari*, significa em tupi do Amazonas "o fecho da nossa boca" (*iurú*, boca; *pari*, cercada para a pesca).

(19) Segundo o gal. Boanerges Lopes de Souza (1959:680), nos petróglifos de Iandu, no rio Içana, estão gravados motivos de macaco barrigudo, sapo e "pintas de onça" semelhantes aos que encontrei nas inscrições rupestres de Uapuí (ver desenhos pp. 69-74, op. cit.).

(20) Também chamado *bári wáxti*. É o inseto que presenciou o coito do deus-Sol com sua filha impúbere, transformou-se em gente e fez a primeira flauta de jurupari, "[...] para denunciar publicamente o crime que havia observado" (Reichel-Dolmatoff, 1968:129).

(21) Koch-Grünberg notou semelhanças entre os desenhos das paredes e postes das malocas, os da pintura de corpo, da cerâmica e dos objetos de dança (apud Bruzzi, 1962:293, nº 50).

(22) Para Bruzzi, "são oito os principais motivos ornamentais mais comuns que aparecem nos tecidos e trançados das redes e peneiras: 1. *soxkõro-ó:ri* (flores do ralo), isto é, semelhante à disposição das pedrinhas nos ralos. 2. *Mixpí púri* (folhas de açaí), desenhos como as folhas da palmeira açaí. 3. *Byá-põ-rá m'á*: caminho de saúva. 4. *Née óori*: folha do miriti. 5. *Yóãsõ se'ema*: costa do calango. 6. *Pamõ se'ema*: costa de tatu. 7. *Döxpöri-tërõ se'ema*: costa de lambari. 8. *Wax-ti öx'se-pekuri*: joelho de *Wax-tí*, semelhante à cruz gamada ou esvástica" (1962:296-8). Adverte o autor que os índios usam esses desenhos em diversas combinações e que em 24 peneiras, adquiridas por ele em 1947, havia "23 combinações diversas" (1962:298). Do repertório de desenhos ilustrados por Bruzzi, meus informantes desâna só puderam identificar o que na minha grafia corresponde ao padrão *wahtin ësepekuri* (diabo, joelho). Além deste, constam da minha relação e da de Bruzzi os padrões *byá-põ-rá m'á* (formiga, caminho) e *mixpí pürí* (açaí, folha).

Segunda parte
A VIDA ECONÔMICA

3. *HORTICULTURA DESÂNA* (pp. 105-33)

(1) Informação pessoal do dr. Jesus Barcia, Departamento de Botânica, Museu Nacional, Rio de Janeiro, Brasil.

(2) Segundo C. Hugh-Jones (1982:88): "Esta constelação em forma de enxó representa as enxós com lâmina de pedra usadas antigamente como implemento agrícola e, mais tarde, como ornamentos rituais no ombro esquerdo, durante as danças. Atualmente não mais se encontram". Para esse autor, essa constelação, chamada *sioruhu* em barasâna (grupo tukâno da Colômbia), corresponde ao cinturão e espada de Órion (ibidem).

(3) Segundo Chernela (1986:242), das 41 espécies de fruteiras que crescem à margem dos rios, de cujos frutos os peixes se alimentam, 27 crescem apenas nos igapós e catorze na terra firme, das quais dez também nos igapós.

(4) Foram feitas coletas dessas e de outras espécies para identificação botânica no INPA.

(5) Christine Hugh-Jones (1979:126) sugere uma analogia metafórica entre a conformação circular da roça, a da placenta e a do útero, todos eles fontes de nutrição e de vida.

(6) Os Kayapó utilizam calor no plantio da batata-doce (Keer, 1986).

(7) É o caso, entre outros, do alto Xingu (cf. Carneiro, 1983:80).

(8) Os Kuikúro, segundo Carneiro (1983:80), plantam cinco a catorze manivas na mesma cova.

(9) Vários autores utilizam manicuera e tucupi como sinônimos para indicar o sumo venenoso, com ácido hidrociânico, cianídrico (HCN) ou prússico, extraído da mandioca-brava (*Manihot esculenta* Crantz, também chamada *Manihot utilissima* Pohl). No alto rio Negro usa-se o termo *manicuera* para indicar o sumo da mandioca ralada extraído com a cumatá. Sabe-se que volatilizou o veneno pelo cheiro. Para isso ferve-se a manicuera, cerca de dez litros, durante meia hora em fogo vivo. Relata-se um único caso de morte por ingestão de mandioca-brava assada no borralho (a exemplo da macaxeira), ocorrido em Taracuá. Em São João, um boi foi envenenado tomando manicuera crua.

(10) Esse e outros autores acham que, do ponto de vista taxonômico, não é válida essa separação entre as duas mandiocas, doce e brava.

(11) Durante a segunda viagem, em 1985, o arroz, o feijão e até o macarrão eram alimentos correntes.

(12) Segundo Goldman (1963:69), três paneiros de farinha são obtidos de doze aturás de mandioca, ou seja quatro aturás por um paneiro. Em outros termos, 120 kg de mandioca dão 20 kg de farinha.

(13) Nossos dados coincidem com os de Galvão (1963:127), que diz serem necessários 700 kg anuais de farinha para suprir as necessidades de consumo de uma família de cinco pessoas. Uma família Bahúkiwa, *sib* kubéwa, estudada por Goldman (1963:57), colhia, à época de sua pesquisa, quatrocentos a quinhentos aturás de mandioca anualmente, dependendo do número de mulheres que podiam trabalhar na roça e na extração do ácido cianídrico dos tubérculos. Uma velha sozinha chegava a produzir 150 aturás. Produção média de dez famílias foi calculada por Goldman em 2550 aturás, correspondendo a cerca de 75 toneladas de mandioca por ano. Betty J. Meggers (1977:112) informa, por sua vez que "quatro mulheres chegam a descascar e a ralar perto de 55 quilogramas de mandioca em

sete horas". Para Carmen Junqueira (1975:40), que estudou os Kamayurá, "a quantidade de mandioca colhida é aquela que uma mulher pode carregar na cesta: 45 quilogramas". A mesma autora calcula que, durante a estação seca, as mulheres kamayurá trabalham na roça uma média de 26 horas semanais para produzir o necessário ao consumo doméstico durante o ano todo, inclusive na estação chuvosa (op. cit.: 41).

(14) Em 1978, em cada comunidade visitada, havia uma roça coletiva onde se plantava mandioca para produzir farinha para a venda. Além dessa, cada família produzia um excedente para poder cobrir as necessidades mais elementares de compra de produtos industriais.

(15) As fruteiras de números 3 e 16 são as mesmas encontradas na terra firme argilosa. Para a identificação botânica de algumas espécies, ver apêndice 3.

(16) Compare-se com inventário publicado por Keel & Prance (1979:645-56).

(17) Lista ditada por Umúsin Panlõn Kumu (Firmiano Arantes Lana) e traduzida por seu filho, Tolamãn Kenhíri (Luiz Gomes Lana).

(18) O tubérculo é branco, "mas os antigos o colocaram como amarelo. Não pode mudar mais".

(19) Lista ditada por Emília Lana e sua filha Madalena Gomes Lana.

4. *A MANDIOCA* (pp. 134-65)

(1) Nas roças desâna do rio Tiquié vi manivas com 1,60 a dois metros de altura.

(2) Os autores de língua inglesa consagraram os termos *slash-and-burn* (derrubada e queima) e *shifting* (itinerante) para indicar essa prática agrícola corrente entre índios e caboclos do Brasil. Autores brasileiros falam também em agricultura de cavouco, nesse caso para indicar a técnica de semeadura, mediante o uso da estaca de cavar. No caso da Amazônia, como muito bem assinala Betty Meggers (1977:41), o uso desse implemento agrícola evita a perda dos poucos sais minerais que seriam levados pelas enxurradas caso se usasse arado ou outro instrumento para revolver a terra.

(3) "A mandioca produz maior quantidade de amido utilizável por acre que qualquer outra cultura conhecida" (Schery, 1947:25). Industrializada, presta-se a forragem de gado, quando desprovida dos seus elementos tóxicos, e à produção de álcool.

(4) Após 25 anos, segundo Carneiro (1960:231); em apenas dois a três anos, segundo meus dados.

(5) Na coletânea referida, além desse mito sobre a origem da mandioca, existe outro sobre a origem da pupunheira, igualmente importante na alimentação e no cerimonial, devido ao uso que lhe é dado no preparo de caxiris (cf. Kumu & Kenhíri, 1980:150-8).

(6) A terminologia usada nesse texto é em língua tukâno, por serem as informantes dessa tribo.

(7) Atualmente a casca é aproveitada para a criação de galinhas, porcos e até vacas, em alguns casos.

(8) Só a massa ralada é passada na cumatá; a puba (ou mole), não.

(9) Vários autores informam que "[...] o amarelo da mandioca é dado pela vitamina A e que a farinha-d'água mantém mais a vitamina A que a seca" (Kerr, 1979 ms.). Isto se deve, talvez, ao fato de a farinha-d'água conservar todo o amido (tapioca).

(10) Chamado curadá, em língua geral, "é o alimento obrigatório no rito de iniciação das donzelas" (Bruzzi, 1962:214).

(11) Turi (*Licania* sp.) é uma madeira ignígera que queima vagarosamente, sendo usada para tocha. Sua entrecasca se desprende em finas lâminas, utilizadas, por isso, como aro no acabamento dos cestos e na aplicação acima mencionada.

(12) Só é plantado o açaí-do-pará, geralmente no terreno das aldeias.

(13) O *putí* e a tapioca não são ingredientes do caxiri, e sim reservados a outros fins.

(14) Por falta de moenda, passou-se a substituir, há dois anos, o açúcar pelo caldo de cana. Em ambos os casos o caxiri tem que fermentar dois dias, sendo mais forte que os demais.

(15) O homem só colabora no transporte dos ingredientes e da lenha.

(16) O defumador de pimenta de talas de bacaba é chamado *biá tulumu* em desâna e *torinápi* em baníwa. O de lâminas de cipó denomina-se *singá tulumu* em desâna e *kaméda* em baníwa (ver figs. 145 e 146 em Koch-Grünberg, 1910, II:223).

(17) Ver relação de insetos e larvas presentes na dieta alimentar alto-rio-negrina em Bruzzi.

(18) As palavras indígenas, em grifo, nesse texto, são em língua baníwa. Quando em língua geral, segue-se a abreviação [l. g.]. Os números das peças aqui transcritos constam, juntamente com os do livro do tombo, dos arquivos do Museu Nacional, UFRJ.

(19) Da família das apocináceas (*Couma* sp.). O fruto é comestível e o látex fornece um breu excelente para calafetar canoas.

(20) Uma descrição detalhada e a ilustração da técnica de manufatura do tipiti se encontra em Roth (1924:282-7), prs. 68, 69 e fig. 86, que indica o modo de uso.

(21) Para o pe. Bruzzi (1962:195), "cestos e peneiras são fabricados por todas as tribos, contudo especialistas são os Desâna".

(22) Ver ilustração desses dois tipos de início de trançado do aturá em Koch-Grünberg (1910, II:222, fig. 143).

5. *TECNOLOGIA DA PESCA* (pp. 166-202)

(1) Sobre a periodicidade de chuvas e estiagens no rio Tiquié, ver Ribeiro & Kenhíri (1987:28-35).

(2) A reprodução das constelações, segundo desenho de Tolamãn Kenhíri, pode ser consultada em Ribeiro & Kenhíri (1987).

BIBLIOGRAFIA CITADA

ALBUQUERQUE, Milton de

1969 *A mandioca na Amazônia*. Belém, Sudam.

ÄRHEM, Kaj

1976 *Fishing and hunting among Makuna. Economy, ideology & ecological adaptation in the Northwest Amazon.* Göteborgs Etnografiska Museum, Arstryck, pp. 27-43.

BALDUS, Herbert

1961-2 "Os carimbos dos índios do Brasil". *Revista Museu Paulista*, N. S. São Paulo, *13*:7-74.

BALÉE, William

1984 "The persistence of Ka'apor culture". Nova York, dissertação de Ph. D., Columbia University.

1988 "Indigenous adaptation to Amazonian palm forests". Separata de *Principles, 32*(2):47-54. Institute of Economic Botany.

1993 *Footprints of the Forest Ka'apor ethnobotany — The historical ecology of plant utilization by an Amazonian people.* Nova York, Columbia University Press.

BECKERMAN, Stephen

1979 "The abundance of protein in Amazonia: a reply to Gross". *American Anthropologist*. Washington, *81(3)*:533-60.

1989 "Hunting and fishing in Amazonia: hold the answers, what are the questions?". Comunicação ao simpósio "Amazonian synthesis: an integration of disciplines, paradigms and methodologies". Nova Friburgo. Inédito.

BERLIN, Brent et alii.

1973 "General principles of classification and nomenclature in folk biology". *American Anthropologist*. Washington, *75*(1):214-42.

BIDOU, Patrice

1972 "Répresentations de l'espace dans la mithologie Tatuyo (indiens Tucano)". *Journal de la Société des Américanistes de Paris.* Paris, N. S., *61*:45-105.

BRAGA, Pedro Ivo Soares

1979 "Subdivisão fitogeográfica, tipos de vegetação, conservação e inventário florístico da floresta amazônica". Suplemento da *Acta Amazônica*. Manaus, *9*(4):53-80, INPA.

BROOM, B. M.

1989 "Use of plant resources by the Chácobo". In D. A. Posey & W. Balée (eds.), *Management in Amazonia: indigenous and folk strategies*. Nova York, Advances in Economic Botany, New York Botanical Garden, vol. 7, pp. 78-96.

BRUZZI Alves da Silva, pe. Alcionílio

1962 *A civilização indígena do Uaupés*. São Paulo, Linografia Ed.

BUCHILLET, Dominique

1983 "Maladie et mémoire des origenes chez les Desana du Uaupes. Conceptions de la maladie et de la thérapeutique d'une société amazonienne". Paris, tese de doutorado em etnologia, Universidade de Paris X. Inédito.

CABALZAR F.°, Aloísio

1991 *Notas etnográficas acerca dos Tuyuca do alto rio Tiquié*. São Paulo. Inédito.

CANDOLLE, A. de

1886 *Origins of cultivated plants*. Reimpy. 2ª ed. Nova York, Hafner Publ. Co. 1959.

CARNEIRO, Robert

1960 "Slash and burn agriculture: a closer look at its implications for settlement patterns". In A. F. C. Wallace (ed.), *Men and culture*. Selected papers of 5th Int. Congr. Anth. and Ethn. Sciences (Philadelphia 1956). Filadélfia, pp. 229-334.

1973 "Slash and burn cultivation among the Kuikúro and its implications for cultural development in Amazon basin". In D. Gross, *Peoples and cultures of native South American*. Nova York, Doubleday, pp. 98-125.

1983 "The cultivation of manioc among the Kuikúro of the Upper Xingu". In Raymond B. Hames & William T. Vickers, *Adaptative responses of native Amazonia*. Nova York, Academic Press, pp. 65-111.

1986 "Uso do solo e classificação da floresta (Kuikúro)". In D. Ribeiro (ed.), *Suma etnológica brasileira*, vol. 1: *Etnobiologia* (coord. B. G. Ribeiro). Rio de Janeiro, Vozes: Finep, pp. 47-58.

CATHARINO, José Martins

1995 *Trabalho índio em terras de Vera ou Santa Cruz e do Brasil*. Tentativa de resgate ergológico. Rio de Janeiro, Salamandra.

CEDI/Museu Nacional

1987 *Terras indígenas no Brasil*. São Paulo, CEDI.

CERULLI, Ernesta

1986 "La cultura tradizionale del Vuapés e la conoscenza etnologica del Desana". In *Il ventre dell'universo*. Palermo, Sellerio Editore, pp. 9-36.

CHAGNON, Napoleon A.
1968 *Yanomamö, the fierce people*. Nova York, Holt, Rinehart & Wiston.

CHERNELA, Janet M.
1986 "Os cultivares de mandioca na área do Uaupés (Tukâno)". In D. Ribeiro (ed.), *Suma etnológica brasileira*. vol. 1: *Etnobiologia* (coord. B. G. Ribeiro). Rio de Janeiro, Vozes: Finep, pp. 151-8.
1993 *The Wanano indians of the Brazilian Amazon: a sense of space*. Austin, University of Texas Press.

CIVRIEUX, M. de
1973 "Classificación zoológica y botanica entre los Makiritare y los Kariña". *Antropológica*, Caracas, *36*:3-82.

CORRÊA, M. Pio
1926 *Dicionário das plantas úteis do Brasil e das exóticas cultivadas*. Rio de Janeiro, Ministério da Agricultura; IBDF, vol. 1.

D'AMBRÓSIO, Ubiratan
1990 *Etnomatemática*. São Paulo, Ática.

D'AMBRÓSIO, Ubiratan, & KOTCHETKOV, Vladislav (eds.)
1993 "Towards eco-ethics: alternative visions of culture, science, technology and nature". In *The proceedings of the third UNESCO*. Belém, 5-10/4/1992.

DENEVAN, W. M., & TREACY, J. M.
1990 "Purmas jóvenes manejados en Brillo Nuevo". In W. M. Denevan & C. Padoch (eds.), *Agroforestería tradicional en la Amazonía peruana*. Lima, Centro de Invest. y Promoción Amazônica, pp. 109-20.

DOLE, Gertrude
1960 "Techniques of preparing manioc flour as a key culture history in tropical America". In A. F. C. Wallace (ed.). *Men and Culture*. Selected papers of 5th *Inst*. Congs. Anth. Ethn. Sciences (Philadelphia 1956). Filadélfia, pp. 241-8.

FRIKEL, Protasio
1978 "Áreas de arboricultura pré-agrícola na Amazônia. Notas preliminares". *Revista de Antropologia*. São Paulo, *21*(1):45-52.

FUENTES, Emílio
1980 "Los Yanomami y las plantas silvestres". *Antropológica*. Caracas, *54*:3-133.

GALVÃO, Eduardo
1959 "Aculturação indígena no rio Negro". *Bol. Mus. Paraense Emilio Goeldi*. Belém, *7*.
1963 "Elementos básicos de horticultura de subsistência indígena". *Revista Museu Paulista*, N. S. São Paulo, *14*:120-44.
1976 *Santos e visagens*. Um estudo da vida religiosa de Itá, baixo Amazonas. 2ª ed. São Paulo, Nacional.

GOLDMAN, Irving

1948 "Tribes of the Uaupés-Caqueté Region". *Handbook of South American Indians*. Washington, *3*:763-98, Smithsonian Institution.

1963 *The Cubeo. Indians of the Northwest Amazon*. Urbana, The Illionois University Press.

1977 "Time, space and descent: the Cubeo example". *Actes du XLII Congrès International des Américanistes*. Paris, 2:175-84.

GOULDING, M.; CARVALHO, M. Leal & FERREIRA, E. G.

1988 *Rio Negro, Rich life in poor water*. The Hague, SPB Academic Publishing.

GROSS, Daniel

1975 "Protein capture and culture development in the Amazon basin". *American Anthropologists*. *77*(3):526-549.

HUGH-JONES, Christine

1977 Skin and soul: the round and straight social time and social space in Pirá-Paraná society. *Actes du XLII Congrès International des Américanistes*. Paris, 2:185-204.

1979 *From the Milk River, spatial and temporal processes in Northwest Amazonia*. Cambridge, University Press.

HUGH-JONES, Stephen

1977 "Like the leaves on the forest floor: ...space and time in Barasana ritual". *Actes du XLII Congrès International des Américanistes*. Paris, 2:205-16.

1979 *The Palm and the Pleiades: initiation and cosmology in Northwest Amazonia*. Cambridge, University Press.

1982 "The pleiades and scorpius in Barasana cosmology". In Anthony F. Aveni & Gary Urton (ed.). *Ethnoastronomy and archaeoastronomy in the American tropics*, pp. 183-201.

IBGE (Fundação Instituto Brasileiro de Geografia e Estatística)

1977 *Geografia do Brasil, Região Norte.* Rio de Janeiro.

JACKSON, Jean E.

1983 *The fish people. Linguistics exogamy and Tukanoan identity in Northwest Amazonia*. Cambridge, University Press.

JACOPIN, Pierre

1972 "Habitat et territoire Yukuna". *Journal de la Société des Américanistes*. Paris, *61*:107-39.

JUNQUEIRA, Carmen

1975 *Os índios do Ipavu: um estudo sobre a vida do grupo Kamaiurá*. São Paulo, Ática.

KEEL, S. H. K., & PRANCE, G.

1979 "Studies of the vegetation of a white sand black water Igapó (Rio Negro, Brazil)". Suplemento da *Acta Amazônica*. Manaus, *9*(4):645-55, INPA.

KEER, Warwick

1979 "Seleção massal estratificada e reprodução vegetativa praticadas pelos índios da Amazônia em plantas comestíveis". Contribuição ao simpósio "Genética e ecologia: melhoramento genético animal e vegetal". /Ms/.

1986 "Agricultura e seleções genéticas de plantas". In D. Ribeiro (ed.), *Suma etnológica brasileira*, vol. 1: *Etnobiologia* (coord. B. G. Ribeiro). Rio de Janeiro, Vozes; Finep. pp. 159-71.

KOCH-GRÜNBERG, Theodor

1909/10 *Zwei Jahre unter den Indianer. Reisen in Nordwest-Brasilien, 1903/1905*. Berlim, Ernst Wasmuth, 2 vols.

KUMU, Umúsin Panlõn, & KENHÍRI, Tolamãn

1980 *Antes o mundo não existia. A mitologia heróica dos índios Desâna*. São Paulo, Cultura.

LAGÓRIO, pe. Eduardo (coord.)

1983 *100 kixti (estórias) Tukano*. Funai, col. Brasilíndio, 1.

LE COINTE, Paul

1947 *Amazônia brasileira III. Árvores e plantas úteis (indígenas e aclimadas)*. 2ª ed. São Paulo, Nacional.

LINARES, Olga

1976 "Garden hunting' in American tropics". *Human Ecology, 4*(4):331-49.

MCDONALD, David R.

1977 "Food taboos: a primitive environmental protection agency (South America)". *Anthropos*. Band 72, Heft 5/6, pp. 734-48.

MEGGERS, Betty J.

1955 "Filiações das culturas arqueológicas na ilha de Marajó". *Anais do XXXI Congresso Internacional de Americanistas* (1954). São Paulo, pp. 813-24.

1977 *Amazônia: a ilusão de um paraíso*. Rio de Janeiro, Civilização Brasileira.

MEIRA, Márcio

1988 *História indígena na Amazônia colonial: processo de ocupação do alto rio Negro e o contato com povos indígenas (século XVIII)*. Inédito.

NIMUENDAJU, Curt

1950 "Reconhecimento dos rios Içana, Ayari e Uaupés. Relatório apresentado ao Serviço de Proteção aos Índios do Amazonas e Acre, 1927". *Journal de la Société des Américanistes de Paris*. Paris, N. S., *38*:125-282.

POSEY, Darrell A.

1986 "Manejo da floresta secundária, capoeiras, campos e cerrados (Kayapó)". In D. Ribeiro (ed.). *Suma etnológica brasileira*. vol. 1: *Etnobiologia* (coord. B. G. Ribeiro). Rio de Janeiro, Vozes; Finep, pp. 173-85.

PRANCE, G. T.
1972 "An ethnobotanical comparison of four tribes of Amazonian Indians". *Acta Amazônica*. Manaus, 2(2):7-27.

RAMA, Angel
1982 *Transculturación narrativa en América Latina*. México, Siglo XXI.

RAMOS, Alcida
1980 *Hierarquia e simbiose: relações intertribais no Brasil*. São Paulo, Hucitec; INL; MEC.

REICHEL-DOLMATOFF, Gerardo
1968 *Desana. Simbolismo de los indios Tukano del Uaupés*. Bogotá, Universidad de los Andes.
1971 *Amazonian cosmos, the sexual and religious symbolism of the Tukano Indians*. Chicago, University of Chicago.
1975 "Cosmology as ecological analysis: a view from the rain forest". *Man*. Londres, 2(3):307-18.
1976 "O contexto cultural de um alucinógeno aborígine, *Banisteriopsis caapi*". In Vera Penteado Coelho (ed.). *Os alucinógenos e o mundo simbólico*. São Paulo, Edusp, pp. 59-103.
1978 *Beyond the Milky way. Hallucinatory imagery of the Tukano Indians*. Los Angeles. Latin American Center Publications of California, UCLA.
1982 "Astronomical models of social behavior among indians of Colombia". *Annals of the New York Academy of Sciences, 385*:165-81.

REID, Howard.
1979 "Some aspects of movement, growth and change among the Hupdu-Maku". Cambridge, dissertação de Ph. D., Cambridge University.

RIBEIRO, Berta G.
1986 "Desenhos semânticos e identidade étnica: o caso Kayabí". In D. Ribeiro (ed.), *Suma etnológica brasileira*, vol 1: *Arte índia* (coord. B. G. Ribeiro). Rio de Janeiro, Vozes; Finep, pp. 265-86.
1988 *Dicionário do artesanato indígena*. Belo Horizonte; São Paulo, Itatiaia/Edusp.

RIBEIRO, B. G., & KENHÍRI, Tolamãn
1987 "Chuvas e constelações". *Ciência Hoje*. Rio de Janeiro, *36*:26-35.

ROGERS, David J.
1965 "Some botanical and ethnological considerations of *Manihot esculenta*". *Economic Botany*. Nova York, *19*(4).

ROGERS, D. J. & APPAN, S. G.
1973 *Flora Neotropica. Manihot — Manihotoides (Euphorbiaceae). Monograph n.º 13*. Nova York, Hafner Press.

ROSS, Eric Barry
1978 "Food taboos, diet and hunting strategy; the adaptations to animals in Amazon cultural ecology". *Current Anthropology*. Chicago, *19*(1):1-16.

ROTH, Walter Edmund
1924 "An introductory study of the arts, crafts and customs of the Guiana Indians". *38th Ann. Rep. Bur. Amer. Ethnol.*, 1915-7, pp. 25-745.

SAMAN, Etienne
1994 *Bronislaw Malinowki e a fotografia antropológica*. Departamento de Multimeios, Unicamp. Inédito.

SANTOS et alii.
1985 *Catálogo de peixes comerciais do baixo rio Tocantins*. Projeto Tucuruí. Manaus, Eletronorte; INPA.

SAUER, Carl O.
1952 "Agricultural origins and dispersals". *Am. Geogr. Society*. Nova York.

SCHADEN, Egon
1959 *A mitologia heróica das tribos indígenas do Brasil. Ensaio etno-sociológico*. Rio de Janeiro, MEC.

SCHERY, R. W.
1947 "Manioc — a tropical staff of life". *Economic Botany*, Nova York, *1*:20-5.

SILVA, Marlene F. et alii
1977 *Nomes vulgares de plantas amazônicas*. Manaus, INPA; CNPq.

SILVERWOOD-COPE, Peter
1975 "Relatório e propostas sobre a situação dos indígenas do Uaupés, alto rio Negro". Datil.

SORENSEN, A. P.
1974 "Multilingualism in the Northwest Amazon". In J. B. Pride & Janet Homes (eds.). *Sociolinguistics*. Londres, Penguin Books, pp. 78-93.

SOUZA, Boanerges Lopes de
1959 *Do rio Negro ao Orenoco* (*A terra — o Homem*). Rio de Janeiro, CNPI. Publicação 111.

STEWARD, James
1948 "The Western Tucanoan tribes". *Handbook of South American Indians*. Washington, *3*:737-48. Smithsonian Institution.

VAVILOV, N. I.
1951 "The origin, variation, immunity and breeding of cultivated plants". *Chron. Bot.*, *13*:1-306

VELTHEM, Lucia H. van
1984 "A pele de Tulupere: estudos dos trançados Wayana-Aparai". São Paulo, dissertação de mestrado em antropologia social, USP. Inédito.

VINCENT, William Murray
1986 "Máscaras. Objetos rituais". In D. Ribeiro (ed.). *Suma etnológica brasileira*. vol. 3: *Arte índia* (coord. B. G. Ribeiro). Rio de Janeiro, Vozes; Finep, pp. 151-72.

WAGLEY, Charles
1957 *Uma comunidade amazônica: estudo do homem no trópico*. São Paulo, Nacional.
1988 *Lágrimas de boas-vindas: os índios Tapirapé do Brasil Central*. Belo Horizonte; São Paulo, Itatiaia/Edusp.
WRIGHT, Robin
1981 "History and religion of the Baníwa peoples of the Upper Rio Negro valley", dissertação de Ph. D., Stanford University. 2 vols. Inédito.
ZERRIES, Otto
1965 "Das Tier un seine Hautmusterung als Vorbild der Körperbemalung in Südamerika". *Bol. Soc. Suisse Amer*. Genebra, *29*:45-59.
ZEVI, FAUSTO et alii
1983 *Indios del Brasile. Culture che scompaiono*. Catálogo da exposição na Curia del Senato ao Foro Romano, set.1983 a jan.1984. Roma, De Luca Editore.

LISTA DAS ILUSTRAÇÕES

20 Quartos de beiju.

21 Pecíolo de açaí.

22 Inseto, desenho.

23 Cabinho da pimenta.

24-6 Nascimento de Gahpi mahsãn (caapi, pessoa) sobre uma esteira de arumã; transformação canoa; a saída da humanidade.

A MANDIOCA

27-9 Espremendo o sumo venenoso da massa de mandioca no cumatá; secando a polpa da mandioca no tipiti; torrando o beiju em tacho de barro. Desenhos de Feliciano Lana.

30 Ralador dos índios Baníwa.

31 Agenor Ferreira partindo o colmo de arumã para tirar fasquias.

32-3 Armação trípode com cesto cumatá; Margarida Ferreira tirando massa do tipiti em cima da cumatá.

Entre as pp. 160 e 161

34 Tipiti.

35 Apá funda para guardar polpa de mandioca e outros usos.

36 Urupema.

37 Apá pequena para colocar beiju.

38 Urutu de uso doméstico.

39 Abano.

40 Aturá.

41 Cesto para armazenar.

42 Defumador de pimenta.

43 Defumador de pimenta.

44 Coadeira para frutas.

TECNOLOGIA DA PESCA

45 Cauda do Escorpião.

46 Onça, rabo redondo.

47 Cacuri.

48 Armadilha com isca de formiga torrada para atrair peixe mirim.

49 Jequi (ou matapi de funil interno).

50-1 Caiá, rio Uaupés; desenho esquemático.

52 Matapi colocado com isca.

53 Jauarizal de beira-rio.

54 Piracema de duas espécies de aracu.

55 Pesca em lago ou baía com isca de peixinho vivo para captura de tucunaré.

56-7 Puçá pequeno; puçá grande.

58 Armadilha de pesca com anzóis.

59 Armadilha com anzóis: espinhel.

ÍNDICE REMISSIVO

torcedores e clubes
#NTR02166
Os índios das águas pretas

ESTA OBRA FOI COMPOSTA PELA HELVÉTICA EDITORIAL EM GARAMOND LIGHT E IMPRESSA PELA YANGRAF EDITORA GRÁFICA EM OFF-SET SOBRE PAPEL SYMETRIQUE DA COMPANHIA SUZANO PARA A EDITORA SCHWARCZ EM NOVEMBRO DE 1995.